U0067232

教師動手做研究——十三位行動教育工作者的研究饗宴

國立台東大學✐策畫

熊同鑫、簡淑真、梁忠銘、蔡東鐘✐編著

校長序

二○○五年的十月，多項學術研討會在本校台東校區登場，其中的「行動研究學術研討會」已是本校連續八年辦理的單一主題研討會。感謝所有曾經參與該研討會的與會人員，以及教育部中教司與中部辦公室長年在經費上的支持。特別感謝台東縣政府教育局，近幾年在經費與行政的協助與支持，開創與大學合作模式，並致力於台東地區教師專業之提升。

二○○五年行動研究研討會前，延續過去的模式，將二○○四年研討會的論文於會後集結成冊。去年投稿篇數爲五十九篇，研討會中所發表的論文數爲三十七篇，後同意參與會後論文集者計十七篇。歷經十個月之匿名雙審查制，最終通過審查之論文爲八篇。過程雖然繁複，但師範學院同仁追求學術品質的精神是值得肯定。台東大學在追求教學與研究之卓越歷程中，將會繼續支持每年行動研究研討會的辦理及會後論文集之出版事宜。

二○○四年行動研究的主題爲「教育行動研究與教學實務」，共訂定十七項議題。本論文集收錄之八篇論文包括了：幼兒教育、語文教育、數學教育、教師專業發展及教學評量等議題，在以「行動研究」爲研究方法主軸下，呈現多元化的研究歷程與成果樣貌，展現「行動研究」的動態性與創新性特質。

本次會後論文集之出版，感謝師範學院熊同鑫院長、幼兒教育學系簡淑真主任、前任教育研究所梁忠銘所長、教育系蔡東鐘主任共同企畫。感謝幼兒教育學系蘇慧娟助教及師範學院張淑玲專員的行政協助。感謝師範學院蔡宜珍助理的行政聯繫、編輯、排版與校稿。

本論文集能在定稿後極短的時間內付梓發行，必須感謝心理出版社的配合與協助。透過心理出版社的通路發行，讓未能實際參與行動研究研討會的所有教育工作夥伴，也能分享行動研究研討會的成果，並期待未來有更多的夥伴參與教育的行動研究。

國立台東大學校長 **郭重吉**

二〇〇五年十月一日

院長序

二○○五年的中秋節剛過，張淑玲小姐拿著心理出版社傳過來的簽約書，問我是否同意合約內容。閱讀著文字內容，想著這一年又是如此的飛逝過去，想著有多少論文集或期刊是像我們一般，花了超過一年的時間在整理稿件、送審稿件、送還作者修訂稿件和三次校稿的過程中，只在完成一本可以提供教育工作者參考用的行動研究論文集。

在漫長的審查歷程中，我們遇到審查者因爲反覆審查同一稿件達三次，最後提出要放棄審查的要求，因爲太累。我們也遇到作者在多次的修訂過程中，因爲無法符合審查者的建議，最後選擇放棄。我們對於這樣的歷程與結果，感受到雖然我們的論文集不能獲得TSSCI 式的認可「標章」，但我們審查歷程的嚴謹度是可被檢視。以最後進入複審的十七篇爲例，最後通過可刊登的爲八篇，淘汰率超過 50%，可以算是一項指標。

漫長的初審、複審、研討會發表及研討會後之雙審查制的再複審歷程中，我們看見審查者的嚴謹態度與高規格的要求，也看見作者對於自己研究成果展現的堅持，在拉距之間，彼此希望最後付梓的論文有其品質，同時能呈現行動研究歷程的樣貌。這次收錄的八篇論文，領域歧異性很大，在排論文順序時，個人選擇以領域爲切割點，由語文教育、評量、幼兒教育到數學教育，希望讓文集看起來是有閱讀順序性及研究方法上的順序性，這樣的安排還盼望讀者能接受。

本論文集的出版，首先要感謝所有參與投稿的作者與論文審查者，您們的參與及付出是形成這一本論文集的最大功臣。其次要感謝義務協助論文集編審工作的同仁們：簡淑真主任、蔡東鐘主任、梁忠銘所長、蔡宜珍小姐、張淑玲小姐、蘇慧娟小姐、胡嘉娟小姐和陳佩錦小姐。同時要感謝台東大學的經費支助讓我們的審查工作得以順利進行。感謝郭重吉校長的支持、感謝學校同仁們的熱情支援。最後要深深感謝心理出版社的支持，讓本論文集能順利出版發行。

離二○○七年十月還有兩年，已經有同事在討論該爲台東大學第十年行動研究研討會做規畫與準備。我們一步一腳印的走過來，寫下紀錄，也寫下我們自己的成長。我們深感驕傲的是台東大學爲許許多多的教育工作夥伴，營造了一個舞台，營造了一個每年秋天該到台東聚聚的理由。期待下一個深情的十月，能看到你來到台東訴說你的行動、你的成長。

國立台東大學師範學院院長 **熊同鑫**

二○○五年九月二十八日于砂城

目錄

1

從「心」來閱讀

曾文鑑

國立台北教育大學教育政策與管理研究所博士班

新竹縣坪林國小校長

摘要

本研究以行動研究的方式進行，旨在探討推動學生閱讀風氣的相關策略，經由實踐、監控、修正的歷程，分析「整個推展歷程」對兒童、教師及學校的意義，並促進兒童「喜歡閱讀」的正向發展，進而了解在閱讀推展的過程中，策略實施的可行性與限制。研究者及學校團隊以反省的態度來看待學校早已熟悉的、例行的推動學生閱讀活動，希望可以有效掌握教育現場的脈絡，減少摸索的時間外，更容易找到對研究問題「再概念化」的「變革」，並對推廣閱讀活動中所謂「行動中的內隱知識」（tacit knowing-in-action）有能力再做更精煉的展現。

關鍵字：行動研究、專業對話、教師專業成長、閱讀活動

壹、關於我所要談的這個研究

二〇〇〇年二月獲遴選為元和國小（化名）校長，那時候抱著立足教育基層，實踐教育理想的心情，進入我第一個擔任校長職務的學校。一個月下來，我感受到的學校氣氛是學生純樸，教師謹守本分，但都相當保守與缺乏主動性。但我相信熱忱、專業與良好的溝通是帶領校務發展的關鍵，秉持著個人對教育的信念與傻勁外，與這群包含老、中、青三代的教師們共同經營學校，撰寫屬於我們「元和」的故事（2000.3.24，行政札記）。[1]

一、發現問題

現象一：

二〇〇〇年五月二日，我決定一整天都「注意」圖書室，看看一天內有多少學生會進來看書或借書。但一整天過去了，我只在打掃時間看見負責圖書室整潔的同學進來打掃，其他就沒有人進來了。眼前的圖書室一眼望去，書籍布滿薄薄的灰塵，這讓我直覺不可思議……

現象二：

二〇〇〇年五月三十日，有出版商希望學校能借個地方，讓他販賣兒童讀物。我問清楚了價格及檢視書籍的內容，都非常的合理，於是我答應了，原因是我想利用這個機會，看看有多少學生會購買書籍？學生大部分會挑選什麼書籍？

二〇〇〇年五月三十一日，當日書商販售的情形並非良好，只有部分同學拿著自己的零用錢買了好幾本書。我當下利用此機會，訪談學生為什麼會來買書，得到簡短的答案如：

---

[1] 研究者有寫「札記」的習慣，藉以記錄自己認為「值得」記載的事件、心得、感想、省思……等。希望透過教育實踐的過程不斷地進行反思。

「因為我喜歡看這些書呀！」、「是我自己挑的，我比較有興趣看」、「很便宜，自己負擔得起」、「我告訴媽媽有賣書的到學校，媽媽說可以買」……（2000.5.31，與學生聊天紀錄）

連結這兩次的現象，我不禁覺得納悶：

學生購買的書籍，很多在圖書室裡都找得到，為什麼學生要用買的，而不會到圖書室去借呢？從書商的回饋中，得到了學生大都是買圖像式的書籍，一些純文字式的書籍較少人買。有些高年級的學生買的卻是適合中低年級看的，為什麼？學生的自我閱讀能力並未形成。這種狀況若不加以有效改變，將勢必日益影響語文教學的效益，及未來學生終身學習的能力，為此，應該要推廣學生的閱讀風氣……（2000.5.31，行政札記）

曾志朗指出：「閱讀是教育的靈魂。」自小養成閱讀習慣，等於有了一生都能擁有的智慧。因爲唯有透過閱讀，才能打破課堂教育的限制，也才有終身學習的可能。基於此，主動出擊，「策畫有趣的閱讀活動，推廣閱讀風氣」，成爲我心中的一個方向。

關於「策畫有趣的閱讀活動，推廣學生閱讀風氣」這個問題，我也曾以教育行動研究者所要選取問題的三個規準來進行分析（蔡清田，2002）。首先，閱讀是個體運用符號、聲音與意義的關聯性，學習如何看待一張紙、一本書、一則新的知識，也嘗試用自己所學的語言解釋所見的世界內容，進而自我展現。這些基礎能力的養成，將影響孩子往後在學校學習的適應，更是個人終身學習的要件，因此它是一個值得重視的問題。其次，閱讀活動是學校校務推展的重要工作之一，身爲教育工作現場的我，有足夠的能力、動力及興趣來進行這項行動。第三，從文獻中得知（周均育，2001；連啓舜，2002；Roehler

& Duffy, 1991），問題本身可以透過行動方案或解決策略來加以改善，而不是只流於表面現象的說明。

於是，一場邁向「實踐智慧」的行動研究，就此開鑼了。[2]

二、問題分析

(一)老師的觀點

在一個星期一（2000.6.12）的晨會，我試著把學生閱讀風氣不佳的問題拋給老師做省思，並請老師在星期五的晨會能夠提出對這個問題的解讀，同時我也表達了這個問題的重要性，且希望在新的年度裡，可以為孩子們帶來新的契機。

星期五（2000.6.16），在積極的鼓勵及誘導下，老師們就在你一言我一語中，當下陳述了他們的知覺：

◎這裡的家長相當重視孩子的課業，希望孩子能先把學校的課業學習好，就可能較不強調閱讀的重要。

◎以前學校並沒有十分重視這個環節，久而久之，我們也就沒有注意這方面的問題。

◎學校並沒有任何的獎勵辦法，不能鼓舞學生的動機，也許我們可以從這個方向著手。

◎這裡的家長工作都十分忙碌，學生一回到家裡，有時父母都還沒回來，於是電視就成為最佳的褓母。此時父母可能只要求孩子把回家

---

[2] 本研究所突顯的是一位校長推動閱讀教學的過程，希望能夠創造閱讀氛圍，提供行政資源，以促進兒童「喜歡閱讀」的正向發展。從我的角度來看，我想表達的是我自己在推動過程中的理解，也可以說是對自己生命的理解。有了生命的理解，才能帶來生命行動的力量。讀者從你們的角度來聽或看我的經驗，你們也會獲得各自建構的理解與感觸，從而引發「創造性的蛻變」，似乎也不錯！

功課寫完就不錯了，更不用說陪孩子讀書了。

◎孩子的閱讀習慣是需要成人去帶動的，久而久之，孩子就可以養成每天閱讀的習慣，同時對閱讀產生興趣，但我們的學生好像較缺乏這種帶動的力量。

(二)家長的觀點

爲了了解家長對孩子閱讀不佳的看法，我也利用機會（家長接孩子時、召開家長會、家長委員會時、家長閒聊時）與家長聊天，以下是家長的想法：

◎我也常常鼓勵孩子多看些有益的課外讀物，但我的孩子在書桌前就是坐不住！我也會買書給孩子閱讀，但我覺得自己精心挑選的書，孩子只翻了翻，就再也不看了！這點還請學校多多協助。

◎孩子一回到家，只要有空就是看電視，要他閱讀，門都沒有……。

◎由於為了家計十分忙碌，孩子只要在學校能認真學習，回到家裡能把作業寫完，我覺得就不錯了。

◎現在的家庭裡，電腦和電視是家庭休閒和娛樂的主要活動，看書就變得可有可無了；不過，我可是十分支持孩子多看書，將來用得到（一臉尷尬的笑）。

◎孩子較喜歡看漫畫書，什麼《遊戲王》、《棋靈王》……簡直可以倒背如流了，但對於較多文字的書籍就是集中不了注意力。

(三)我的看法

從老師的觀點來說，沒有推展及獎勵，是他們認爲較大的問題所在。但我這幾個月在校觀察覺得，是老師的部分還有閱讀指導的問題。學校雖然有安排閱讀課，但往往只有把學生帶到圖書室自行閱讀，卻較少給與閱讀指導。閱讀是一種認知歷程，若無適當輔導難以達成，它是一種計畫性幫助的教育活動，目的在使學生提高閱讀能力、擴展學習興趣、培養正確閱讀態度與情意，並且有助於人格的形成與發展（曾淑琪，1991；陳淑絹，1996）。

在家長部分則有二個問題需再進行分析，一是父母是孩子的第一個老師，親子共讀是很正面的經驗，在知識傳遞交流之餘，更能增進親子關係。要讓孩子愛上書是從耳朵開始的，父母親爲他唸兒歌、跟他說話、爲他唸書，就是在爲兒童閱讀「播種」。但學生的家長由於忙於生計的關係，並未從小培養孩子閱讀的習慣和給與閱讀的環境，致使部分家長雖肯爲孩子投資書籍費，卻仍有「用心良苦卻成空」的遺憾。二是慎選好書的問題，在孩子童稚的心靈裡，讀錯了一本書比不讀書還要糟糕，父母能先將買來的書看過一遍，以過濾書籍紙質、印刷及內容部分，但從孩子較常閱讀的書籍種類來看，仍有加強的必要。

三、場域、夥伴與自己

本著行動研究「平等」、「尊重」、「開放」的精神，在此研究呈現出我和協同行動者「互爲主體性」的研究關係。以下即針對我的研究夥伴與場域稍加介紹。

(一)研究場域

元和國小（化名）自一九四二年獨立創校至今，已有六十年的歷史。位於新竹縣，屬於鄉村型態的六班學校，全校學生一百三十三人，教職員工十五人。整個社區屬於客家人傳統居住之區域，以在地人士為主要人口結構，且大部分是元和國小的校友，與學校有所謂「胞衣跡」[3]的情懷。學區家長多以務農或至工廠上班居多。由於忙於生計，

[3]胞衣，即嬰兒胎盤，部分地區的人們，對胞衣處理十分慎重，一般把胞衣埋藏於祖居地上，具體地點只有當事者的祖母才知道，且終生保密。故一些華僑和外出的人都把「出生之地」稱為「胞衣跡」。

所以大都信賴學校的教學，對於學校的各項活動大致能夠配合。

教師結構區分為「老」、「少」兩個年齡階層。「老」資格的老師係當地人士，熟通當地政經人脈，是推展社區公共關係及親師溝通不可或缺的角色。「少壯」的老師則是年輕有活力，肯學有上進心，是活化校園的重要助手。

學生純樸、善良、單純、可塑性高，但學習較被動，文化刺激較都會區少，學習意願低落的學生不少，亟待開發潛能的學生亦多，容易受到新奇事物所吸引，思想單純，易受污染。但家長對孩子大部分都有較高的期望，希望能重回民國四○、五○年代的風光歲月。（2000.9.5，元和國小發展情境的SWOT分析紀錄）

綜合上述得知，這是一個師生皆可塑性很高的學校。托爾斯泰在《伊凡·伊里奇之死》一書中提及「最平凡最單純的，同時也是最可怕的」。所以我在行政札記上寫著：

胡適有詩云：「偶有幾莖白髮，心情唯近中年，做了過河卒子，只能拚命向前」，似乎是我現在的寫照。面對著一群「似乎」可以「變革」的人員，只有盡心的思考、領導與啟發，才不會有所誤導。這是一項責任，也是一項挑戰，希望自己能有這份智慧來把握此一契機……。（2000.9.8，行政札記）

(二)我的夥伴

蘭主任是一位教學及行政經驗俱豐的教育人員，處理事物圓融，言行舉止之間充滿「媽媽」的味道。松主任目前是博士班的學生，內斂沈穩，常靜靜地聽他人一席話後，再語出驚人地提出他的見解，是批判性同仁的最佳人選。竹老師是教務組長，在學校任教四十餘年，是一位令人尊敬的長者，對教學十分投入，作育無數「元和」英才，校友以儒家的「士」來形容這位即將退休的長者。柏老師是訓導組長，也是元老級的教師，校友形容她是一位嚴父背後的慈母，擅長說故事教學及體育教學，常爲學生在童蒙的世界裡開啓另一扇窗。梅老師是位教學年資十年的教師，教學認真，但有些傻大姐的個性，有些事情須再三向她提醒。菊老師擔任低年級教師，負責孩童啓蒙重任，十分稱職，對學校行政工作能盡心盡力的完成。榕老師是一位虔誠的基督徒，對待學生如自己的子弟來看待，常見他利用假日前來維修資訊設備，是一位脾氣一級棒的老師。其他尙有荷、蓮二位新進教師及幹事、護士，工友各一，皆是謹守本分的實務工作者。

整個團隊的優點是組織氣氛佳，成員認真，肯學肯做。但開創性及主動性有所不足，行事常依循往例，恐失創見，且成長動力不足。

學校老師的優點是可以接受新的觀念，我應該時常以激勵及智識開發的轉型領導方式，來開啟教師的主動性與創造性，提升教職員工的工作動機，以因應現在如火如荼的教育改革……。（2000. 9. 26，行政札記）

(三)關於我及我的研究角色與省思

1.關於我自己

一九八五年夏天自新竹師專畢業至今，已滿十八年。擔任教師期間，一直用心觀察學生次級文化的特徵，使我在教學及班級經營上成爲一個稱職的老師。一九九二年開始擔任主任，在教育視野上逐漸提升到較寬廣的層次，且在「學，然後知不足；教，然後知困」的意識下，從事各項進修活動，以期能做一個與時俱進的教育工作者。二〇〇〇年獲遴選爲校長，在一片教育改革聲浪中，得以實踐「因爲有愛，所以教育；因爲感恩，所以付出」的行事原則，以實現我在「元和」

爲孩子許下「快樂學習、健康成長、彼此激勵、相互分享」的教育承諾。

2.我的研究素養

在進入研究所就讀前，我發表過六篇有審查評比的論文，進入研究所進修後的我，由於具有十多年的教學及研究實作經驗，使我在學習期間能對教育現場有更敏銳的覺知與關注，從實務面切進理論，期能兩者相互結合。這期間除了修習「相關研究」的學分外，更對以前發表的文章，做了一次自我的研究回顧：

> ……未進研究所之前，我有如「初生之犢不畏虎」，視研究為「見山是山，見水是水」的境界；……進了研究所修習完全部學分後，由於深入理解研究方法、倫理與衝突，使我突然覺得研究對我而言有著「看山不是山，看水不是水」的躊躇；……往後的歲月，我仍然會繼續從事研究，但期能回歸到「見山是山，見水是水」及「眾樂樂」的境界。（1999.9.22，我的反省：研究之路的山山水水）

由於自己是一位在職教師，經過幾篇有審查評比的論文發展及專業課程的修習後，再帶著已有的教學經驗看待學校早已熟悉的、例行的事件[4]（例如推廣閱讀風氣），除了可以有效掌握教育現場的脈絡，減少摸索的時間外，更容易找到對研究問題「再概念化」的「變革」，並對例行事物中所謂「行動中的內隱知識」（tacit knowing-in-action）有能力做更精煉的展現，而不致於失焦。

[4] 學校中的例行工作，如閱讀推動、認輔工作、運動會……等，透過嚴密的省思，也有可能成為一篇行動研究，這是我想表達給老師知道的訊息。

3.關於我的研究角色與省思

研究過程中，我認為我與其他老師的角色關係，是在不斷溝通、對話中逐漸釐清、成形的。當然，以一個校長來說，做為學校推動事物的「火車頭」，在這研究過程中，是「研究者」和「行動者」的角色，也是研究的「主體」。但我也時時警惕自己，在進行策略實施時，我要成為一位「行動夥伴」和「協同者」，使我的夥伴成為主動的「研究者」和「行動者」。事實上，我非常的擔憂，在整個行動，「校長」的角色，會成為絕對的「權威」與協同時對話的障礙。所以，我的領導方式是以專業為導向，並非完全建構於法職權的基礎上，加上我在此學校任職期間不斷引導老師做「專業對話」的練習，讓「學校是語言豐富的公共空間」的觀念，不斷地在老師心中產生激盪與迴響。但，誠如傅柯（M. Foucault）所說的，權力關係無所不在，也沒有絕對的平衡關係。但我也盡量以反省、對話及觀察把這個疑慮減至最低。

專業對話可說是這個研究故事的附加價值所在，記得第一次與教師談論到這個話題時的情形是這樣的：

我：各位老師，星期三下午各位到每一班進行教室布置觀摩，我們約好今天要給老師們做回饋，請各位對於各班教室布置的優缺點，進行建設性的建議。

荷老師：我覺得各班布置很認真，值得我努力去學習。

蓮老師：看了各班的布置，我覺得自己還有很多改進的空間，我會加油的。

梅老師：二年級教室布置得好漂亮，真是我學習的對象。

……

我：各位教師，我想各位的陳述是比較概念性的。但是這樣永遠沒有辦法知道真正好在哪裡，可改進之處在哪裡。這對於改善或發揚光大是沒有助益的。以下是我個人的觀察所得，提供給各位做參考：「二年級的教室，利用廢棄的牛奶盒做成一隻隻的孔雀，布置在大公布欄的框格中，不但結合美勞更讓所有同學有參與感。學習角以家庭的概念來設計，在桌子配上一張小花巾，更有畫龍點睛之效。它的窗戶，以人造綠色藤蔓攀附在上，充滿綠意盎然的感覺。……唯，教師的講桌，書籍紙張沒有歸定位，是美中不足之處……」，我想要各位對話的是具體的意見，我們下星期一再來一次回饋性的研討。(2000.9.22，行政札記)

星期一的討論

梅老師：在各班的布置中，我覺得四年級最有創意，因為他們使用立體紙雕的方式，設計各類「大明星」，鼓勵他們……

荷老師：在一年級的教室裡，我最喜歡他們那種乾淨素雅的感覺，進去教室會有眼睛忽然一亮的清新感，尤其學習角部分，有坐墊、懶骨頭及……等東西，我都好想在那裡做事……（2000.9.25，行政札記）

4.平等的對話？

在推展的過程中，我不斷的進行教師專業對話的活動，這種以意見爲主，針對問題發言的對話，在夥伴們的學習與逐漸掌握討論的技巧下，使本研究在一連串不斷辨證的過程，減低了「我」這個研究角色的憂慮，而這也是我說的推廣過程所得到的附加價值，教師專業成長的另一種方式。但不可否認的，校長火車頭及監控者的角色，這種「永不磨滅」的印象，可能依然存在於教師的認知中，所以校長「知覺」的對話是否平等，也許值得深思。這類問題的產生，可能是現實中絕大部分教師在與校長相處中，雙方會「不自覺地」有防範、掩飾心理。或許「教師未能將校長當作教師中的一員來看待；而校長自認是一位掌權者，兩者站在對立面上，自然就產生非平等對話的障礙了。」《論語・憲問》中有這樣一段話：「爲命，裨諶草創之，世叔討論之，行人子羽修飾之，東裡子產潤色之。」告訴我們教育管理者首先應該學會爲全體教師創設一種討論的環境。一位校長擔任行動研究者常常試著問自己、反省自我：「我們當校長的，是不是真正地關心、愛護、尊重教師？我們平時的言行處事，會不會讓老師有一種高高在上的感覺？我們平時有沒有特殊行爲讓老師們反感？在學校裡，老師們都對我們恭恭敬敬的，在這種恭敬的背後，還有什麼？」這種捫心自省的過程，希望將這種「存在的不平等」予以盡量消弭。

(四)研究方法

我的研究重心，是在發展推動學生閱讀風氣的相關策略，經由實踐、監控、修正的歷程，分析「整個推展歷程」對兒童、教師及學校的意義，並促進兒童「喜歡閱讀」的正向發展，進而了解在推展的過程中，研究策略實施的可行性與限制。

採用行動研究的理由，是因爲行動研究能在實際工作場域中，將理論與實際結合並產生基層教師專業實踐的一種研究方法。長久以來，傳統的研究與基礎的訓練並無法解決真實的教育問題。因爲理論與實際之間、理念與現實之間、理想和實施之間，往往存在無法避免的差距（Arweh, Kemmis, &

Weeks, 1998）。基於教師即研究者的精神，使我得以藉由行動研究彌補理論和實際之間的差距，將理論和策略轉化爲適合自己工作情境的策略和步驟，提升自己的專業能力。行動研究具有研究者與行動者合一、研究問題與行動問題合一、研究目的與行動目的合一的特色（陳伯璋，1986），並且使基層教師能夠發自己的聲、作自己的主、留下自己的紀錄、定義自己的存在（蕭昭君，2002）。

再者，行動研究以「改進實際情況」和「問題導向」爲導向，由實務工作者在行動中去改善行動品質（Elliott, 1991），透過行動與研究有系統的循環修正歷程等特色，以符合教育現場的需要。

打破教師保守孤立心態，喚醒教師的主動性，則是我使用行動研究的第三個理由。陳惠邦（1998）認爲行動研究強調研究參與者彼此之間進行平等溝通，以開放的態度彼此交互反省思考、共同分享知識和經驗，並一起參與行動的設計與執行。是以，雖然研究焦點在於推廣學生閱讀風氣，但我卻想藉此機會，讓全校動起來，重新展現對教育的主動性與創造性。

本研究中，「我」是行動的主導者，學校所有的成員是協同分享者，讓「行動」和「研究」在學校內進行，因此，「行動研究」正是主要的方法。

關於行動研究的歷程，自從Lewin（1948）首先從「團體動力」和「社會工程」的觀點提出所謂的「螺旋循環」（Spiral Circle）概念後，許多學者即以此爲基礎，提出理論和實務情境不斷對話、辯證循環的行動研究歷程（陳美如，1995；盧美貴，2000；Elliott, 1991; Kemmis & McTaggart, 1988）。本研究以Somekh（1995）所提的行動研究歷程：(1)起點（問題焦點）；(2)情境；(3)行動策略與行動；(4)呈現與溝通等四個階段，來做爲研究的歷程，運用反省、對話、分析文件、發展行動策略等方法來進行此研究。

(五)關於研究的信、效度

在撰寫本研究報告後，研究者嘗試及反省本研究的信、效度，並提出以下的佐證：

1.研究者全程參與資料的蒐集，並驗證資料的正確性。

2.研究者頗能掌握整個研究的情境脈絡。

3.研究者以事實描述及直接引證逐字稿紀錄呈現研究結果。

4.研究者能將訪談資料詳實轉錄，並且引用於論文中。

5.研究者能書寫反省札記、情境及同仁對話，不斷做討論、反省、辯證的工作。

6.三角測量法的運用及參與者的認同。

7.本篇行動研究與理論架構、文獻引用，尚具有清楚而可辯證的關連。

8.本研究針對研究問題所產生的行動，經修正後，大致可解決所遇到的問題，頗具Anderson（1994；引自蔡美華譯，2003）所提出的成果效度（outcome validity）。

貳、開始行動

一、我們的策略

在與同仁的討論後，我們參酌其他學校的做法，於是訂定了以下的推動策略：

(一)策略一：重新規畫圖書室

在空間上，以「明亮、寬敞、舒適」爲整理方向，並減少「凸角」的產生。

在書籍的整理上，依圖書內容，先區分爲低、中、高三個年段，再依中華圖書分類法重新上架，使學生能容易「看」得到，也方便「找」得到。同時請老師在閱讀課時，介紹圖書分類的方式，加深學生對圖書分類之認識，希望學生在圖書室裡能夠應用及尋找到所需要之書籍及資料。

在「軟體」上，擴大圖書室的服務，甄選對圖書熱愛（由四、五、六年級的教師推薦）的「小小圖書館員」，在經過書碼、目錄、排架、整理及借還書的訓練編組後，投入下課十分鐘及中午午修時間的服務工作。並且設置班級書櫃二大箱，每兩個月由小小圖書館員主動更替，讓學生即使無法在下課十分鐘到圖書室去借還書，也可就近於班級中選取閱讀。每班設置「閱讀角」，「溫馨、明亮、安全」吸引學生去閱讀。

(二)策略二：頒布「小碩士、小博士」閱讀晉階辦法

訂定無尾熊小學士、國王企鵝小碩士、貓頭鷹小博士及超級小博士閱讀晉階辦法，在閱讀各階段所需書籍數量及撰寫規定之閱讀心得紀錄表後，頒發證書，並可得到貼紙、合作社兌換卷、圖書禮卷，公布好榜樣於文化中廊，與校長、導師合影，並書寫表現優良通知單「郵寄」至學生家中，請家長表揚鼓勵學生。

(三)策略三：閱讀指導教學

1.落實國語「深究課文」的指導：爲了不增加教師額外教學的負擔，在進行文獻分析後，學校同仁的討論結果認爲，國語科「內容探究」的過程，就是一種培養兒童的閱讀理解能力的教學。略讀時，指導兒童如何擷取大意；精讀時，指導兒童記取細節，歸納重點，並設法提綱挈領，掌握文章的結構，細心體會，反覆咀嚼，推求含義。所以在進行內容探究時，應用心去做，同時強調此一過程也是學生正確閱讀的方法，兒童的閱讀理解能力自能逐漸提升。

2.進行教師進修，以了解指導學生練習閱讀理解的技巧：研習的內容包括閱讀理解的技巧，例如：

預測策略：預想文章的內容。

畫線策略：重點在哪裡。

摘要策略：摘取文章大意。

結構分析策略：故事架構。

推論策略：當個閱讀的小偵探。

自我詢問策略：自問自答。

運用策略：延伸應用。

補救策略：文章看不懂時怎麼辦。

並且應用實例讓教師有正確的認識與自我的練習。然後再依各班的需要進行閱讀理解教學。

(四)策略四：閱讀分享時間

每週二的學生晨會，進行學生閱讀心得分享，讓學生自行上台發表，小朋友自行設計節目，舉凡相聲、心得報告、詩歌朗誦、戲劇演出，成群結隊上場，甚至配合語文課的教學，都可上台，希望營造學生「彼此激勵，相互分享」的風氣。

(五)策略五：訂閱「小百科報報」、「國語日報」及辦理有獎徵答

每班訂閱「小百科報報」及「國語日報」，為了鼓勵學生閱讀這兩份刊物，每個星期辦理有獎徵答，題目就從當週的刊物內容中選取。

二、我們的希望、困頓與挫折

在一系列「推廣閱讀風氣」的策略實施後，我曾滿懷欣喜的等待學生來與我合影，我也想如此做就應該能帶動學生的閱讀風氣。

在兩個星期內，把推動的實際辦法公布下去，希望能帶動學生的讀書風氣，我真的是滿心的期待。其實就我自己孩子的經驗來看，孩

子本來就喜歡看書，只是如今要以外鑠的方式來讓學生再度養成習慣，但願學校各種措施的引導給與孩子穩健的步伐，讓學校閱讀的功能及角色與學生共同「成長前進」，就如卡繆所說：

請不要走在我的前面，因為我不喜歡去跟隨；

請不要走在我的後面，因為我不愛充領導；

我只期望請你與我同行。

（2000.10.23，行政札記）

不只是我而已，幾位老師也是歡歡喜喜的期盼這次的閱讀推展：

梅老師：我從家裡帶來好多兒童讀物，同時也重新布置閱讀角，希望能養成孩子的閱讀習慣……

荷老師：我設計了一個單元的閱讀理解練習，讓我們班的小朋友試試看，以後在閱讀時，就能有「看」也有「懂」……

（2000.10.25，聊天紀錄）

可是，隨著時間的流逝，已經快到寒假了。這期間，雖然進出圖書室的學生有較多的次數，但總是那幾個比較喜歡看書的學生。得到「小學士」的學生也只有一個人。學期末的校務會議，當我提出推動成效不佳的問題時，老師們似乎也頗有挫折之感。我當時說了一段鼓勵老師的話：

在推動的過程中，各位老師都非常的認真，這點是值得肯定的。當然，成果的顯現可能還要一段時間。也有可能是其中有些環節我們沒有注意到，這些我們可以再來討論。有一句諺語：「當人生送來的是酸澀的檸檬時，不妨想辦法把它榨成一杯甜美的檸檬汁！」我們再接再勵不要氣餒……（2001.1.18，行政札記）

松主任在第二天向我提出了他的看法：

松主任：我覺得我們在設計小碩士、小博士晉階辦法時，可能過於「理想化」或過於「教育化」了。

我：「理想化」與「教育化」可以做些說明嗎？

松主任：「理想化」方面，我是覺得看一本書就寫一篇心得報告，立意很好，但可能會造成學生會去讀書，但也不願去寫心得的心態。而「教育化」則是說，學校在推動一些做法時，學生卻有可能會把它當成是一項「功課」，是老師和學校規定要這樣做的，如果把「閱讀」和「功課」或「寫作文」畫上等號，學生是會很排斥。

我：你說得有道理，也許太多的規定、評量或比賽，又讓閱讀成為一項負擔。謝謝您的提醒。（2001. 1. 19，行政札記）

當天晚上，我寫下了我的自我反省：

由上而下的命令與複製

這次閱讀風氣的推動，我犯下二個錯誤。

第一個是由上而下的推動：雖然行政運作是必須的，但問題分析及推動做法上並沒有站在「學生的角度」來考量，自始至終，學生都覺得這是大人的事，而無關痛癢。慚愧的是自己還曾做過一篇從孩子心中來探討攻擊行為的論文，卻忘了這個層面。沒有站在孩子的角度來思索，就像是輔導不了解孩子的心一樣，是事倍功半的。換言之，孩子在閱讀時，由於有一些規定加諸在身上，他們可能覺得「不快樂」。

第二個錯誤是「複製」：小碩士、小博士晉階計畫可以說是複製其他學校的做法，但卻沒有考慮學校的特性、家長的背景及學生的喜好，就人云亦云跟隨流行的採用，這真是行政的一大缺失，值得自己警惕啊！

「亡羊補牢」為時未晚，我想我應該從訪談孩子開始改正。

（2001.1.19，行政札記）

在過後幾天，有的老師也提出他們反省後的看法：

竹教師：在家長部分，我們也沒有著力點，如果我們可以從學校及家長處雙管齊下，效果會比較好。

蘭主任：我還是覺得學生的動力不足，我們也許可以再修改一些鼓勵辦法。（2001.1.19，行政札記）

老師有心共同來解決這個問題，讓我有一種「德不孤，必有鄰」的支持感，雖然修正的具體做法仍很模糊，但已經有了一個方向。

我在札記上寫著：

加油，加油！！！！

方向一：訪談學生。

方向二：如何幫家長的助力找回來。如果家長的助力仍有限，有何方式可以代替。

方向三：修正晉階辦法。（2001.1.20行政札記）

參、澄清與再嘗試

一、孩子心目中的閱讀世界

雖然經過了一個寒假及開學的忙碌，但是修正閱讀推廣策略的念頭，卻時常浮現在我的心頭。

三月初時，我以焦點訪談的方式，請了五組小朋友（每組五～六人）到校長室進行訪談。在與學生第一接觸時，我坦白的向學生說明我的目的是想要更了解閱讀在他們心中世界的緣故而進行對他們的訪談，目的只是單純的了解事情的真象。我保證對他們訪談的內容予以嚴加保密。我之所以做這種聲明，是因爲我在學校所扮演的角色是校長。而最迫切的任務是讓學生知道此時此刻的我所扮演的角色只是一位訪問者而已，是沒有權力決定是非對錯的一個人。同時我也懇切的告訴同學們，要約定好不把彼此談話的內容帶到外面，以求徹底的保護當事人的安全與權益。

訪談中所獲得的資料，經過編碼，轉換成有意義的資料，我們有了以下的發現：

(一)閱讀應該是快樂的，沒有壓力的

◎有的書會讓人覺得好好笑哦！

◎故事書很吸引人，真希望一口氣看完它。

◎有時候看到好看的書會忘記時間，還曾被家人罵！

◎我自己想看的時候才看，不要規定一個星期要看幾本，一個寒假要看幾本，很煩人！

◎看課外讀物不希望有人管，不要一看課外讀物，就叫我們趕快去看「課本」。「課本」就是學校裡的國語、社會、自然……。

◎我有空的時候就會想去看。

◎我喜歡沒有壓力的看課外讀物。

(二)閱讀書籍的喜好隨著年齡的變化有所不同

◎我喜歡看圖畫書，有太多字的我不喜歡看。

◎我喜歡看小魯的少年小說，很好看！

◎我家有整套世界童話全集，是我最喜歡看的課外讀物。

◎現在我最喜歡看《哈利波特》。

◎我喜歡看圖畫比較多的。

◎「哆啦A夢」的漫畫，我覺得很好看。

◎我喜歡看《七隻小羊》、《白雪公主》、《孫悟空》、《愛麗絲夢遊仙境》、《美人魚》的書。

◎我喜歡看紐伯瑞全集的小說，每一本都好看。

◎我喜歡看寓言的故事。

◎《是誰嗯嗯在我頭上》最好笑。

◎我喜歡福爾摩斯的偵探小說。

(三)學生閱讀希望有人陪伴

◎我希望爸爸媽媽陪我一起看書，而不是每次只有叫我看書，但他們都在聊天、看電視。

◎大家一起讀，比較看「有」。

◎如果只有一個人在看書，看一下子就不想看了。

◎媽媽如果陪我看書，我會很高興。

◎小時候，我喜歡媽媽說故事給我聽，還有校長講的故事也很好聽。

◎有時候，和同學一起靜靜的看書，比較有看書的樣子。

◎我喜歡和好朋友和家人一起看書，有時候還可以講來講去，很有趣。

(四)閱讀心得與感想是學生不喜歡或感到困難的

◎我覺得心得很難寫。

◎閱讀心得紀錄表裡，我最不喜歡寫心得或感想這部分。

◎我不會寫心得。

◎我不想寫這些。

◎我會看書，但我不喜歡寫心得。

◎看到要寫心得，我就不想寫。

◎寫來寫去，都是我覺得很好看，很感人，我覺得很無聊。

◎如果可以不寫心得，用打「∨」的，我會認真看哦！

◎我覺得用說的也很好啊！

◎我沒有興趣看書了。

我的訪談省思

自已也很喜歡看書，當看到一本引人入勝或令我廢寢忘食的作品時，那種打從心底到心尖上的「會心一笑」，真是筆墨難以形容。但我們的推廣策略，會讓孩子覺得快樂嗎？我自己現在只有打個「？」！「？」！「？」！

每個年齡有其適合閱讀的書籍，但學校是否有做到這項服務，讓孩子覺得書適合他閱讀，而非他去適應書來閱讀。

孩子需要有人陪伴讀書，這個角色的不二人選是父母。但，如果父母沒有時間，有誰能夠代替？老師？校長？

寫心得很難嗎？捫心自問，有時還真的「搾」不出來。所以孩子的心得一定都要寫出來嗎？要不要全部寫？可以用其他形式來代替嗎？當初，寫心得的用意是為了確認孩子「真」的有看書，同時檢核學生所讀書籍的吸收程度。其實，我應該信任我的學生們，讓他們為自己負責，讓他們能較自在的閱讀，如果學生能多多去接觸書籍，不也是當初的目的嗎？

（2001. 3. 15，行政札記）

元朝翁森曾寫《四時讀書樂》:「讀書之樂樂何如，綠滿窗前草不除；讀書之樂樂無窮，瑤琴一曲來熏風；讀書之樂樂陶陶，起弄明月霜天高；讀書之樂何處尋，數點梅花天地心。」[5]這種無拘無束，終究釀就讀書人一份無拘無束的讀書快意；而所謂的增知長識都只是在似春風潤物，如春蠶食葉般的快樂閱讀中水到渠成、瓜熟蒂落的自然結果。這種境界是閱讀的「真」快樂。

我曾看過學校辦理「快樂閱讀週」、「快樂閱讀成長營」，但我們「大人」是否曾站在孩子的角度來考量，孩子的快樂閱讀是什麼呢？會不會我們標榜的「快樂」只是大人所認爲的快樂呢？梅子涵（2002）認爲，現在成人往往是從自己的立場出發來關心兒童，而不是充分尊重兒童的個性和需要。

有愛書的大人，才有樂讀的孩子。《朗讀手冊》上說：「人與書並不是天生相互吸引的，一開始，必須有說合媒介的角色。」換言之，把孩子帶到書中世界，讓他們能夠「悅」讀，是大人的工作。

從訪談所得資料可知，閱讀興趣隨著年齡的變化而有所不同。日本著名的兒童教育家阪本一朗把它分爲以下幾個發展階段，也許可以提供我做一個參考：

1.搖籃童話階段（二～四歲）：即所謂「教養時期」，通俗的講，就是教育該年齡層的幼兒該做什麼，不該做什麼，向他們講解蘊含有這些內容的故事以引起幼兒的閱讀興趣。搖籃童話應短小精悍，最好以動植物爲故事的主角，故事形式不拘，寓教於樂。

2.民間故事階段（四～六歲）：即「撒嬌時期」，此階段的閱讀應使兒童分清善惡，懂得事物的道理。

3.寓言階段（六～八歲）：兒童的生活環境由家庭擴大到學校，教育兒童盡快與社會相互適應是主要的課題，兒童應學會判斷簡單的是非道理，不再需要無條件地接受成人的「左右」。

---

[5]這是元朝翁森曾寫《四時讀書樂》的部分內容。

4.童話階段（八～十歲）：兒童通過學校、社會，開擴了視野，容易產生以自我爲中心，並會出現有意識的說謊等毛病，應特別加強對該階段兒童的生活、閱讀輔導，增強兒童的生活信念，樹立崇高的理想。

兒童閱讀興趣的發展還包括故事階段（十～十二歲）、傳記階段（十二～十四歲）、文學階段（十四歲～）、思索階段（十七歲～）。

訪談中得到的資訊，是我們修正做法的依據，於是我們展開策略的修正與創新。

二、再嘗試：修正行動策略

在行動實踐中，有所省思，就會有所發現。行動研究是一種具有螺旋循環模式的研究方法，在評估實施策略後，如果發現問題，應修正解決問題的策略或方案，進行第二次的改進。

帶著訪談的資訊及許多的問號，與全校老師共同討論，我們確定了修正「小碩士、小博士」閱讀晉階辦法、增加「師生共讀時間」、爭取經費購買書籍、與家長進行全面溝通，其餘與第一階段相同。在討論的過程中，修改「小碩士、小博士」閱讀晉階辦法老師們有不同的看法：

蘭老師：心得如果不用寫的，可以用畫的。但我贊成全部只用登記就過關的方法。

竹老師：心得的形式可以改，例如：「用畫的、寫給書中人物的一封信、我最喜歡的人物、對話改編等」都是可以採納的。

松主任：小朋友如果是為了「寫心得而去看書」，閱讀就不會快樂，也不會養成習慣。

柏老師：寫心得是學生吸收轉化知識的一種方法，我覺得對中、高年級還是有必要的。

我：就推廣的目的來說，是要小朋友先接觸書，喜歡書，所以我

覺得可以信任學生，用記錄的方式。（2001.3.26，行政札記）

經過充分的討論，我們決定以閱讀紀錄形式爲主，但三十本書的閱讀紀錄，需撰寫十張多元形式的閱讀報告。

(一)策略一：修正「小碩士、小博士」閱讀晉階辦法

維持「小碩士、小博士」閱讀晉階辦法，但改採閱讀紀錄的形式，登記書名、作者、頁數，並請家長或教師簽章。惟每三十本的閱讀紀錄表中，需書寫心得分享十張，分享的形式，可以是心得、感想、繪圖、一封信、改編對話……等多元形式的呈現。

(二)策略二：師生共讀時間

每週三早上八點至八點四十分訂爲師生共讀時間。這段時間，教師與學生一起在班級內閱讀自己喜歡的課外讀物，行政人員則在辦公室內進行。一、二年級採用繪本導讀方式進行，三～六年級則以自行閱讀爲主。其目的在使教師能以身作則，擔任楷模，一起與孩子讀書，以滿意學生希望有人陪伴的心理，同時爲教師及學生「創造閱讀時間」。

(三)策略三：與家長進行觀念溝通

校長每月書寫「給家長的一封信」，同時利用各種集會與家長做面對面的溝通。希望家長以回憶童年自己渴望閱讀課外讀物的經驗，來支持學生的閱讀活動。因爲「許多父母在面對孩子時，常常忘了自己曾是小孩」。

……教育部長曾志朗先生認為培養閱讀習慣，最好的方式是從親子著手，如果家長做不到，老師就要取代，盡到這個責任。這「從親子著手」的說法，台灣的作家林武憲先生說：「日本福音館書店會長松居直，他有一次來台演講告訴大家，只要他在家，一定天天

為孩子唸書，看著小孩的臉、表情來唸，唸到孩子十歲才停止，他用自己的聲音和話語來擁抱孩子，讓孩子在溫暖生動的話語中成長。」根據研究顯示：一個人在十歲以前，要是沒有養成良好的閱讀習慣，以後要補救，就比較困難了！親愛的家長！把握孩子閱讀的關鍵期，豐富孩子的學習內容，養成終身學習的良好習慣，就從現在開始……

……年紀小的孩子可以嘗試由繪本故事書著手，從引導孩子認識封面開始，讓他親近書與對書產生好奇；有了好奇的動力，開始翻書之時，可以從對話中引導他仔細欣賞書中的圖畫，並循序預測及開展故事情節發展；如此一來孩子自然擁有嘗試理解書中內容的動機……

……當孩子開始閱讀時，如果時間允許，請您陪著他唸書，在唸書的過程中，除非孩子錯得很離譜，已改變句子的原意，否則不要中斷孩子閱讀的興緻……

……我們也可以從閱讀的過程中發現孩子的閱讀喜好，並協助孩子開發一系列的書籍讓孩子依據自己的喜好閱讀。另外，與生活結合的閱讀也是好的選擇，例如，白頭翁在竹林中築巢。聰明的您如果善於引導，也可以順便告知孩子到學校、社區或文化局的圖書館查閱相關資料，仔細傾聽他所閱讀的資料，分享他的發現，假以時日可愛的「悅讀」小子，必定氣定神閒地出現在您的面前……

……近年來，由於電視的普及化，造成孩子坐在電視機前的時間過長，藉由閱讀計畫的推展，希望能帶給孩子終身閱讀的習慣。如果您的孩子在學校獲得閱讀的獎勵，也請您能再次給與鼓勵以增

強閱讀的習慣……（2001.5.17，給家長的一封信節錄）[6]

(四)策略四：爭取經費購買書籍

除了以公文形式向上級申請補助外，竹老師和柏老師建議可向學有所成的校友進行兒童圖書經費的勸募。我在深思熟慮之後，雖有感這是生平的第一次，但有助立即性解決圖書添購的問題，於是在請兩位老師提出校友名單後，展開生平第一次的募款工作。所幸，我們在第一站即遇到十分支持這項工作的校友，答應捐助十萬元的圖書經費，學校立即以其父親名義成立「紀念文庫」，籌設專櫃擺放。同時參照學生訪談的結果及上網尋找優良童書，在精心的挑選下，滿滿兩大櫃的新書，成爲後來借閱率最高的書籍。在募款當天的行政札記上，我有這麼一段陳述：

終於要走上這一條路了，我的個性自認十分不適合，但為了學生的閱讀，我只有「硬著頭皮、鼓起勇氣」往外踏出募款的第一次（很尷尬的一件事）。所幸，「天公疼憨人」，有了十萬元的圖書經費，這筆錢一定要用在刀口上，買最有利於學生閱讀的書籍，讓孩子來接近書籍。（2001.6.5，行政札記）

肆、這一路走來，我們的發現與建議

三年多來的努力，希望學生多與書籍接觸，從書本中發現閱讀的樂趣，而能遨遊在書海中。在每一年都有新生入學的情況下，這一條路，是沒有盡頭，也沒有終結的時候。我以「做了過河卒子，只有奮勇向前」來自我勉勵，這件事沒有所謂做得最好、最成功，只希望每個孩子都成爲一個「愛書人」。

---

[6] 研究者幾乎每個月都寫信給全校的家長，藉以讓家長更了校長的辦學理念及學校的重要教育措施。

行動研究是一連串計畫、行動、反思、修正的歷程，它是允許被檢驗與修正的，我們在其中摸索、尋找正確方向，到現在的熱絡發展，我們有些經驗與發現，「迫不及待」的與所有教育夥伴分享：

一、就推廣的過程來說

(一)閱讀習慣的養成是外鑠至內化的過程

在推廣過程中我們發現，閱讀習慣的養成並非天生的，即使他在學校推廣前就喜歡閱讀，也是學前父母唸故事，伴讀在旁所致。因此學校的各種推廣策略及獎勵辦法的實施，就扮演著非常重要的角色。這對於年級愈低的孩子，影響作用就愈明顯。孩子從外鑠的方法不斷發現閱讀的樂趣及吸收閱讀的方法，然後逐漸內化、使之成爲一種習慣。換言之，閱讀習慣的養成是外鑠至內化的過程。

(二)閱讀策略的實施應先了解孩子「心中的閱讀世界」

每個地區，都有其特色；每個學校，也有其特性；學生，也可能有不同的想法、起點行爲、先備知識。所以，在進行外鑠策略的推廣時，如果能先深層了解孩子的需要與想法，會得知許多不是「大人」所想像卻又有意義的資訊，再來進行策略的設計與運用，較能做有意義的推廣。孩子的心中世界，絕不是具體而微的成人世界。「從孩子的心」出發，才會得到孩子的認同，也才會把事情當成自己的事一樣的處理。

(三)持之以恆與創新改變

校長，你發的貼紙是皮卡丘，可是現在人家比較喜歡遊戲王的貼紙，可以不可以跟你換。

校長，上一次貼紙發完了，我還沒有補發過。

（2001.10.23，行政札記）

推廣策略，必須要注意持之以恆與創新改變，才跟得上時代的潮流。從孩子的建議，我發現學生真的很在意給他的回饋與獎勵。所以在實施一段時間後，最怕「虎頭蛇尾」，自己不但失去熱忱，同時帶給學生不信任感。持續觀察學生的文化，不斷翻新獎勵的事物，讓學生隨時有新奇的感覺，這樣的策略方能久久長長，又得到孩子的重視。

二、教師的成長與改變

(一)懂得用「同理心」來看孩子

推展閱讀風氣的過程，我一再的提醒教師，千萬不要用「規定」的方式，「命令」學生讀書或撰寫心得。這使得教師在推展的過程中，必須先去了解各班孩子不同的需求，由於「走下講台，彎腰蹲下靠近孩子的身旁」，與孩子就有更多的互動與對話，也懂得在處理孩子的問題時，也必須站在孩子的立場進行考量。

> 梅老師：說實在的，以前我不太能體會什麼叫真正的「教人」，但自從了解從學生的心來出發，我似乎能掌握一點點「教人」的內涵。我不敢說我從傳統的「以教師為中心」，完全轉變為「以學生為中心」，但我的視野較廣了，這是一項改變。另外，就是班級經營的一些問題也迎刃而解，則是意想不到的收穫。（2003.4.16，行政札記）

(二)教師主動性的改變

從兩年多整個推動的時程中，我有很深的體悟，發現老師由被動的執行，到爲了讓學校推展更順利而主動提出建議與策略的轉變過程。當初需要執行第一階段策略時，老師可能抱持著只要執行就好的「因應」策略，所以那時老師的對話大都是這樣的：

◎好！我會做的！

◎到班上我會多加宣導！

◎他們想要想才寫，我是不強迫的。

可是，最近老師的對話卻有這樣的改變：

◎校長，我覺得如果將給獎的方式改變成「搓搓樂」，讓小朋友有更多的期待，鼓勵作用會更好。

◎這幾天我發覺一套不錯的童書，如果買給學生看，一定大受歡迎。

◎我班上的「小強」，最近閱讀量減少了很多，我用了很多方式，都比不過她新買的電視遊樂器，你們有沒有什麼法子幫幫我。

◎我可不可以建議：閱讀角在陰天時，即使開燈光線還是不足，能不能購買檯燈給學生使用。

除了教師經過專業對話的練習，較懂得針對問題的焦點提出意見及破除教師心理及知性的孤立外，整個過程，目睹校長不斷主動出擊的態度，也深深影響著學校夥伴的心態。

(三)教學觀的改變

閱讀是屬於「內隱」的學習過程，所以教師在進行閱讀策略的教學時，必須不斷的引導、建構，才能了解學生閱讀策略的獲得與否。換言之，學生變成上課真正的學習主體。這種改變，影響到其他的學科或領域中，使老師不再是永遠的「塡充者」。

以前在國語深究課文的時候，如果學生說不出來，我會馬上幫他解釋一次。但我現在慢慢的會用引導的方式，讓學生說出自己的看法。因為我懂「將心比心」……所以現在上課，有時不是我的聲音最多，而是學生發表的看法較多。（2003.4.26，行政札記）

三、學生的成長與改變

(一)學生的自信心提升

「校長，我也得到小學士！」

「真的！你好棒！」（2003.6.5，行政札記）

這是一個領有殘障手冊且轉過二次學的過動兒，在領完獎後，一臉興奮地告訴我他得到了小學士。如果不是採取多元表達及閱讀紀錄的方法，我想他可能拿不到這項榮譽。我從他臉上看到了一個孩子的自信，來自一個成功的經驗笑容。

校長，你在我孫子的紙上（指閱讀報告）寫了那些字後，我孫子好高興，說校長給他鼓勵，現在變得很喜歡看書，以前叫他看書，都沒有這樣，謝謝校長！（2003.5.13，客家話轉譯）[7]

孩子有信心就能產生力量，繼續去做他喜歡的事，我想閱讀的種子，部分已植進了孩子的心靈深處，我期待它的開花結果。（2003.5.13，行政札記）

(二)提升學生對閱讀的興趣

走進圖書室，隨手翻著五年級的借閱登記簿，我看到了二○○二年九月

[7] 研究者在孩子的閱讀心得報告寫上鼓勵讚美的語句，成為孩子的最愛，不只如此，學生的習作或評量試卷都可看見校長的祝福與勉勵。站在推廣的立場，過程雖然辛苦、繁瑣，但卻是值得的，因為這也是孩子的動力來源之一。

十四日，五年級學生借了二十四本書。現在緊鄰校長室的圖書室，我常看到的景像是「熱鬧滾滾」。在公布欄中，張貼著七十三位無尾熊小學士、三十位國王企鵝小碩士、十一位貓頭鷹小博士及三位超級小博士，斗大的名字，代表著學生的努力。我想如果數字或場景會說話，學生已逐漸樂於與書爲伍。回憶起兩年前，那在圖書室裡「等沒人」的景象，我不禁發出了感謝之聲，感謝老師的協助，感謝學生的努力與家長的配合

(三)學生學會分享與激勵

◎小明，你看過哪一種書比較好看，介紹一下。

◎明天我把家裡的書籍，借給你看，很棒的哦！

◎小華，你昨天閱讀分享的那本書說得很棒，我今天去找，一下子就沒有，大概被別人先借走了。（校園內的觀察紀錄）

孩子會介紹好書給同學，也願意借書給同學，也願意給他人鼓勵。所以有位學生說「他好像一下子多了好多書」。這種分享觀念的建立，在這功利社會中，尤屬難得。許文龍在行政院會的演講中說：「台灣的教育造就了許多『有知識的野獸』，只會惡性競爭，幸災樂禍，視別人的失敗爲自己成功的希望。」這種冷漠的社會心態，需要相互分享，彼此激勵來破除。我的學生有了分享的觀念，相信在閱讀的路上更能體會與同伴一起成長的喜悅及感受更多的溫暖。

伍、後記：還有更多的故事

詹宏志先生在回憶自己童年時的讀書經驗時提到：「我自己後來成爲一個書呆子，是受小時候國語課本感召嗎？當然不是。是因爲讀故事書，有了與書本的美好經驗，堅決尋找更好看的書，一路走來忘了遠近，如今成了教

書、編書、寫書的人。」回想過去的成長經驗，我們也曾爲了一本「好看」的課外讀物而沈迷，不論是躲在被窩裡，或是站在書店裡，總是津津有味的啃讀。這些聯考不會考的書，在父母師長眼中的「閒書」，彌補教科書的枯燥乏味，也讓學生生涯中的「讀書」，得以暫時擺脫了考試的夢魘，而發掘出「書其實也是有很有趣的」（王秀蘭，無日期）。

如今，隨著青少年圖像式思考的進化，書籍似乎是青少年的「功課」，我們唯有破除這一迷思，讓青少年重視認識、接納，才能重燃閱讀的樂趣而終身受用。

推廣閱讀風氣，是幾乎每個學校都會發展的重點工作，這種例行事務，我試著帶領全校教師做不一樣的思考與轉化，我只能說我們盡力在做，而且做得很快樂。

且看一個場景：

> 二〇〇二年十二月四日，一個校長拿著《七號夢工廠》的繪本，走進一年級的教室，「校長講故事了！」一個孩子喊著。「有一天，三年級的老師帶著班上的同學去參觀帝國大廈，那是一個好高好高的建築物，高到雲朵只飄在身旁而已，那時有一個小朋友，看到了一朵有眼睛、有嘴巴的雲精靈……」這位校長，自己徜徉在自己的想像世界裡，好像回到了童年，在草屋旁偷看吳承恩《西遊記》的情景……，抬起頭來是一雙雙充滿期待的眼睛，此時，那位校長似乎講得更起勁了，因為他看到孩子那眼中閱讀的希望，一個未來的希望……孩子那眼中閱讀的希望。

（審查日期：初審：2004年9月15日；複審：2005年5月31日）

參考文獻

中文部分

王秀蘭（無日期）。**快樂閱讀、享受閱讀**。2002年6月25日，取自 http://isrc.ncl.edu.tw/isbn/frmIndex.asp?Year=89&Month=5

周均育（2001）。**兒童圖書館員、父母與幼稚園教師對幼兒閱讀行為的影響之調查研究**。國立中興大學圖書資訊學研究所碩士論文，未出版，台中市。

梅子涵（2002）。**談兒童閱讀：快樂閱讀快樂成長**。2002年10月11日，取自 http//big5.xinhuanet.com/gate/big5/news.xinhuanet.com/newscenter/2002-10/08/content_588762.htm

連啓舜（2002）。**國內閱讀理解教學研究成效之統合分析研究**。國立台灣師範大學教育心理與輔導研究所碩士論文，未出版，台北市。

陳伯璋（主編）（1986）。**教育研究的新取向**。台北市：南宏。

陳淑絹（1996）。由國民小學閱讀指導現況口查談閱讀策略教學的可行性。**國教輔導，36**（2），24-29。

陳惠邦（1998）。**教育行動研究**。台北市：師大書苑。

曾淑琪（1991）。兒裡閱讀指導探析。**書香季刊，8**，45-58。

蔡美華（譯）（2003）。G. E. Mills著。**行動研究法**。台北市：學富。

蔡清田（2002）。**教育行動研究**。台北市：五南。

盧美貴（2000）。教育行動研究——學校本位課程發展的關鍵。**教師天地，105**，27-35 。

蕭昭君（2002）。**行動研究工作坊**。2002年2月20日，取自http://140.127.173.105/ige/論文集/

英文部分

Elliott, J. (1991). *Action research for educational change.* Milton Keynes, UK: Open University Press.

Kemmis, S., & McTaggart, R. (1988). *The action research planner* (3rd ed.). Victoria: Deakin University .

Lewin, K. (1948). *Resolving social conflicts: Selected papers on group dynamics.* New York: Harper & Row.

Roehler, L. R., & Duffy, G. G. (1991). Teachers' instructional actions. In R. Barr, M. L. Kamil, P. B. Mosenthal, & P. D. Pearson (Eds.), *Handbook of Reading Research* (pp. 861-883). New York: Longman.

Somekh, B. (1995). The contribution of action research to development of social endeavours: A position paper on action research methodology. *British Educational Research Journal, 21*(3), 339-355.

2

因應九年一貫課程統整、協同教學與多元評量的教學行動研究——以國中語文領域為例

張玉茹
國立暨南國際大學比較教育學系助理教授
張景媛
慈濟大學教育研究所教授
吳青蓉
育達商業技術學院幼兒保育系助理教授

摘要

基於九年一貫的精神，本研究採合作行動研究的方式，在國中語文領域施行課程統整、協同教學與檔案評量的概念。本研究的目的如下：(一)國中語文領域課程統整實施時，課程設計、協同教學與檔案評量行動的歷程。(二)探索國中語文領域課程統整實施時，課程設計、協同教學與檔案評量的可行方式。

本研究的對象爲心心國中（化名）三年級二班與二年級一班共三個班的學生，共一百零一位學生。經由教學團所討論與設計出來的統整課程，再由各班的英語與國文任教教師實施協同教學，並就統整的課程實施檔案評量。本研究結果如下：一、在本研究中，國中語文領域課程統整實施時，可分爲三個階段：(一)起始點：組成教學團並確定課程統整主題；(二)課程統整設計的迷失：對教學目標的迷失，可藉由文獻與主持人的解說而澄清教學目標；而與自然領域的混淆，則藉由諮詢教授給與觀念上的澄清；(三)修正與成長：在經過觀念的釐清與教學團的合作設計下，產生課程統整的四次活動設計，據此進行協同教學，教師經由教學團分享教學成果，學生由檔案評量得知學習的回饋。二、國中語文領域課程統整的實施，可採(一)成立教學團：教學經驗分享、各科專業有助合作課程設計與協同教學；合作討論的方式，有助於教學的反省；(二)分組教學：分組競爭與合作所凝聚的力量，有助課程統整的實施；(三)主題統整設計：課程統整設計時，以主題加以設計一系列課程，有助完整知識的學習；(四)檔案評量呈現學習歷程與結果：由檔案的內容，可以看出學生課程統整學習的歷程、學習態度的改變和對統整課程的看法；(五)諮詢資源，提供解惑：有效的諮詢資源，可以適時解決困惑，有助課程統整的實施。最後，根據研究結果與討論，提出本研究結論與建議。

關鍵詞：九年一貫、語文學習領域、協同教學、課程統整、檔案評量

壹、緒論

一、研究動機與目的

九年一貫課程可以「開放」、「一貫」與「統整」三大走向加以詮釋。展望二十一世紀將是一個資訊爆炸，科技發達、社會快速變遷，國際關係日益密切的新時代。在本質上，教育是開展學生潛能、培養學生適應與改善生活環境的歷程。因此，跨世紀的九年一貫新課程應該培養具備人本情懷、統整能力、民主素養、鄉土與國際意識，以及能進行終身學習之健全國民（台大教務處教育學程中心，1999）。國民教育階段的課程設計應以學生爲主體，以生活經驗爲重心，培養現代國民所需的基本能力，包括了解自我與發展潛能、欣賞、表現與創新、生涯規畫與終身學習、表達、溝通與分享、尊重、關懷與團隊合作、文化學習與國際了解、規畫、組織與實踐、運用科技與資訊、主動探索與研究、獨立思考與解決問題。爲培養國民應具備之基本能力，國民教育階段之課程應以個體發展、社會文化及自然環境等三個面向，提供語文、健康與體育、社會、藝術、數學、自然與科技及綜合活動等七大學習領域。

「九年一貫課程」從規畫籌備與擬實際運作的同時，「課程統整」、「協同教學」、「彈性課程」等理念及其實踐，被視爲實踐「九年一貫課程」的主要特色：「注重學習者統整能力的提升、打破傳統學科組織方式，強調學習領域爲學生學習主要內容，而非學科名稱」；「學習領域之實施以統整、合科爲原則，以糾正過去分科課程和教學的弊端」（林清江，1999；歐用生，1999），在在都突顯出「課程統整」與「協同教學」兩概念在現階段教育改革脈絡下的顯著性及重要性。九年一貫課程簡單的說，就是由以往中央集權課程發展的方式，改爲由學校爲本位來進行課程發展，因此學校必須組成課程發展委員會，依據教育部訂頒之能力指標及七大領域來發展課程，同時注意到課程的統整性及連貫性。在課程發展與實施過程，教師可以採取行動研究與協同教學方式來改進教學型態與方法。

除了教學與學習目標的改變、課程統整的改變外，九年一貫還強調教學評量的突破。過去的教學評量慣以量化的分數做為評估學習成效的標準，然而在這種以認知題爲主的導向，對錯分明的給分判斷，我們反而很難在這個數字上了解學生能力進展的情況。而在進度的壓力下也只得當作下回評量比較的數據，無法做爲教師教學和學生學習的回饋，學生和家長在面對評量結果也只能以分數和排名做爲學習努力的目標。因此，深植在學業成功學生的心目中的分數哲學是：尋求非黑即白的標準答案，以及努力競爭求取成功的心態，甚至是只求結果成功不顧過程如何的投機心理；而課業失敗的學生心中則充滿老師家長放棄的眼神和永無止境的挫折。這樣的結果並非我們所樂見，也正促使我們重新衡量教學評量的意義與功能。九年一貫強調除了紙筆測驗外，教師應以多元評量的方式來呈現學生學習的歷程與成果。

基於上述九年一貫的精神，本研究採合作行動研究的方式，在國中語文領域施行課程統整的概念。

本研究的目的如下：

(一)國中語文領域課程統整實施時，課程設計、協同教學與檔案評量行動的歷程。

(二)探索國中語文領域課程統整實施時，課程設計、協同教學與檔案評量的可行方式。

二、研究問題

本研究的研究主題爲「因應九年一貫課程統整、協同教學與多元評量的教學行動研究——以國中語文領域爲例」，由此主題而提出以下的問題：

(一)國中階段如何在語文領域階段施行課程統整、協同教學與多元評量？

(二)在國中語文領域施行課程統整、協同教學與多元評量的可行方式爲何？

貳、文獻探討

一、九年一貫課程語文領域的內涵

(一)基本理念（九年一貫課程與教學網，2001）

1.語文是學習及建構知識的根柢，語文學習應培養學生靈活應用語文的基本能力，爲終生學習奠定良好基礎。

2.語文是溝通情意、傳遞思想、傳承文化的重要工具。語文教育應提升學生思辨、理解、創新的能力，以擴展學生的經驗，並應重視品德教育及文化的涵養。

3.爲拓展學生多元視野及面對國際思潮，語文學習領域包含本國語文、鄉上語及英語的學習。本國語文爲基礎工具，宜循序漸進，培養學生具備：聆聽、說話、閱讀、作文、注音符號應用、識字及寫字的基本能力。鄉土語重在日用溝通，以聽說爲主，讀寫爲輔。英語國小階段以聽說爲主，國中階段則聽說讀寫並重。

(二)課程目標

九年一貫語文領域課程目標如表 1 所示。

表 1　九年一貫語文領域課程目標一覽表

課程目標／基本能力	語文學習領域
一、了解自我與發展潛能	應用語言文字，激發個人潛能，發展學習空間。

二、欣賞、表現與創新	培養語文創作之興趣，並提升欣賞評價文學作品之能力。
三、生涯規畫與終身學習	具備語文學習的自學能力，奠定終身學習之基礎。
四、表達、溝通與分享	應用語言文字表情達意，分享經驗，溝通見解。
五、尊重、關懷與團隊合作	透過語文互動，因應環境，適當應對進退。
六、文化學習與國際了解	透過語文學習體認本國及外國之文化習俗。
七、規畫、組織與實踐	應用語言文字研擬計畫，及有效執行。
八、運用科技與資訊	結合語文與科技資訊，提升學習效果，擴充學習領域。
九、主動探索與研究	培養探索語文的興趣，並養成主動學習語文的態度。
十、獨立思考與解決問題	應用語文獨立思考，解決問題。

資料來源：九年一貫課程與教學網

（http://teach.eje.edu.tw/9CC/fields/2003/language-source.php）

(三)實施要點（九年一貫課程與教學網，2001）

1.教材編選原則

(1)教材編選應配合學生學習之需要，並照應各階段能力指標爲原則。

(2)鄉土語著重日常生活應用，以聽說爲主，讀寫爲輔。英語在國小階段以聽說爲主，在國中階段則聽說讀寫並重。

(3)各語文學習領域因課程目標有別，編選教材之要求不同，請參閱各語文學習領域之教材編選原則。

2.教學原則

(1)本國語文爲主要學習工具，學生應具備聽說讀寫的基本能力。鄉土語著重日常生活應用，以聽說爲主，讀寫爲輔。英語國小階段以聽說為主，國中階段則聽說讀寫並重。

(2)各語文學習領域因課程目標不盡相同，對教學原則之建議，請參閱各語文學習領域之綱要。

3.學習評量

各語文學習領域因課程目標不盡相同，對學習評量之建議，請參閱各語文學習領域之綱要。

由九年一貫課程語文領域的基本理念來看，語文領域強調學習聽、說、讀、寫等技能外，亦重視學生情意的學習。課程目標與基本能力強調個人潛能發展、獨立思考與興趣培養外，亦強調與團體的互動分享與了解不同的文化風俗。但語文領域在教材編選、教學與學習評量方面仍是分領域來考量。如此一來，本研究在設計課程統整時，參照本國語文與英語學習領域，在教學原則著重以各種方式增進學生聽、說、讀、寫的能力，評量方面除了紙筆評量，亦著重多元評量的方式。由於本國語文與英語習慣性的被切割，是以，本研究乃以協同教學的方式來進行課程統整，並輔以檔案評量的方式呈現教學與學習的成果。

二、課程統整的理論

(一)課程統整的意義

Simanu-Klutz（1997）認為課程統整是指不同學科知識的融合（fusion），採取不同世界觀、策略與資源的教學策略，其目的在於使教學觸及真實生活問題解決與批判思考。黃譯瑩（1998）認為「課程」就是聯結，「統整」即建立聯結、連繫、關連，並進而完整化或更新；如「課程統整」是一種動態、運作或行動，「統整課程」可以說是這種動態、運作或行動所呈現的各種結構、層次或圖像。歐用生（1999）從 Beane 的觀點出發，指「課程統整」不只是重新安排學習計畫的方法而已，而是一種課程設計的理論，包括學校目的、學習本質、知識的組織和使用、教育的意義等觀點。簡言之，它包含經驗的統整、社會的統整、知識的統整及課程設計的統整。吳清山和林天祐（引自李俊湖，2001）認為課程統整係指針對學生學習內容加以有效的組織與連續，打破現有學科內容的界限，讓學生獲得較為深入與完整的知識。

綜合上述學者的意見，課程統整可由學習內容的分合問題來看，不論採合科、學科關聯或其他連結方式，將課程重新組織，避免學科分立現象；也可以由學習者經驗的連結來看，強調以學生生活關聯，以學生的經驗為起點，促使學習經驗意義化，進而解決問題，甚至藉由師生共同設計歷程，達到學校與社會民主化的理想。

(二)基本的課程統整組織型態

課程統整試圖將彼此分離的學習內容，加以妥善的安排，以取得更密切的相關。課程可以不同的形式來作統整，如相關課程、廣域課程、科際整合課程、超學科課程等（李子健、黃顯華，1996；Glattorn & Foshay, 1991; Jacobs, 1991）。

1.相關課程（correlated curriculum）

相關指的是試圖將兩個或多個學習領域取得聯繫，使學生在某一學習領域所學，得以增強其他領域的學習。如自然與數學概念的相關內容的聯結。

2.廣域課程及衍生課程（broad-field and emerging curriculum）

廣域課程實際上包含融合課程（fused curriculum），即數個科目結合為一學科領域，如社會科綜合歷史、地理與公民。

衍生課程是從一個主題產生另一個主題，主要是彌補相關課程缺乏邏輯的缺失。如研究一小鎮的歷史時，對該鎮的經濟產生興趣，則經濟就成了下次學習的主題。

3.複科整合課程（pluridisciplinary curriculum）

複科整合課程是將具有共同學科的屬性，以及同類的知識形式等，加以整合的一種組織架構。複科整合課程的目的在恢復知識的原始面貌，減少學習內容或技能的重疊現象，使具有共同知識性質的學科之間有聯繫及應用的機會。如物理、化學、生物、地科可以整合爲自然科學。九年一貫課程七大學習領域似乎採取這種統整課程的型態，類似廣域與融合課程。

4.多科整合課程（multidisciplinary curriculum）

多科整合課程主要是以解決生活上的問題做爲課程組織的中心，統整有助於解決問題的學科領域，或表面看起來無直接相關的科目，其目的在協助師生體認學科知識與日常生活的連結。如國文教師可提供學生練習陳情或訴訟狀子的機會；配合英語課，指導學生寫成新聞稿及劇本，以英語話劇的方式演出；而舞台場景的設計、布置與音效，則可由美術、工藝及音樂老師的協助下完成（黃譯瑩，1998）。

5.科際整合課程（interdisciplinary curriculum）

科際整合課程是將兩個以上的學科融合爲某一學習領域，結合不同學科的研究方法、語言與觀點，針對共同主題、事件、問題或實驗進行討論。目的在使師生從不同的學科與觀點，探討某一主題，能更深入的了解問題的本質與意義、關鍵事件與未來發展的趨勢。

(三)有效課程統整原則

在教學上，課程統整有避免教師因爲學科間的限制而影響教學時間與內容的優點，且可讓學生學更得深入而非片斷。此外，經由相關的教學活動，可與學生的生活經驗相聯結，熟練能力與概念。但是，如果統整未把握有效原則，可能產生一些教學問題，如單元內容過於膚淺、學習內容缺乏意義、未依據學生能力與興趣來統整課程等。Barton 與 Smith（2000）提出有效的課程統整單元原則如下：

1.有意義而重要的內容

教師首先依據政府及學校課程綱要及學生年級，選擇適當的教學內容，然而並非盲目的跟隨課程綱要及教學目標，教師仍要配合學生的需要、地區及國家的課程綱要，設計課程目標。換言之，選擇的內容必須是學習目標的重要概念與內容，並要顧及學生認知的意義與生活的關聯性。

2.真實性的活動

過去教室內的學習活動往往以管理為務，教師依據課本內容，按既定流程閱讀、問答與學習，而不是有意義的學習活動。如果教師改變教學方式，如數學課程中，將文字敘述的應用題，轉化成日常生活中的情境生活題，再以書面、口述或圖表的方式展示，並與同學分享等所謂真實的活動，就是把學生的學習歷程視為真實世界中知識獲得與分享的過程，如此，不僅把學習歷程延伸於生活世界，同時學習方式也較自然。

3.配合學生需要

套裝課程固然帶給教師方便，不過卻忽略學生已有的背景、知識與需求。學生的需求每年也可能不一樣。如地震的主題，課本提到的日本的阪神地震，而在台灣，我們關心的可能是九二一大地震與三三一地震。由於學生背景的差異，教師必須一再反問自己，哪些是學生的經驗與興趣？

4.教師中介角色

教師在教學過程中，起初會比較辛苦，花比較多時間去指導學生，例如指導學生如何蒐集與組織資料？經過一段時間後，學生們會漸入佳境，教師只要扮演協助的角色，了解學生先備經驗，據以提供鷹架，協助學生學習。

5.豐富的資源

為了切合學生需求，教師必須準備許多教學資源，事先要規畫學生可能選擇的主題，並提供適當的資源。如教師要了解相關的資源——圖書館或網際網路，提供或輔導學生使用相關的資源。

總而言之，課程統整並非只強調學科內容的組織，更需要把學生的先備知識與能力納入設計考量。以學生需要為重心的教學內容設計，加上教師適時輔導的中介角色，與真實性的活動安排，才可達成課程統整的目標。

(四)對本研究的啓示

本研究基於國中分科教學實施已久，各科教師教學互動較缺乏，在課程統整上，研究者決定使用複科課程統整的方式，將語文學習領域國文與英語兩個學科中共同具有、相互重疊的概念、技能或態度，加以聯合成一個主題。並依有效課程統整的原則，選擇有意義的內容、配合真實性活動與學生需要，在統整課程活動中，教師居中介角色並提供豐富資源。

三、協同教學的理論

(一)協同教學的意義

協同教學是由 Team Teaching（簡稱 TT）翻譯而來，西元一九五〇年代後半，美國受到蘇聯發射第一顆人造衛星史普尼克（Sputnik）的影響，決心進行教育改造。一九五七年九月在馬薩諸塞州佛朗克林小學開始實施以來，頗受到世界各國的重視。協同教學猶如其名，是由教師組成小組協同指導兒童的一種教學方式，因此 TT 和傳統性班級導師制或學科（分科）擔任制有不同的理念和做法。被認爲 TT 之父的美國華盛頓大學教授夏普林（Shaplin J. T.）博士曾對 TT 下一個定義：「所謂協同教學是一種教學組織的型式，包括教職員和他們所擔任教學的兒童或學生，在兩個人乃至更多教師的合作下，擔任同一群組學生的全部教學或其主要部分」（柯啓瑤，2000）。

(二)協同教學的特色

從教學社會學的角度看來，協同教學是改變教師在傳統教學模式中的習慣與角色的方法。協同教學具有下列幾個特色（吳清山、林天祐，1999；陳奎憙，1986；張清濱，1999；鄭玉卿，2000）：

1.教學專業社群的組成

協同教學的最大特色就是教師專長互補，由不同專長之教師和助理人員共同組合。由教學小組（教學團）共同擬定合作計畫，在實際教學時，依照每位教師本身擅長的學科及熟悉的教學方法，對各種相同學習階段和程度的學生進行教學。

2.分工合作的專業對話

協同教學的教師必須以合作的態度，來組織教學團，在群體的互動中，不斷的討論教學內容，研擬教學計畫，貢獻自己的專才。教師們以頻繁的專業互動和對話，從同儕身上引發更多的學習資源，藉此使每位教師都能彼此獲得專業成長。

3.彈性多元的教學模式

由於協同教學是藉由不同專長教師的一種專業性組合，爲了獲得最大的教學效果，教學團教師以不同的教學方式，在同一時間內進行大班教學、小組討論或獨立研究等不同方式，來指導學生學習。亦可透過不同的專業組合，依課程設計和教師專長，呈現彈性而多元的教學內容。

4.教學資源的充分運用

協同教學進行過程中，當教學團中一位教師依自己專長進行大班教學時，可以運用各種教學媒體輔助之。同時，各種校外資源，如師資、場地、設備及圖書等，亦能在專人指導和不同的教學方式之下充分利用。

5.學生學習的個別適應

協同教學過程可藉由大班教學（集合二、三班）到小組討論再到獨立學習，學生在小組討論中以及獨立學習中，由於學生得到老師個別化的指導，就比較容易適應學生在學習能力與習慣上的個別差異。

(三)協同教學的模式

協同教學改變教學的型態，也衍生了多種的模式（協同教學模式與實施，無日期），列舉如下：

1.單科協同

這是指同年級、同科目教師的協同。譬如英語科教材內容有發音、拼字、句子結構與語法、英語歌曲、聽力練習等部分。一年級英語教師有三位，可就其專長分配工作，李老師負責發音及拼字部分，林老師負責句子結構與語法，而張老師則負責英語歌曲及聽力練習。

2.科際協同

這是兩科之間協同。譬如國文科五言絕句選「登鸛雀樓」，即可與美術科協同教學。教師教完後可要求學生將讀完這首五言絕句的心境，用作畫表現，以領會詩中有畫的意境。當然美術科教師也可就一幅畫指導學生欣賞，然後國文教師指導學生寫出觀察心得或打油詩。

3.多科協同

這是三科或以上的協同。譬如英語科課文「I Took a Trip to

Kenting」，可把英語、地理、音樂等科教師組成教學團，一面上英語，一面教台灣英語地名，同時也教唱歌——生日快樂歌或郊遊歌曲。

4.跨校協同

協同教學也可以跨校實施。譬如甲校缺音樂教師，而乙校缺美術教師，則兩校可相互支援，互補有無。

5.循環式教學

教師的專長不一，對於任教的學科不見得完全勝任。譬如體育科球類包括籃球、排球、足球、羽毛球、棒球、躲避球……等，有些教師只擅長其中一、二項，因此，學校可採取循環式協同教學，就教師專長選項，依序進行循環教學。

6.主題式協同

這是針對某一主題進行統整的協同方式。譬如台灣地區一下雨到處水鄉澤國，不下雨又乾旱成災，其道理何在？如何防止水患？要釐清這個主題，似乎有必要就地理科、地球科學、生物、化學、公民與道德、人文科學共同會診，提供學生必要的背景知識，然後要求學生從各種不同的角度，探討其原因並提出對策。

(四)協同教學的實施

1.組成教學團——有下列幾種方式組成教學團

(1)由擔任相同科目的教師，加上有關助理人員。

(2)由不同科目的教師和助理人員組成之。

(3)由同一年級的教師及助理人員組成之。

(4)不分科目、年級的教師，加上全校職員，組成一大教學團。亦可找一位經驗豐富、成熟且有領導能力的教師，擔任主任教師，來策畫、主持、推動整個教學團之運作。其他可包括資深教師、任教不久之一般教師、社教人員、家長、社會資源人士及專家學者。

2.計畫

教學前的計畫很重要，團員經由多次的開會、討論，研商每日的教學計畫，進行各科教學設計，分頭準備各人所分配之工作，如蒐集資料、製作媒體、布置教學環境等準備工作告一段落後，並做修正，最後才將計畫定案，準備實施。

3.教學

以合作教學的方式進行教學，可視課程及教學需要進行大班教學、小組討論或者獨立學習。

4.評鑑

採協同評鑑方式評量學生的成績和教師協同的情形，評鑑須自由、坦誠及具有專業性、建設性的批評。

5.其他的配合

(1)增加助理。

(2)改變教學職責。

(3)建築設備的改進：建築具多元化功能，媒體、圖書資料應充實。

(4)彈性課表。

(5)改進評鑑：不能以知識記憶爲主，應評量學生整個生長與發展（協同教學法，無日期）。

(五)對本研究的啓示

在國中傳統分科的教育體制下，一下子要實施理想中的協同教學，實屬困難。況且研究時間有限，本研究所採的協同教學，乃採語文領域英語與國文的科際協同，基於課程統整的主題，按組成教學團、計畫、教學、評鑑的步驟，做爲國中教師語文領域協同教學的初探。

四、檔案評量的理論

學習評量除了要達到特定的教學目標外，學習過程的評量亦著受重視。然而傳統的紙筆測驗無法了解學童的學習過程與真實應用學習效果，亦因紙筆測驗本身的限制，無法確切評量認知領域的較高層次以及技能領域與情意領域的學習效果，於是有多元評量的產生。所謂多元評量包括行爲、技能檢核表，情意、態度評量表，運用教室觀察紀錄，檔案（卷宗）評量，撰寫參觀報告，撰寫專題報告，善用發表活動，遊戲化評量情意或情緒評量，生活化評量，實作評量，動態評量等。本研究採多元評量中的檔案評量以呈現學生對課程統整與協同教學的認知、情意與技能的學習效果。

此外，諸多文獻均強調檔案評量的下列六項重點（吳清山、林天祐，1997；陳啓明，1999；Salvia & Ysseldyke, 1996）：

(1)設定有價值的結果做爲評量的目標

所謂有價值的結果包含一些需要高層次的理解（如：分析、綜合、評鑑）或需要應用特定歷程或策略解決，以及較複雜具挑戰性的結果。

(2)採用模擬（mirror work）真實世界的作業

真實評量需要學生解決「真實」世界所出現的問題，問題可能是沒有結構性的（開放性的），需要花相當多的時間或需要整合知識和技巧，而不是分散的個體。

(3)鼓勵學習者間和師生間的合作學習

被評量的成果應包含個別學生及由學生團體合作的作品和表現。

(4)採取多元的向度評量學生的作業

教師的評量應超越純粹的知識內容，同時考量特定領域的策略、探究的方法和重要的學習歷程。

(5)鼓勵學生反省

學生應能以批判的角度反省、思考自己所構思和完成的作品，如此便有改進的驅力。因此教師應鼓勵學生回顧和修改自己的作品，不是以一次的測驗、論文或計畫爲主。

(6)整合評量和教學

評量應該符合教學的目的，因此，評量不應只是提供學生在某項基礎表現上的正確訊息，還應該激勵學生的動機並對教學有所助益。

(一)檔案評量的定義

Vavrus（1990）定義檔案評量爲「由老師及學生共同有系統的蒐集並組織證據來監控（monitor）學生在知識、技巧及態度上的成長。」Paulson 等人（1994）認爲檔案評量是有目的的蒐集學生作品，以展現學生的努力、進步與成就。而這些蒐集品必須包括學生參與內容的選擇、判斷的標準及學生自評自省的證據。Kimeldorf（1994）認爲學生檔案爲「用來展現更多元的學生成就，以補足傳統紙筆測驗只能展現有限資訊的限制，學生檔案的主要目的在於展現學生的學習成就、努力或學生所學到的知識。」美國 Vermont State Department of Education（1994）認爲檔案是學生的作品集，其中所選的作品是用來展現學生能力，其與工作夾不同之處，在檔案中包括學生的最佳努力，且提供學生去反思其作品品質的機會。綜合上述檔案評量的定義，檔案可說是學生表現的集合，其內容是多元的，而且能反應出學生的能力、努力及對學習的反思。

(二)檔案評量的內容

檔案的內容應該是依據某項特定的目的而加以修整，沒有先設定目標的檔案就像是一堆紙張的堆積或存放計畫的資料夾。因此，檔案的內容應包含蒐集作品的目的，並應根據其邏輯性加以安排。依據檔案不同的目的，可能包括課堂上的作業、草圖、爲此檔案所發展的作品、錄音帶、一系列已經閱讀的書籍、測驗、檢核表、錄影帶、已經完成的計畫、藝術作品、電腦的程式、執行紀錄和讀取紀錄。

檔案是由教師和學生共同合作整合而成。因此檔案中應包含哪些部分是由學生和教師共同討論決定，通常會參考日程表的順序，這些協商的紀錄通常也會被納入檔案中。上述方式已經漸漸受到反駁，有些人主張讓學生選出自己最引以為豪的最佳作品，另一些人則主張應選出學生自己不喜歡的作品。

(三)對本研究的啓示

檔案評量對學生學習的歷程與結果，都做了詳實的紀錄。對教師、學生與家長而言，都不是過去量化分數可展示出來的成果。檔案評量非常適用於學生的學習歷程，本研究配合課程統整主題，讓學生在檔案上自由的創作與揮灑。

參、研究設計與實施

本研究透過合作行動研究的方式，施行九年一貫課程所強調的課程統整基本精神，建構以語文領域為例的可行方式。研究主持人從二〇〇一年六月起即不斷蒐集相關文獻與研究，對九年一貫所強調的課程統整、協同教學與檔案評量的基本精神詳加了解。在克服各種困難後，本研究在合作夥伴的努力下，不斷的討論、省思、調整、修正、行動，整個過程是不斷的循環歷程。

一、研究架構

「教育行動研究」(educational action research)來自「行動研究」(action research)，是教師建構教育知識，在經驗中找出適當的模式，並在模式中尋求突破與創新，改變現有的教育信念與慣性的思考方式，它也是追求專業成長的另類途徑(Elliott, 1991)。

行動研究(Action Research)的意義為：在行動的同一時間進行研究。以教學而言，在課堂中進行觀察研究，不僅可以自我省察教學效能，更能夠對課程發展有極大助益，爲教師的教學與學生的學習注入新的活力。以蔡清田（2000）提出的行動研究歷程爲主軸，再結合本研究的實際研究流程與步驟，如下圖 1。

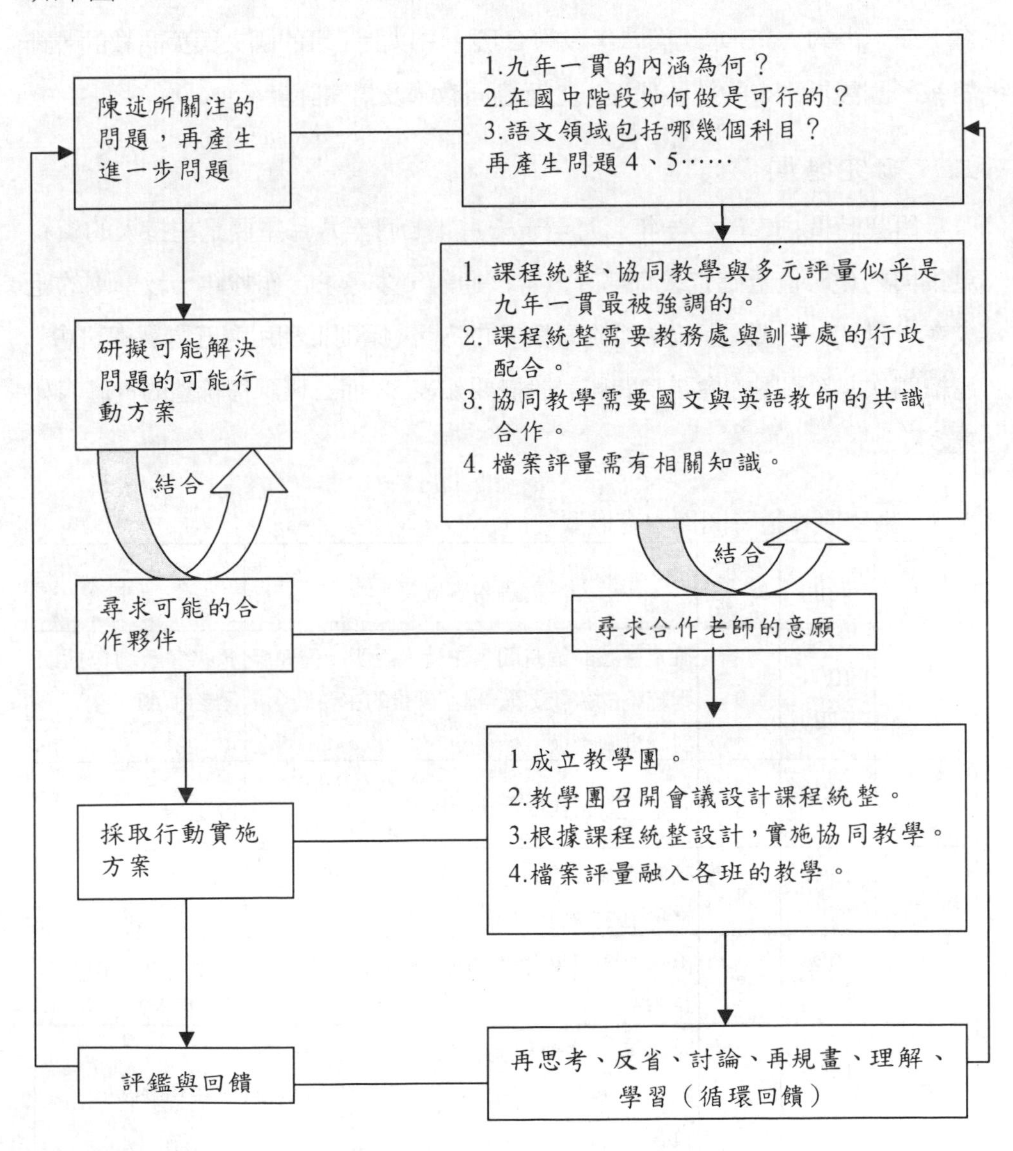

圖 1　本行動研究實施流程圖

二、研究對象

由於本研究是在現有的課程下施行課程統整的行動研究，所以實施的班級乃配合教學團教師任課的班級。本研究的對象是以台中縣心心國民中學（化名）三年級的A、B兩班與二年級的C班。由以上三班的國文與英語教師，針對教學團設計出來的統整課程，進行協同教學及檔案評量。

三、研究時間

研究時間由二〇〇一年七月至十一月。七月至八月主要是主持人的資料蒐集與內化，直至確定教育部計畫審核通過，才尋求合作夥伴，教學團的組成在十月初。正式課程統整與協同教學的時間，原則上利用週五聯課與班會，連續四次。教學團的會議時間與討論概要如表2；而三班課程統整的實施表如表3。

表2　教學團會議時間與內容概要

會議次數	時間	參加人數	討論內容概要	備註
一	10/11（四）	9	確定會議討論時間，主持人說明計畫與課程統整、協同教學、檔案評量的主要概念，討論實施班級。	各次會議均包括助理老師AT
二	10/16（二）	8	確定主題、課程設計討論。	T9退出
三	10/18（四）	8	確定實施班級、第一次課程設計方向確定，由T3老師與T6老師負責。	
四	10/23（二）	8	第一次課程學習單討論、相關教具準備討論。	T6加入，主持人因北上研習缺席
五	10/25（四）	8	討論第一次課程流程與學習單使用的方式；第二次課程設計由T4老師與T5老師負責。	T7生病缺席

六	10/30 （二）	8	分享各班第一次活動的成果；討論第二次課程設計的方向與學習單設計的內容；討論第三次賞鳥活動的交通與保險。	主持人因病缺席
七	11/1 （四）	8	討論賞鳥活動解說員安排、交通、保險、便當、家長同意書、來回時間問題；第二次課程流程與學習的單的使用討論。	T6 缺席
八	11/8 （四）	7	賞鳥活動所有問題的最後確認；第四次活動設計的學習單討論與實施方式。	T6 因病缺席，T5 處理班務缺席

表 3　課程統整的課程實施表

課程名稱	實施日期	備註
我是一隻小小鳥	10/26	利用星期五下午聯課與班會時間
自由的飛翔	11/2	利用星期五下午聯課與班會時間
你可以靠近一點	11/9	彰化漢寶賞鳥；星期五中午出發
粉墨登場	11/12、11/13	由於結案日期緊迫，三班自行找出國文與英語老師可以共同上課的二節

四、課程設計

四次課程統整設計如表 4 所示。這些課程設計，除了主要課程設計者的參與外，T7 老師在課程設計討論時常會給與一些意見與方向；T8 老師幫忙資料蒐集，也是幕後功臣。

表 4　四次課程統整的設計

課程名稱	主要設計者	內容綱要
我是一隻小小鳥	T3、T6	第一次鳥的外觀、成語介紹
自由的飛翔	T4、T5	鳥的一些相關字的古文體介紹，及中英文的文章互譯
你可以靠近一點	彰化野鳥協會九位解說員	鳥外觀、生活習性之介紹
粉墨登場	T1、T2	鳥的戲劇演出與合科教學心得分享

五、研究程序

(一)尋找研究夥伴，組成教學團

詢問最初計畫有意願的參與者，很多老師以自己事務太多不敢答應；透過 T2 老師的協助，T4 與 T7 老師於是加入。英語老師部分，T3、T5、T9 則先後願意加入，但 T9 因身兼行政工作與輔導活動科召集人，過於忙碌而在第一次會議後即退出。T8 正好坐在主持人旁邊，很有興趣想加入。於是，教學團的初步成員慢慢成形。教學團的背景資料如表 5。

表 5　教學團成員教學背景資料

姓名	學歷	任教科目	教學年資
T1 (主持人)	高雄師大英語系、教育學系碩士班、台灣師大心輔學系博士班進修中	英語	7
T2	中興大學中文系、四十學分班結業、彰化師大國文教學碩士班進修中	國文	16
T3	東海大學社會系、美國紐約長島大學碩士	英語	7
T4	中興大學中文系、四十學分班結業	國文	17
T5	高雄師大英語系、英國愛丁堡大學碩士	英語	20
T6	高雄師大教育系、四十學分班結業	國文	14
T7	文化大學中文系、彰化師大國文教學碩士班進修中	國文	11
T8	靜宜大學中文系	國文	代課 7 年

(二)研究計畫的基本概念資料的研讀

在成員確定後，主持人將當初的計畫書、課程統整、協同教學與檔案評量的資料影印給大家，請大家自行閱讀。

(三)協調時間、課程與實施班級

在好不容易找到的共同時間，我們舉行了第一次的會議。協調以後的開會時間、課程設計的方向、主題、實施班級、如何實施等問題。

(四)課程統整設計討論、協同教學實施循環

課程統整與協同教學預定實施四次，在第四次會議確定課程設計者，每次由一位國文老師加一位英語老師共同設計，根據大家的討論方向去設計課程所需的學習單，並討論實施流程，第一次課程在協同教學實施後，又循環設計學習單、實施協同教學的流程。但第三次課程是賞鳥活動，委由彰化野鳥協會舉辦，不在教學團設計的範圍。

(五)檔案評量的實施

本研究以檔案評量的方式來呈現學生對課程統整的學習歷程與成果，在第一次課程統整、協同教學實施後，即發給學生檔案簿，並告知學生使用的方式，讓學生自由創作屬於自己的學習成果。

六、資料分析與處理

在資料蒐集方面，研究主持人透過三角校正方式（triangulation），運用參與觀察、各次會議討論逐字稿、研究主持人省思札記、與其他共同研究者電話討論紀錄、學生活動紀錄、檔案評量回饋等方式，並就蒐集資料陸續進行分析以達研究目的，整個研究於二〇〇一年十一月結束，研究主持人並隨之完成報告的撰寫。此外，採用學生的活動紀錄與觀察紀錄互相佐證。

肆、研究結果與討論

本研究根據研究問題與目的，將資料分析結果加以詮釋歸納如下：

一、國中語文領域課程統整實施的階段

本研究依教學設計與教學實施的過程，以工作告一段落爲階段的轉換。

(一)第一階段的行動：起始點

1.組成教學團與行動研究理念的溝通

主持人先詢問最初計畫有意願的參與者，T2老師因為自己在進修，加上之前接觸不少小班教學的觀念，也試著做過。所以，國文教師的部分，主持人決定委由T2去找一些志同道合的研究夥伴。（2001.10.4，電話交談）

T4與T7老師於是加入，其中一位許老師，也非常有興趣，但由於快要生產，不能參加。英語老師部分，與T3老師聯絡過後，剛開始T3以一星期有三十五節課的沈重負擔，不敢答應。（2001.10.5，電話交談）

在經過一個晚上的思考後，T3決定試一試；而T5老師則很阿沙力的說好。（2001.10.6，電話交談）

T8老師正好坐在主持人旁邊，很有興趣想加入。於是，教學團的初步成員慢慢成形。（2001.10.9）

此外，主持人也找到一位AT擔任本研究的助理，幫忙逐字稿的謄寫與打字、資料蒐集與瑣務的協助。在第一次教學團會議後，T2告訴我，教學團許多成員的期待是由主持人告訴他們該怎麼做，包括主題與細節。我在想如何讓老師們了解行動研究的內涵，讓教學團的成員互相激盪出火花。還好有T1居中協調，如果有老師帶著疑問離開，可能就失去這個研究意義了。（2001.10.11，省思札記）

在T1主持人與教學團分享與討論行動研究的目的後，教學團的成員在日後的會議中，慢慢進入佳境。

2.確定主題

第一次教學團會議時，T3 老師首先拋磚引玉：

T3：我是覺得第三冊國文不是有一課是鳥嗎？英文第一課到第三課不是有一個去墾丁賞鳥嗎？那我是想說我們可以針對候鳥這個主題，那現在開始也是候鳥，像是野柳有分冬天跟夏天的候鳥，我是說也可以參觀，我是這麼想，如果你不想去這麼遠的定點，那個科學博物館裡面……（2001.10.11，S-10101）

T3：如果說以鳥為主題的話那個很容易做。

T2：我們的主題是什麼，就是鳥。（2001.10.11，S1-10104）

主題原本就此確定，但牽涉到要做的班級有二年級，也有三年級，有老師覺得二、三年級的主題要一致嗎？但由於大家上課時間到了，於是決定由主持人與 T2 老師事後討論決定後，再通知大家。主持人與 T2 在十月十二日訂下以鳥爲主題，請大家在下次會議前，構思如何實施課程統整。

(二)第二階段的行動：語文領域課程統整設計的迷失

1.教學目標的迷失

在教學團會議時，大家初步決定要有四次的活動。於是，大家想訂出教學的目標。此時，T3 提出 Bloom 所提的教學目標——認知、情意、技能來分。

T1：那我想說有一個我們要請賞鳥協會協助，那我們只要設計三次的主題，那我們主題要先定下來。

T3：那你覺得我們就先教認知嘛，然後具體、情感，再來一個總結，不然你每一個單元都……

T3：認知就是來教……

T1：認知、情意、技能嘛。

T3：對對對。

T1：那技能方面要怎樣呈現？

T3：對啊，具體的嘛！嗯……

T7：技能就是如何賞鳥啊。

T1：嗯！

T3：耶，對啊。

T7：鳥的形貌。

T3：那就請人家來那個嘛！

T1：那認知就比較好做。

T3：對對對。這個都可以做。

T3：那情意就由認知之後，當然就是我們寫教案的時候就是……嗯……就是……譬如說……嗯……可是我當然知道什麼是體會親近自然樂趣，嗯……這個要怎樣呈現……這個有比較簡單嘛，啊！這個 T7 有說了嘛，那情意……

T1：那技能我們是以賞鳥的那個活動來帶的話，變成說……（2001.10.16，O-20205）

在主持人一時未覺察的疏忽下，大家似乎都認同這樣的做法，想在一次的活動中針對一個教學目標加以完成。而在會議後，T2 老師跟我說這樣的做法似乎不對，因爲每節課都應具備三種的教學目標。主持人才驚覺剛才的從眾行爲已造成大家在課程設計的教學目標上混淆。主持人在回家之後，開始去翻閱相關教學心理學的書，似乎沒有一本書是提出認知、情意、技能是可以分開敘寫。

教學目標之敘寫，在於強調教學活動對學生產生具體的行爲改變，稱之爲「行爲目標」(performance or behavioral objectives)，即說明學生在教學後能學會什麼，其行爲表現或改變必須是可觀察可測量的，可做爲目標是否達成之衡量標準。說明教師預期學生在學習某一教學單元後，所要達到的行爲改變結果（朱敬先，1995）。

> 我們該思考的是讓學生在每一個單元獲得什麼樣的知識，而每一個單元學生所獲得的知識不應是認知、情意、技能可以支離破碎呈現的。例如經過賞鳥活動的解說後，認知上，學生應能描述一些鳥類的基本特徵；情意方面，學生應能書寫賞鳥活動的心得；技能方面，學生應能描述賞鳥所應注意的事項。(2001.10.16，札記)

2.與自然領域的混淆：

> 有了以上的疑惑，主持人決定求救，由於正在台灣師大心輔學系博士班進修，於是我想到張景媛老師，老師很忙，終於找到之後，老師聽完我的陳述，給我們開了處方。她說問題出在大家已太偏自然，忽略語文的統整了，如果要那樣做，可能是一個大統整，而我們只是做語文領域的小統整。此外，老師也給我們課程設計的一些建議，如果賞鳥活動放在最後，則整個統整課程似乎沒有結束的感覺，最後應有一次的收尾活動，針對整個課程做一個總結。老師說她有一個幫新竹某國中做的校慶統整活動設計的流程可以供我們參

考，這不啻是一個好消息，同時，也解決心中的疑惑。（2001.10.16，電話交談與札記）

(三)第三階段的行動：修正與成長

1.教學團觀念的釐清

主持人經過一個晚上的沉澱後，立刻以電話與教學團緊急聯絡，在向T4老師、T5老師簡單說明後，T4與T5表示已清楚迷失的方向，而T2與T7老師由於進修之故，必須等到十一點才會回家，主持人認為太晚打擾不妥；T3老師家的電話則一直占線，於是決定明天到校再向這三位老師清楚的說明。同時，主持人也認為應有方向讓老師們設計課程時，有明確的參考。於是，主持人找出九年一貫語文領域國文與英語科的分段能力指標，在看過之後，決定分給教學團的夥伴們。（2001.10.16，札記）

2.設計過程的方向調整

隔天，主持人收到來自張景媛老師傳來的 e-mail，是她爲新竹某國中所做的統整課程的設計大綱，主持人立刻將此資料與九年一貫語文領域國文與英語的分段能力指標等資料送到各位夥伴的手上，也向其他老師傳達觀念釐清的問題，希望在明天第三次會議前，能讓大家知道語文領域強調的是聽、說、讀、寫的能力。在第三次會議上，主持人先說出自己構想中的活動設計方向。

T1：我們寫簡案大概說……嗯……我們兩節課聯課跟班會大概使用的方式、活動的設計，然後讓其他班級去參考，第一次教案設計，主要以鳥類的認識為主，是一些鳥類認識的文章啊，然後，這些教學目標來看哦，主要……國文科主要還是在引導聽、說、讀、寫，然後，最後可以推衍出欣賞、討論、創作、擴充生活經驗，所以呢……開始我們以鳥類的基本介紹為主，然後擴充到相關的生活經驗，我們再找一些相關的文章，或是做一些抒情的創造也可以，反正……往這方面想，這是第二個活動嘛，那第三個活動，可能我們就排出去賞鳥，然後，最後再一個收尾，就是我和 T2 來設計一個三個單元的綜合活動。因為如果說把賞鳥放在最後一個活動，好像就是說，賞鳥之後就不見了，好像整個活動沒有收尾的感覺，我想說把賞鳥活動放在第三個單元。最後再一個收尾的活動，把課程做一個統整，那我們目前就四週來做，從下個禮拜開始第一週啊，第一週就是認識鳥類為主題，我們可以取一個主題名稱，那我想說可不可是訂「我是一隻小小鳥」，然後活動的流程我們來想一下。(2001.10.18，CD-30401)

在這次會議中，主持人堅持住張景媛老師所給小統整的方向，讓大家有明確的課程設計方向。

3.確定實施班級

由於主持人正好教 T2 班上的英語，於是 A 班確定加入；另外 T4 老師班上的英語老師正好是 T5 老師，於是 B 班也確定加入。而 T7 老師班上的英語老師無法支援，於是 T7 說他可以爲課程設計提供意見即可；而 T3 老師班上的國文老師 T6，在經過 T3 的聯絡後，並給她這次計畫的相關資料，確定加入，並在第四次加入會議。於是 C 班也成爲本次的活動班級之一。

4.實施課程統整的前置作業：學習單與分組

在第三次會議中，T7 老師與 T2 老師這兩位做過小班教學的老師提供他們的經驗給大參考：

> T7：我回去想了一下，我以前有做過小班教學，用學習單的方式來做，我覺得如果這活動，你用小組來做，效果會比較好，那小組分組之後，用學習單來學習，讓他們主動來找資料，不見得我們要提供資料，他們提供的資料不見得比我們來的少。(2001.10.18，EX-30301)

> T2：他裡面的一個想法關於鳥……，我們可以改用學習單，關於這隻鳥是什麼名字，讓他們去分組，讓他們以鳥的名字為他們的隊名，他們要去記得英文隊名。(2001.10.18，EX-30302)

結論是三班導師讓學生依組別取以鳥相關的隊名，並找到這種鳥的英文名稱及此鳥的一些簡單的介紹。

5.第一次課程設計

(1)第一次活動設計者與內容確定

> 在教學團不斷腦力激盪下，決定了第一次統整課程的設計方向，大家也有共識要在下星期二會議之前，把第一次活動的學習單設計出來。最後，決定由 T3 與 T6 老師來設計第一次活動的學習單。
>
> 在會議結束後，主持人才想到星期二、三必須參加一個縣府指派的研習，在板橋教師研習中心。於是主持人想更改會議時間到星期一，透過內線電話聯絡，T3 老師說，她無法

在星期一做出學習單，主持人於是想取消星期二的會議，但T2老師提出如果延到星期四才開會，而星期五就要做了，如果有什麼要修改或準備的工作就來不及了。最後T2告訴我，他們自己開就好了，其他老師也表贊同。

我很高興似乎看到團體在成長，由剛始一些意見相左、對活動存疑等，到現在大家的投入，讓我這個主持人有如釋重負的感覺。（2001.10.18，札記）

(2)就學習單內容，請T6與T3說明

由於T3老師較晚到，所以教學團請T6說明，他們設計的學習單內容與進行的時間和方式。

T5：這是一節課的是不是？

T6：這個可能要一節半，那就是過程我們上禮拜二那天大概有跟各位老師講過，一開始就是各對他們介紹所蒐集到的鳥類資料，上台報告，這就可能占了半節課了。（2001.10.25，CD-50401）

T6：對啊，這樣就差不多快半節課了，然後接下來第二個活動就是鳥的外形介紹，比如說，鳥嘴的英文單字是什麼，就是這個樣子，簡單介紹它的外形啊，那第三個步驟就是成語的介紹，剛剛講說他們用英文的句子，然後配對，聯想跟中文的關係，先發給他們英文的學習單，然後，他們小組去討論聯想像這樣的句子，他們會想到什麼樣的成語，相關的。（2001.10.25，CD-50402）

T6：那是第三個步驟，由英文句子來想中文成語。

T1：T6 老師，這三個故事要如何進行呢？這三個故事。

T6：故事是……嗯……這應該在照他講的，大概是第二階段，介紹鳥的圖時，他也介紹跟鳥有關的故事。

T1：那故事的介紹，是不是應該有一些針對故事的活動，要不然那故事好像看過就算了。還是要讓他們考試一下。

T6：只是要他們看而已。（2001.10.25，CD-50403）

T3 老師出現後，再把學習單需要修改的地方跟 AT 討論後，第一次活動的流程大致確定。

6.第一次課程的回饋與第二次課程設計

(1)第一次課程活動的回饋

教學團談論上星期活動的過程，三班的反應都很不錯。

T2：那他們學生上課的情形怎麼樣？

T6：他們的反應都很好，還在那邊搶答。

T3：都搶破頭了。

T2：你是用怎樣的方法，讓他們這樣子？

T3：我是用怎樣的方法，讓他們……，像英文方面就是分組的時候上來報告，比較形式化，這樣子，有一組做的比較好，他們有畫一張圖，然後什麼是綠繡眼，都講得很清楚，其它，之後是有關英文成語和中文成語，因為他們有準備，所以都很踴躍，然後，我在上常見鳥類的英文名字的時候，我都會先描述一下那個，再把他講出來，問他們知道英文嗎？他們有查到的，他們都會舉手，我們班是上得很高興。

T2：T4 你們班呢？

T4：嗯……反應是都很好。

T2：我們班本來有分組，是還不錯，是都能互動這樣子。（2001.10.30，FB-60701）

而學生在檔案簿中對協同教學與課程統整活動心得的反應也相當熱烈。雖然有些同學一開始覺得生疏或奇怪，但最後，都是很熱情的參與。

這次活動並不是老師上台講課，而是以小組的方式去討論和找資料，這樣不僅可以培養我們合作團隊精神，還可以讓自己去尋找答案，不再依賴老師。搶答和舉手發言時，大家都可以表達自己的意見和想法；也學習聽別人意見的雅量。而中、英文一起教學，除了了解自己國家的語言，也能使自己更有國際觀。（2001.10.26，C班小儀）

在上這堂課時，我覺得很新鮮，也很快樂，因為這是我第一次上英文和國文老師合併一起教學。而在這之前的幾天，老師就說要舉辦此次的聯合教學，本來以為大家會沒有什麼興趣，想不到大家既然會那麼踴躍的查資料，且上課還反應那麼熱烈，雖然有點吵，不過同學查的資料太多，而使老師有些人沒叫到而被說不公平，真可憐。此次查鳥的成語，我也查很多，上課也有舉手搶答，為組爭分，而老天也算有眼，所以我們就成了第二名，老師說下個禮拜五還要繼續舉辦國文、英文聯合教學，希望下次大家也能那麼激烈就好。（2001.10.26，B班小豪）

從來不曾上過合科教學，所以第一次上課的時後，都不知道要上什麼。所以懷著期待在又怕受傷害的心情上。^～^

後來兩位老師同時的走進來（真是少有的畫面），原先怕怕的心情飛走了，取之是興奮的心情，呵～呵～呵～心想：「快開始吧！」>。< （2001.10.26，A 班小巧）

(2)第二次課程設計者活動說明與教學團的討論

有了第一次活動設計的經驗，第二次課程設計教學團顯得比較熟練。但主持人在此時重感冒加上聲帶發炎，完全無法發出聲音，只有向學校請一星期的假。但面對課程的進行壓力，主持人只能在第六次會議前一天，用筆談與 T4 與 T5 討論第二次課程的大要，並請 T4 與 T5 在明天會議，帶來學習單與大家討論。而主持人可能缺席。

T4：我這邊是這兩張啦！你看，一張是歇後語，看是不是請 T5 看一下裡面，裡面意思有沒有一樣，如果跟鳥沒有關係，也大致跟他們講一下，沒有關係，這是第一個，第二個是我上次跟 T5 談過的白居易寫的關於鳥的詩，請他們寫感想，還請他們用英文喔，試著用英文翻譯，因為這個比較淺顯，可是試著用英文翻譯啦。

T4：試著給他們翻譯出來。第二張，是文字部分，可以配合他們上次教的鳥的一些部分，像是鳥的羽毛、翅膀、嘴巴，應該可以和上次的配合，然後請學生講出英文的部分，可以順便讓他們複習一下上節的。

T2：喔，讓他們先上中文，然後……

T4：然後，請他們用英文講出來，可以順便複習上次講的部分。

T2：嗯。

T4：然後，第二部分鳥叫聲，看有哪些字或詞，然後請他們有些字寫上注音可能會比較標準一點，看和英文方面有沒有什麼相同的，然後下面是飛的形容……形容鳥飛行的字辭，這大概他們找字典，應該可以找得到。

T2：那就要請他們帶字典。(2001.10.30，CD-60401)

在確定課程與學習單的使用方式後，T4更拿出爲B班寫的古文投影片，供其他二班使用，大家似乎愈來愈投入教學了。

7.第二次課程的回饋與第三次賞鳥活動的聯絡事宜

(1)第二次課程的回饋

在第八次的會議中，大家的焦點都放在第三次賞鳥活動的討論事宜，與第四次活動的設計，所以反而忽略了第二次課程的回饋部分，但由學生在檔案簿中的回饋，仍可看到學生對第二次課程統整與協同教學的感覺。

這次是第二次的活動，雖然這次活動學習單的英文比較難，但是每一組的組員還是很努力的把自己知道的答案踴躍發言出來，還有國文的學習單使我知道了很多古代的文字是如何演變成現代的文字，從古代一直流傳到現在的諺語以及白居易的詩等；使我認識到了更多更多的新知識呢！(2001.11.2，C班小書)

這次老師買了許多東西來請我們，而且這堂課也蠻好玩的——甲骨文、撰文、歇後語、詩詞翻譯、英文填空……等等，上得不亦樂乎ㄋ！每隊幾乎都有資料，搶得好厲害ㄝ，

不分輸贏。如果每次都這樣上的話，上起課來好輕鬆，再好也不過的ㄌ！（2001.11.2，B班小珣）

今天是第二次上「鳥」，沒有比第一次那麼生疏了，知道老師如何上課的方法，知道後，當然就更加熟練了，查英文能力也變快了許多，各小組的競爭力也愈來愈刺激了，大家死命的舉手回答，爭著搶第一名，真是有趣極了，我覺得辦這個活動真的非常有意義せ～～～（2001.11.2，A 班小婷）

(2)第三次賞鳥活動的聯絡事宜

由於主持人生病，所次此次關於遊覽車與辦保險的聯絡事宜，全部委託給 T8 老師處理，在第六次會議討論這部分。第七次會議中，大家就其他關於課程、午餐、出發時間、家長同意書的部分加以討論。在第八次會議做最後的確認。畢竟帶學生出去必須負擔很大的風險。

8.漢寶賞鳥與活動回饋

十一月九日在漢寶的我們，跟著解說員，在他們專業的介紹下，學生與老師們的確對鳥的習性與一些特徵有了相當的認識。而車子在手機一再聯絡下，終於在快四點才現身，我們原先的有獎徵答活動也被迫取消。雖然有交通工具上的問題，學生仍然是很享受這次的活動。學生在檔案簿中有以下的回饋。

今天我們到彰化漢寶去賞鳥，在那邊有很多不同種類的鳥，羽毛都很漂亮，也有解說員在旁邊解說，所以我們就能知道鳥的特性、特徵，還有習性。解說員有三位，有兩位走的比較快，大家都跟著他們一起走，而我、陳淑雯、廖瑛姿、楊壹琳，就跟著另一位解說員邊走邊看，我們看到了小水鴨、中白鷺、小白鷺，有的還沒轉換成過冬的樣子，有的則已經轉換過來了，還沒變的中、小白鷺後面有一小撮辮子，牠的模樣真是可愛極了。

最後我們去了海邊，我們還看到了東方環頸鴴、翻石鳥，牠們也都很好看，雖然海邊風很大、很冷，幾乎要把人吹走的強風很令人受不了，但是我們可以看到那麼多種鳥類，所以我覺得去彰化漢寶是值得的！（2001.11.9，C班小瑜）

本週是令人期待以久的賞鳥日，今天一早來到學校，看到有幾位同學都到了，每個人手一個包包，裡頭放了些……嗯～雜七雜八的東西，可以說是在學校或賞鳥都不會用到的東西，就這樣盼呀盼的，終於熬到了第四節，我們匆忙地扒了幾口飯後，就快速的下樓上車了。過了一會，到了目的地：彰化漢寶，在那走了一小段路，我們在馬上看到了許多birds！有夜鷺、翠鳥、小白鷺……好多好多！使我們看得都目不轉睛，捨不得離開，在那待了快二個小時，車終於來了，我們趕緊上車，回到學校時已經六點多了……。今天玩了一天，雖然已經精疲力盡，全身軟趴趴的，但是卻很快樂，如果有機會，好想再去賞一次鳥～～～（2001.11.9，B班小君）

這次到戶外去彰化漢寶賞鳥，每ㄍ人都是滿心期待上遊覽車，大家一路說說笑笑，到達目的地後，好像和原本ㄉ想像不太一樣，風很大，而且也不是海邊……等，更氣ㄉ是，司機居然放我們ㄉ鴿子，害ㄉ我們得一路艱辛ㄉ走。可是一路走，還可一路賞鳥，鷸科、鷹科……我幾乎沒見過ㄉ鳥，解說員不厭其煩一直為我們介紹。時間一分一秒ㄉ流逝，我們也在那裡留下ㄌ難以忘懷ㄉ回憶，希望還有機會能再有《戶外教學。（2001.11.9，A班小如）

9.第四次課程設計與活動進行時間協調

(1)第四次課程設計

此次課程是由主持人與 T2 老師一起設計，而由於 T2 已爲賞鳥與鳥類資料蒐集花了很多時間，所以主持人在跟 T2 老師討論大概的設計內容後，就完成了初步的學習單，主持人將在敦煌書局找到一本有關鳥的故事書 *Joey the Bird*（1995）加以濃縮，做爲同學編劇的參考。第四次的課程主要的目的是讓同學可以發揮想像空間，去編出有關鳥類的劇本，並分組演出。而 T2 認爲還可加入組員相互採訪這四次活動的心得。

T1：我的意思是改編，因為這個很長。

T3：所以你要把他改說……

T1：我這邊想說，你可以自己創作，如果你真得創作不出來，你可以做個改編，那如果說，你們那一組的能力還不錯，可以用英文，那英文他們就可以自由去編。

T2：中英文都可以，如果說鼓勵用英文的話。

T1：就是他可以夾著說，你知道嗎？因為有一些簡單的他們會講，難的就講中文就讓他們自由發揮就好，啊，因為這個故事就是我上次那本書裡面的小故事，至少有個東西可以改編，或是說，他們有另外的想法。可以自由創作都可以，如果說他們有自由創作的話，就麻煩他們自己要寫劇本這樣子。

T2：那個 T1，這個英文戲劇嘛！假如說，還有剩的時間，就開始幾分鐘，讓他們自由採訪，自由採訪，採訪三個，叫他們寫下來這樣子。

T1：對，就像 T2 你剛才的想法，很好！因為我剛剛只有一直想到戲劇的部分。（2001.11.8，CD-80401）

T2：我本來有另一個想法，就是這個演完後，另外剩下的時間讓他們自由去採訪，採訪同學有關於這樣一系列合科的想法，感覺。

T4：上台報告也可以。

T2：對，上台報告。（CD-80402）

10.第四次課程實施與回饋

在倉促間進行編劇與演戲的活動，各班導師都覺得效果會不好，但也沒辦法。但實施後，至少在主持人協同的 A 班，同學們都還有一些巧思與道具，更有幾組，嘗試在中文劇本中加入英語，更有令人難忘的劇本。

一到班上，T2 便告訴我，時間太短，他們根本沒有太多時間準備，而我也看到許多組還在忙道具。T2 說，如果有更多的時間，他們一定可以表現更好。但實際演出後，我仍被幾位學生深深打動，如阿呆是個單字都不背的學生，他的一句「I'm so happy」卻贏得全班的掌聲。而何俊彥也是英語根本都跟不上的同學，也開口說了幾句英語，真讓我非常感動。程度較好的楊依凡與張詩涵更用心的用英語編劇。（2001.11.12，札記）

這次老師要我們每組分別演一個以鳥為主題的故事，大家也都做了充分的準備，也有人準備了道具出來表演，真是有趣。（2001.11.12，A班小杰）

T3與T4也都告訴我，時間不夠，否則他們應該準備的更充分。但B班與C班同學在檔案簿中的活動心得，也都有相當熱烈的回饋：

這次活動是表演話劇，我有出場表演，但最令我欽佩的是黃奕誠啦！他這次高票當選最佳演員，也希望往後能夠得國際的金馬獎，他的演技實在一級棒！（2001.11.13，C班小宇）

最後一次的合科教學 very 有趣，最後一堂課是演戲，各個同學使出渾身解數，想辦法做出最好的道具，來取樂台下同學。

因為劇本都是英文，so English teacher 帶著我們 see 劇本，了解劇本內的意思，we see 完了之後，便一組一組討論要做的道具，以及讓 we 背劇本，好讓演出的那一天 have 完美無缺的表現。

表演的那一天，我好期待，期待 see 每一組的表現，我看了幾組的表演後，我覺得我們好遜！因為有好幾組用 English 來演出，真是令我佩服！佩服！有些組更是厲害，準備的道具可是一應俱全，演出時又用流利的 English 來 speak 的人了。（20010.11.13，B 班小潔）

二、國中語文領域課程統整的實施方式

(一)成立教學團，經由教學經驗與討論的互動，有助於教學的反省

本研究透過教學團來合作設計課程，獲得不錯的效果。教學經驗、各科專業有助合作課程設計與協同教學；合作討論的方式，有助於教學的反省。

透過每個老師說出自己寶貴的教學經驗，本研究得以激盪出更有效、更多的教學設計方向及教學方法。如在本研究中，T7 與 T2 提供他們做小班教學的經驗，利用學習單的方式來設計課程；及用分組的方式來進行協同教學。研究結果都顯示學生們對學習單所帶來的挑戰十分樂於投入，而分組之間的競爭更是如火如荼。

此外，透過教學團會議不斷的交互對話、批判反省與情感支持，可以協助教師解決教學上所面臨的問題與困擾。如在會議中，教學團對協同教學與課程統整的迷失，在主持人的引導與教學團成員彼此之間的對話中獲得澄清。

(二)分組教學，凝聚團隊精神

本研究經由教學團的一些教學經驗分享，決定以小組方式進行，結果果然很令人滿意。建議進行課程統整與協同教學時，如果透過小組的方式進行，可達事半功倍之效。三班中的 A 班與 C 班本來上班就有分組，所以團隊精神本來就存在。而 B 班是二年級時有分組的經驗，三年級後尚無此經驗，但由以下的學生檔案簿中的活動心得看出 B 班的小組運作情形也是相當不錯的。

剛開始還沒上課覺ㄉ分組無聊……可是一上課ㄉ時候，我ㄇ班很熱烈ㄉ回答老師ㄉ問題，全班都鬧哄哄ㄉ……很有趣……我們都有去查資料……所以我從上課一開始就愛上ㄉ這ㄍ科目，一是因為上起課

來也不會枯燥無味，二是還增進同學彼此ㄉ感情……（2001. 10. 26，B 班小霙）

(三)主題統整設計，有助完整知識的學習

由本研究中可知，學生一開始對於合科教學是很陌生，甚至覺得奇怪的。但第一次課程後學生們就愛上了這個與「鳥」有關的課程統整活動，並對同時可以同一節課堂上學得英語與國文十分感興趣。在課程統整中，對鳥這個概念，也學得完整的知識，而非片斷零碎的語文知識。

(四)藉由檔案評量可呈現學生學習歷程與學習態度的改變，及對課程統整的看法

在本研究中，在檔案評量中，有各次課程統整的學習單、學生對課程統整的活動心得，與各組所共同努力蒐集的資料。藉此，可以有效的記錄學生學習的歷程，並且保存學習的資料，是紙筆評量外，可以參考的多元評量方式之一。

(五)適當諮詢資源，有助課程統整實施

由此研究中發現，教學團的迷思期，是因爲主持人去尋找教授才獲得解惑。張景媛老師當時告訴我，像我們是爲時不晚的例子。很多人做完了才要找她修，那就太晚了。所以，適時尋求資源是必要的。如果能透過教學團員尋得一些諮詢資源，便可在關鍵時刻發揮作用。同時，也可隨時指點迷津，爲沒有研究背景的教師們解惑。

伍、結論與建議

根據研究結果，分別說明本研究之結論、建議與研究限制：

一、結論

(一)成立教學團為課程統整實施的第一步

由本研究實施的課程統整發現，教學團實為課程統整的第一步。經由教學團進行課程設計，不但可以修正課程統整中，統整學科偏頗的現象，也可以藉由教學團的互動，修正迷失；藉由教學團的活動分享，得以在活動後進行修正或教學經驗分享。關於分組教學的分享，就有以下的聲音：

T1：那 T7 有沒有什麼意見？

T7：分組久了就會有個默契在。

T1：對。

T7：那默契、向心力都還會在，那現在分組……

T2：這不用擔心，像我在 T6 班上，馬上分組，他們表現的也不錯。

T3：只是默契沒有那麼多。

T1：我都不是常久分組，常是為了課程需要分組，他們或許默契沒那麼好，但是各組之間的競爭力還是在。

T7：分組之內，有各種差異在。

T1：就是異質分組，依 S 分組。

T7：每一個人有不同的任務，然後用搶答的方式，每個同學都有回答的機會，成績差的同學他得分的機率愈高，鼓勵他們發言，這樣子。那做學習單很好用。

T2：T7 那時候分組還有個特色，他把那個組員分一壘手、二壘手……捕手，這樣子很好，分不同階層得分不同。

T1：那我們是不是找個時間先去看一下。

T7：我們已經很久沒有做這個了。讓他們自己去分組，讓他們自己去分配工作。

T1：那增強的部分你是怎麼呈現的？

T7：那成績最差的叫紅不讓，每次紅不讓出來的話，成績就得五分。

T3：喔。

T7：投手出來只得一分。

T3：我懂了。

T7：那有什麼答案，他們一定會提供給紅不讓，這樣紅不讓就會很常出來發言。相對他就會學多一點。（2001.10.19，TW-30401）

(二)主題統整課程有助知識的連貫

以往國中由於長久學科分立，知識分割的傳授方式，讓學生的學習像瞎子摸象。但利用課程統整讓學生在語文領域「鳥的知識」作一次知識的連貫，同時利用協同教學，由術業專精的教師傳授專業的知識，學生在「鳥語文領域」的知識獲得統整。主題式的課程統整，除了有助課程的設計，也有助於知識的完整傳授。

(三)檔案評量有助學習歷程與結果的呈現

課程統整讓學生有完整的知識，但檔案評量記錄了學生學習的歷程與心得，記錄學生一路的成長。有別於傳統紙筆測驗，學生更加自己學習的結果。有不少學生在課程結束後，紛紛要求拿回自己的檔案簿，因爲有他們完整的學習歷程。

二、建議

根據研究結論，提出以下建議供教師教學及未來研究之參考：

(一)對實施課程統整的建議

1.先組成教學團，再依成員組成去排課表與任課班級

由本研究可以發現，教學團的組成是一切的開始。未來的研究可先從各科融合分組成為數個教學團，團員之間的選擇可採自由組成的方式，本來默契就夠的老師在一起，可減少教學團開始的陌生。教學團組成後，根據教學團成員去排課表與任課班級，就不會有上述研究中，先排定課表與任教班，再組成教學團後，在實施課程統整與協同教學時的困難，甚至因此在教學團運作後，還要去邀請其他老師的加入，如 T6 老師，便是在第四次會議才加入。如果運作方式是先成立教學團，再排班級與課表，T6 一開始便可加入教學團，同時，課表的安排如果先排好，在實施統整課程與協同教學時，也不會有 T6 與 T5 因顧及自己班，而有後來的折衷方式。

2.課表中有共同時間讓教學團討論

由本研究可看出，教學團在課表排定與班級排定後運作的困難，連每週找到共同的一節來討論也不可能，於是都是利用早自修的時間。甚至後來因為需要，每週二、四早自修都在開會。教學團中大部分是導師，他們通常都會在班上處理一下班務才會過來，常常是陸續而來。又早自修導師不在班上，班級的秩序會較難掌握。如果能在排課表時，就排定一週一到二節教學團的共同討論時間，則教學團的運作必更為順暢。

(二)對未來研究的建議

1.在研究主題方面

本研究主要是針對語文領域統整與協同教學的小統整，若未來研究在時間與經費皆許可的話，可試著做數科的大統整與數科的協同。多元評量方面，尚有實作評量、動態評量等方式可以嘗試。

2.在研究程序方面

本研究受限於目前既有的課表與授課時數，採外加模式，使教學團在既有的教學工作外，又有教學會議與合科教學的工作與負擔。所以，在大家的壓力都很沈重的狀況下，研究專案結束，教學團也就形成解散了，相當可惜。未來研究者應在開學課表排定前，事先規畫好所有教學團組織、會議時間與班級協同教學時間，請教務處據此幫忙排定課表，以減少研究的限制與負擔。

陸、後記

雖然大家由於工作、家庭、進修等緣故，在研究結束後，不再召開會議，但教學團成員之間的互動仍在。像 T2，由於在進修課程中提到我們曾做了這個研究，他們教授擬請她在某場合，向大家說明我們的研究經過。T3 與 T4 在收回檔案簿時，也都非常讚嘆孩子們的巧思與創意。這是一群國中教師第一次踏出自己教學領域，同時也是第一次嘗試與其他教師合作來做研究，對一向以分科專業自主的國中教師們是多麼的不容易。在這研究中，我看到教學團的成長外，我也看到自己協同的 A 班一些孩子的轉變，我相信在其他老師的教學生涯中，這都是一次美好而難忘的研究經驗。

誌謝

本研究獲教育部九十年度鼓勵中小學教師從事行動研究補助（研究結果評定爲優等），謹此致謝。

（審查日期：初審：2004年9月15日；複審：2005年5月31日）

參考文獻

中文部分

九年一貫課程與教學網（2001）。**九年一貫課程語文學習領域**。取自 http://teach.eje.edu.tw/9CC/fields/2003/language-source.php

台大教務處教育學程中心（1999）。**九年一貫課程論壇參考資料**。台北市：國立台灣大學教務處。

朱敬先（1995）。**教學心理學**。台北市：五南。

吳清山、林天祐（1997）。卷宗評量。**教育資料與研究，15**，69。

吳清山、林天祐（1999）。協同教學。**教育資料與研究，26**，83。

李子健、黃顯華（1996）。**課程：範式、取向和設計**。台北市：五南。

李俊湖（2001）。課程統整概念與實例。**研習資訊，18**（4），16。

協同教學法（無日期）。2001 年 8 月 5 日，取自新竹市朝山國小：http://www.csps.hc.edu/tw/teaxh/teachs/to.htm.

協同教學模式與實施（無日期）。2001 年 8 月 5 日，取自雲林縣文昌國小：http://www.wces.ylc.edu.tw/9year/9-8.htm.

林清江（1999）。**國民教育九年一貫課程規畫簡報**。台北市：教育部。

柯啓瑤（2000）。協同教學初探——理論篇。**翰林文教雜誌，15**，8-35。

陳奎熹（1986）。**教育社會學**。台北市：三民。

陳啓明（1999）。另類的教學評量——「卷宗評量」。**教育實習輔導季刊，5**（1），78-84。

張清濱（1999）。怎樣實施協同教學？**師友，387**，43-46。

黃譯瑩（1998）。課程統整之意義探討與建構模式。載於**國科會研究集刊：人文與社會科學，8**（9）。

歐用生（1999）。從課程統整的概念評九年一貫課程。**教育研究資訊，7**（1），22-32。

蔡清田（2000）。行動研究及其在教育研究上的應用。載於國立中正大學教育研究所（主編），**質的研究方法**。高雄市：麗文。

鄭玉卿（2000）。協同教學的理念與教師專業文化的建立。載於毛連塭主編，**現代教育論壇——攜手共譜教學的新樂章——談協同教學**。台北市：台北市立師範學院。

英文部分

Barton, K. C., & Smith, L. A. (2000). Themes or motifs? Aiming for coherence through interdisciplinary outlines. *The Reading Teacher, 54*(1).

Elliott, J. (1991). *Action research for educational change*. Milton Keynes: Open University Press.

Glatthorn, A. A., & Foshay, A. W. (1991). Integrated curriculum. In A. Lewy (Ed.), *The International Encyclopedia of Curriculum*, 160-162. Oxford: Pergamon Press.

Jacobs, H. H. (1991). Planning for curriculum integration. *Educational Leadership, 49* (2): 27-28.

Kimeldorf, M. (1994). *A teacher' s guide to creating portfolio for success in school, work, and life*. Minneapolos: Free Spirit.

Paulson, F. L., & Paulson, P. R. (1994). Assessing portfolio using the constructivist paradigm. In J. Noblitt (Ed.), *Student portfolios: A collection of articles* (pp. 27-47). Arlington Height, Illinois: IRI/Skylight.

Salvia, J., & Ysseldyke, J. E. (1996). *Assessment*. (7th ed.). NY: Houghton Mifflin.

Simanu-Klutz, L. (1997). *Integrated curriculum: A reflection of life*. (ERIC ED 420645)

Vavrus, L. (1990). Put portfolio to the test. *Instructor, 100* (1), 48-53.

Vermont State Department of Education (1994). Portfolios and your child: some questions and answers for parents and families. In J. Noblitt (Ed.), *Student portfolios: A collection of articles* (pp.187-194). Arlington Height. Illinois: IRI/Skylight.

3

國小教師與外籍教師協同發展原住民文化融入學校本位課程之行動研究——以宜蘭縣碧候國小為例

冷蜀懿

宜蘭縣碧候國小教師

摘要

本研究是由一位原住民國小教師與外籍教師進行協同教學，並合作編寫一套介紹泰雅族文化的英語課程，以及利用字母拼讀法（phonics）學習泰雅語歌謠的教案，在擬定及實施的過程中，記錄合作省思、修正教學與評鑑的工作。本研究以故事閱讀（story-telling）為起步，引導學生接受外籍教師的全英語教學。其間發覺原住民國小學生的英語程度與平地小學有相當程度的落差，因而加入一套字母拼讀法的課程以提升其拼音及閱讀能力。最後，以貼近學生生活經驗的泰雅織布及狩獵為教材內容，進行二十堂英語課，讓學生提高學習英語的興趣，更能積極認同自己的族群。本研究獲得的結論有：(1)英語課程也能以多元文化為內容編寫；(2)多數學生喜歡在英語課上學習泰雅文化，讓他們更有信心向外國友人介紹自己族群；(3)教師可尋求志同道合的夥伴進行協同教學，發展學校本位的教材；(4)全英語教學中可鼓勵學生小組合作，以提高不同程度學生的參與度。最後筆者提出一些建議，以供有意自編多元文化教材的英語教師參考。

關鍵詞：多元文化教育、協同教學、英語教學、原住民小學、學校本位課程

壹、研究背景與目的

一、研究背景

九年一貫課程自九十學年度起實施，其中最大變革之一是英語教學提前至國小階段實施。這是因爲近年來國際間經濟、文化往來頻繁，國人英語溝通能力的提升日漸重要。在國中小階段的英語課程，強調營造自然愉快以及生活化的語言學習環境，以培養學生之學習興趣和基本溝通能力。而教材內容並非文法結構等語言知識，更鼓勵教師將本國及外國節慶習俗納入教學，讓學生體驗不同的文化，進而涵泳出基本國際觀。因此在「國民中小學九年一貫課程綱要」（教育部，2003）中，課程目標之一便是「增進學生對本國及外國文化習俗之認識」。

(一)學校本位課程

在教育開放、權力鬆綁的潮流中，因應國民教育九年一貫課程的推動，各學校已由「中央課程」轉向「學校本位課程」，在教學內容上有很大空間，可使學校在因地制宜、發展特色的需求下自行調整。這樣的背景，使得學校十分鼓勵教師從事教材與教學方法的開發，特別是以學生生活經驗出發，編輯取材自生活的教材。但國小教師是包班制，特別是偏遠地區的小學有過多的教學時數與行政工作，令教師倍感壓力與疲倦。有鑒於此，筆者擬藉由與美籍「傅爾布萊特青年獎學金」（Fulbright Scholarships）得獎人 Megan 合作，以協同教學的精神，共同擬定教學計畫並實施，期間並記錄合作省思與修正教學之過程，再以行動研究的方法，將研究歷程記錄下來，共同進行反省、修正與評鑑的工作，以期利用「協同教學」配合「行動研究」，落實學校本位的教學。

(二)多元文化教育

多元文化教育是近年多元文化和後現代理論興起後的產物，學界普遍認爲文化只有差異，沒有優劣，因而主張學校課程要掃除隱藏的具有族群文化偏見的族群意識型態，讓所有學生不論種族、宗教或文化特性，在學校中都應該獲得平等的學習機會，都能體驗學習上的成功（黃政傑，1993；Banks, 1989）。

在現今國小英語教科書裡，出現的大多是西洋文化習俗，以及一些漢族的節慶教學，例如萬聖節與端午節，沒有屬於自己族群實際生活的介紹，不但助長原住民學童認同主流文化，更有否定自己族群的危險。有鑒於此，筆者企圖針對泰雅文化編寫一套英語課程，以多元文化教育的精神，消除文化差異，以英語學習泰雅文化介紹，如同 Diamond 和 Moore（1995）在 *Multicultural Literacy* 裡主張，課程的設計若能將學生自身的文化經驗連接到他們的閱讀與書寫練習，不但能增進學生的學習，也比一般教材更容易引起學生的學習興趣。

二、研究目的

本文主要是記錄筆者從二〇〇三年九月至二〇〇四年六月與美籍「傅爾布萊特青年獎學金」得獎人 Megan 合作編寫原住民小學的自編英語教材「My book about me and the Atayal」以及「I can read Atayal」。這項行動研究的動機，源自於筆者強烈的感覺，離開原住民部落二十幾年求學、工作，再回來國小任教時，發現一些根本的問題仍不見改善，例如：學生缺少外來文化刺激、學習動機低落、基本知能（語文、邏輯）不足，家庭問題也日益嚴重：家長失業，僅靠低收入補助維生；隔代教養、單親家庭的比例偏高，導致教師較難得到家庭協助。但筆者也發現，學校在傳統文化傳承的部分頗具成效，不但孩子的「原住民自覺意識」提高，自信心也相對提升不少。

雖然教育行動研究關心的範圍可是教育實務工作者所經驗的所有「人類行動與社會情境」，但筆者關心的問題領域涉及太廣，需要界定成研究者能力範圍可以解決的問題（蔡清田，2000）。因此，筆者將研究的目的界定爲：

(一)利用主題爲原住民文化的教材，來提高原住民籍國小兒童學習英語的動機與能力。

(二)與外籍教師進行協同教學，並記錄教學反省與修正教學的過程。

貳、研究程序及背景

一、研究程序

根據蔡清田（2000）歸納的行動研究，是一種具有程序步驟的研究歷程。許多學者指出其過程包括：尋得研究起點、釐清情境、發展行動策略並付諸實行，以及公開知識。但以筆者在本協同行動研究的過程中發現，研究程序並非只是單純的按照上述過程執行即可完成，我們的行動研究更像是蔡清田（2000）所稱的「一個不斷反省的循環」。本協同行動研究過程的階段分析如下：

(1)發現一個新的需解決的難題，並加以分析；

(2)有系統的研擬行動方案策略，以改善困難；

(3)執行行動方案，並衡量其實際成效；

(4)近一步澄清所產生或發掘的新問題（進入下一個行動反省循環）。

而本協同行動研究實際經歷了以下階段：

(一)第一循環：適應期

1.原始動機：原住民兒童學習英語的成效不佳，原因之一可能是學習動機低落，而 Megan 加入後，新的難題設定爲：Megan 不了解台灣國小英語教學現況及原住民學生背景及習性。

2.擬訂行動方案策略：先讓 Megan 進入教學現場看課，再安排她上正式課程以外的「繪本閱讀」，以了解學生英文程度，並建立有效的班級經營模式。

3.執行方案兩個月後，做學生回饋問卷及評量。

4.發掘新的問題：學生的英文程度普遍不佳，這問題比筆者原先設定的「設計以原住民文化為主的英語教材，以提升學習興趣與認同族群」更需要解決。

(二)第二循環：預備期——phonics 課程

1.設定新的問題：設計一套 phonics 課程以提升他們的英文拼音、閱讀能力。

2.擬訂策略：決定教材，設計課程，並協調與 Megan 的合作方式。

3.執行方案兩個月後，進行闖關驗收及學生訪談。

4.回到原先設定的問題，進行泰雅文化介紹的英語教材設計。提升原住民國小學生的學習興趣及族群認同。

(三)第三循環：實施期——泰雅文化課程

1.設定新的問題：設計以原住民文化為主的英語教材，以提升學習興趣與認同族群。

2.擬訂策略：針對泰雅文化介紹，及泰雅語的羅馬拼音練習，設計兩組課程。

3.執行方案兩個月後，進行學生訪談。

4.反省檢討：學生對於結合羅馬拼音與英語的 phonics，易生混淆，並未達到預期效果。

在上述過程中，筆者與協同研究教師 Megan 持續進行教學檢討討論（Teaching and reflective discussion）與修正行動。

二、參與人員與情境背景

(一)參與人員

1.Megan Luce

Megan Luce是美國佛蒙特州人，她母親的家族有原住民族Iroquois的血統，她對此引以爲榮，因而十分關心原住民議題。二○○三年自位於麻薩諸塞州 Norton 的 Wheaton 學院畢業，主修英語文學，副修教育。因爲她對旅行的熱愛及優秀的學業成績，獲選爲二○○三年「富爾布萊特青年獎學金」得獎人。而其參與本研究的主要動機爲：有相似的原住民偏遠小學出身的背景，以及對探索不同文化的熱愛。Megan認爲：「當世界逐漸變成一個國際村，英語的地位益發顯得重要。第二語言學習的重要性亦日增，因爲它有助學生的發展。學習外語不但幫助學生其他領域的學習，而且有助於精進其母語。」我也相信，有機會由語言學習而了解不同文化的學生，更有機會培養出文化敏感度；更能欣賞其他的文化；也更具優勢。

2.研究者

個人於一九九八年畢業於淡江大學西洋語文研究所，一九九九年考取教育部英語師資認證，之後在二○○一年成爲正式國小教師。返回自小成長的泰雅族部落任教，關心原住民國小的英語教學以及鄉土課程。曾榮獲二○○三年全國優秀英語教學計畫選拔之特別獎，並指導學生參加「二○○三年台灣網界博覽會」鄉土專題研究網站設計大獎，獲選爲全國佳作，亦獲頒「傑出貢獻獎」。

(二)情境背景

行動研究強調實務工作者的實際行動，來解決實務工作情境所產生的問題（蔡清田，2000）。而每個行動研究者的實務工作背景，以及主要問題的情境差異甚大，爲了更能掌握了解實務工作背景脈絡，筆者將一些情境背景說明如下：

1.宜蘭縣政府與學術交流基金會合作

宜蘭縣政府爲了延攬優秀美籍英語教師來國小協同英語教學，與學術交流基金會合作，於九十二學年度起，聘請美國傅爾布萊特青年獎學金得主（Fulbright Youth Scholarship winners）來台，擔任爲期一年的英語協同教師，目的爲落實國小英語教學目標，並提升本縣國小學童英語學習及生活對話能力。這項名爲「英語助教獎學金」（English Teaching Assistantship）的對象是具有學士學位以上的美國大學生，不限主修科系，來自全美大學的申請人將通過初、複試等激烈競爭，最後產生九位得主。美國研究所申請的參考書籍，皆將傅爾布萊特獎學金列爲 Top Scholarship，並肯定它在學術圈的威信，得獎人返國後大多能申請上名校的研究所。筆者有幸於二〇〇三年六月應宜蘭縣國民教育輔導團英語輔導員邀請，加入國小英語種子教師行列，當時即得知此計畫即將展開，屆時外籍英語教師不但與種子教師協同教學，還要合作完成一項行動研究，爲期一年。

2.碧候社區

筆者任教的碧候國小，位於宜蘭縣最南端的山地鄉——南澳鄉，爲典型的泰雅族部落。居民除了極少數漢人外，都是泰雅族原住民，住戶約兩百餘戶，村民約一千兩百餘人，是南澳鄉第二大村。碧候社區居民素以凝聚力聞名鄉里。從日據時代起，碧候社區的居民就屬於同一聚落，集體從「比亞豪」老部落遷徙至現址，全村幾乎皆有盤根錯節的親屬關係，不像其他村子是由幾個部落合併而成，故有凝聚力強之稱。

3.碧候國小

本校國小部共六班，學生人數爲一百零三人。筆者任導師的六年級共十四人，六女八男，是全校人數最少的班級。本校教師包括校長共十人，其中原住民級就占了八名，而屬於南澳鄉本地人有六名，比例之高，在南澳鄉僅次於南澳國小。因此對泰雅傳統的傳承，是從校長開始大家皆有的共識，本校教師也各具專長，包括泰雅語、傳統舞蹈、泰雅古調、傳統樂器等等，大家皆投入原住民文化的薪傳工作。

4.泰雅薪傳教學

母語是文化傳承的基礎，在本校的課程計畫裡，每年級每週皆有一堂母語課，本校這兩年聘請的是取得認證的鄰村牧師，上課當天的課間活動，也讓全校同學一起用母語作活動。在碧候，母語不是教室裡使用的語言，而是生活中使用的。我們校長曾提過，碧候社區的家長是最常跟小孩使用母語交談，也相當關心學校的母語教學，他們曾多次反映，牧師教的泰雅語是鄰村的發音及用語，而非碧候部落的。校長也同意如果本村也有取得認證的母語專才，一定聘用。因此本校母語教學的成效頗佳，九十、九十一學年度宜蘭縣泰雅語演說比賽國小組皆奪冠。

在社團部分，泰雅舞蹈是本校傲人的特色，本校教師多年來致力於編導舞劇，納入了傳統生活中的織布、狩獵、農耕、收割等動作，搭配著泰雅歌謠以及泰雅傳統樂器，由學生現場演唱及演奏。這樣非文字的文化傳承，其力量更勝於文字。筆者課餘時最常聽到學生哼的是古調，而不是流行音樂，看到學生開心時跳的舞步，也是泰雅舞蹈動作。最重要的是每年皆打進省賽的佳績增強了他們的自信心。每次填寫個人資料時，專長這一項常常是舞蹈，寫作文「我最難忘／開心的一件事」常常是舞蹈比賽得冠軍。碧候國小舞蹈隊最輝煌的成績有

八十八、八十九、九十學年度連續三年榮獲台灣省北區舞蹈比賽國小組民俗舞甲組冠軍，最近的佳績是九十二學年度宜蘭縣舞蹈比賽民俗舞乙組冠軍，全國賽亞軍。

5.英語教學

本校為僅有六班的小型學校，每週英語課的總時數為十二堂，僅達到英語科任教師每週時數的一半，而且編制上僅有一名科任教師，無法再聘一名英語科任，因此，本校與附近兩所小學合聘一位英語巡迴教師，負責五、六年級英語教學，至於一至四年級，另聘鐘點教師。在這樣的安排裡，導師是不會上到英語課，即使如筆者具備教育部英語師資培訓合格的資格，仍然無法破例，實在是安排困難所致。

參、外籍教師如何適應台灣生活及教學環境

本節內容以研究者的省思筆記為主，前半段記錄宜蘭縣國教輔導團輔導這批美籍傅爾布萊特青年獎學金得主，適應異鄉生活以及融入各校教學的歷程；後半段則以研究者的觀點，反省與 Megan 的教學合作歷程。

一、認識環境，與中籍教師配對

筆者有幸入選為宜蘭縣國小英語文組深耕種子教師，與這批優秀的獎學金得主合作，成為參與此計畫之唯一原住民小學教師。一開始國教輔導團為他們舉辦一場歡迎會，也算是新生訓練，為期四天的研習裡安排了認識環境、生活料理，如蘭陽鄉土踏察、至銀行開戶、警察局申請居留，並協助搬入宜蘭、羅東租屋處等。此時我們深耕英語種子教師也沒閒著，因為這一年的英語協同教學的主要任務之一，是要共同完成一份行動研究，特別安排時間由筆者帶領進行對話——教師如何做行動研究，會中各教師決定了自己行動研究的主題，並對行動研究的內容及研究步驟有了初步認識。接著重頭戲上場，

種子教師利用短短五分鐘時間，向外籍教師介紹自己任教的學校，以及行動研究規畫的主題與做法，希望這些外籍老師能各有所屬，找到自己有興趣的研究主題及任教環境。

由於事前作業規畫得當，中外籍教師的配對相當順利，選定的九個行動研究主題，大多圍繞著聽說讀寫的學習，和多元評量的研究，比較特別的是兩所學校選擇編寫學校本位式的英語教材，包括羅東成功國小的自製多媒體英語輔助教材，以及筆者所任教的碧候國小發展的原住民文化融入學校本位課程的研究。

二、學期間定期聚會

開學之後，英語輔導員安排我們隔週禮拜一下午聚會一次，主要是分享教學上的心得，及行動研究進展的情況，此外，輔導員也利用外師在羅東及宜蘭的住處，安排夜間的讀書會，選讀英語教學相關的書籍，希望有助於他們的實際教學。禮拜一下午也曾經安排過中師的讀書會，選讀的是夏林清教授翻譯的《行動研究方法導論》，爲我們的行動研究奠定更堅固的學術基礎。輔導員還常常 e-mail 給我們，提供教育相關的新聞剪報、實用有趣的網站，更不厭其煩地將每次聚會的會議紀錄製成電子檔，e-mail 給大家。

三、課餘活動

英語輔導員對外師生活上的照料更是無微不至，幾乎沒有上下班時間的區分。她們爲外師挑選交通方便、房東熱心的住處；呼籲中師捐出家中不用的家具給外師添設備；由於許多外師選擇機車當交通工具，她們還協助考駕照、介紹信用好的二手車行；對於外師想學中文的需求，她們安排了佛光大學的中文班就讀。

這批外籍教師和我們中師之間的感情也很好，平日一起吃飯、喝咖啡、逛夜市，假日也曾去海邊玩，甚至遠赴花蓮參加慢跑活動。遇上有活動，他們也是當然的嘉賓：他們曾參與二〇〇三年宜蘭國際名校划船邀請賽、宜蘭縣集團結婚「泰雅婚禮」、南澳鄉泰雅族守月祭活動等等。對於宜蘭，他們可稱得上是走透透。

四、與 Megan 的教學合作歷程

這一年與我一同進行協同教學的夥伴是 Megan Luce。這個研究計畫能夠吸引 Megan 加入，與 Megan 她自身的背景有關。她是美國佛蒙特州人，她母親的家族有原住民族 Iroquois 的血統，她對此引以爲榮，因而十分關心原住民議題。雖然在當初的歡迎會上，我們只相處了一天半，就必須決定彼此爲共事一年的夥伴，但幸運的是，我們的個性十分相投。個性相投使我們的合作方式，並不是一開始就白紙黑字規範得很清楚，其實剛開始我只掌握一些基本原則，且戰且走，但後來竟達成了某種可觀的成效：

(一)了解環境

開學後兩週，我沒有因爲 Megan 的來臨做任何額外的工作，若是有學生好奇來問，我才回答有關她的問題，並鼓勵學生去向她打招呼，結果她成了全校最受歡迎人物，不管上課下課，她身邊總是圍了一大群學生，上課時她在班上看我上課，我也不曾多做解釋，讓她自行觀察，相信她會調適自己來適應環境。唯一需要我幫點小忙的部分，是因爲她吃素，而我們學校的午餐裡，兩菜一湯裡全有肉，有時甚至青菜裡也加蝦皮之類的，我總是帶一盒豆腐來給她加菜，免得她吃不飽。

對於我這樣放牛吃草的態度，她從不多說什麼，但是她在週一下午和所有中外師的聚會裡的分享，卻透露些許端倪，當別組報告上週課程內容如何，進行了什麼活動，她談的卻是上課時一群孩子聽不懂她說話，孩子談話她也無從了解，她分享如何從一團混亂中找出對策、改善情況，從她自信的語氣、愉悅的神情來看，她很樂意接受這樣的挑戰。

(二)以閱讀大書的方式了解學生的英文程度

學校作息和環境的適應是第一步，接下來我希望 Megan 也能了解學生的英文程度，於是我提議由她自行設計 story-telling 的課程，我讓出時段給她上，雖然本校沒有英文圖書，但我本身蒐集了許多英文故事書，還有 teaching resources，全部帶來辦公室書櫃裡，讓她自行取用。我之所以提議採 story-telling 的方式，一是不影響課程進度，二來這是她自小熟悉的教學方式，可藉此好好發揮，建立教學上的自信，再者，我也想利用這個難得的機會，好好觀摩一下美式閱讀教學。這一段獨立教學的經驗，不但幫助學生適應全英語教學，也幫助 Megan 掌握學生英文程度，使她能編寫出適合程度又豐富有趣的教案，執行的時候，常常只要略作調整，就能順利達成，對 Megan 教學能力的訓練幫助很大。

(三)除去學生對老師中文翻譯的依賴

第一堂課堂的情況很有趣，Megan 在講台上課，學生卻看著書桌旁的我，希望我翻譯，我卻只有做出手勢，要他們專心上課，很快地，聰明的 Michael 和 Kevin 學會觀察她的肢體動作猜她的用意。於是我便順勢定下遊戲規則，教會她說「翻譯」這兩個中文字，以後只要她察覺學生不懂她的意思，她便可說「翻譯」，讓 Michael 和 Kevin 代勞。這套遊戲規則運作得十分順利，也衍生出一些有趣的小故事：

Michael 和 Kevin 是班上英文程度最高的學生，但是在期末問卷裡「你覺得英文課哪些部分最困難？」他們的回答不約而同都是「聽 Megan 說話」。而其他同學不但沒有這種反應，甚至表示沒有困難，經我細究，發現他們爲了主動擔起翻譯的重責大任，總是很認真地想聽懂 Megan 的英文，他們這種自發性的負責表現讓我十分驚喜。

Megan 的中文能力也因爲課堂上的迫切需求而進步神速，到後期，她可以在解釋活動進行方式後，將 key words 用中文再說一次，學生與她的默契也愈來愈好，漸漸地，從愈來愈多的同學爭著翻譯，到再也不需要同學的翻譯。但是學生英語能力的進步卻不如她中文進步得多，我們曾討論過這個問題，她認為是她來上英文課的時間太短，每週只有兩堂課，帶給她們的英文環境不夠多、時間不夠長，而她二十四小時處於中文環境，自然進步比較明顯。我則由動機的觀點來解釋，Megan 急於跟學生溝通的動機強過學生學習的動機，她的動機很明確：中文能力有助於教學的進行，和關係的建立，但學生一開始的新鮮感退去之後，如果這個棕髮碧眼的大朋友還是沒辦法溝通，他們便會被其他更有趣的事情吸引過去，像是扯鈴、足球等等。但是動機強的學生，英文還是有很大的進步，像 Michael 和 Kevin 的例子。

肆、研究過程與結果

本節將呈現的是以時間順序來進行研究過程中各階段資料的分析與呈現。首先將一學年的研究時間區分為三階段，再分析在每個階段中的設定困難點、擬定策略、執行方案後，反省並評估結果後，再重新循環這段歷程。以期呈現出每個階段中的改變，並檢視前一階段擬出的反省、修正，在下一階段的實踐過程中是否有效。同時盡量避免冗長及破碎，使讀者能清楚看到研究結果。此外，文中出現資料代號說明如下：PTD：Pre-teaching discussion，指的是教學前討論；TRD：Teaching and reflective discussion，指的是教學檢討討論；RN：Reflective notes，指的是省思筆記；ON：Observation notes，指的是觀察筆記；SI：Students interview，指的是學生訪談。代號後附加的數字代表日期，例如 RN 2003.9.7，表示二〇〇三年九月七日所作的省思筆記。

一、適應期

(一)發現難題

筆者從五年級開始帶本班導師，學生有八名男生，六名女生，皆為泰雅族人，其中一名男生為中度智障的特殊學生。導師沒有排過英語課，僅協助英語老師複習功課，印象中學生上英文課秩序不佳，繳交功課常需要人催，班上有五、六個學生看到不連貫的字母，無法完全正確辨認並唸出來，特別是小寫字母。因此我與協同教師 Megan 一樣，需要先了解學生英文程度。（RN 2003.9.7）

Megan 並不了解台灣國小英語教學現況，雖然她也有原住民血統，也在偏遠地區念小學，但本地原住民學生背景與習性與美國一定有差異，再加上她將以全英語上課，學生適應情況也是一個難題。因此，幫助 Megan 建立起有效班級經營模式也是一大課題。

（RN 2003.9.10）

(二)擬定行動策略

Megan 是在開學第三天第一次來到本校，在進入教學現場前，我們先討論如何使她很快適應這環境，我們有了一些共識：

1. 因為 Megan 一週有四天在另一國小任教，我們將她來本校的時間安排在週二與週四，週二 Megan 可進入巡迴英語教師 Shirley 的課堂，參與五、六年級英語教學，週四則與我協同教學兩堂本班的彈性課程，並進行我們的教學檢討討論。

2. 開學前兩週僅進入教學現場觀察，以便熟悉環境。

3. 為了不干擾正常的英語課，我們的協同教學將以繪本閱讀（story-telling）為主，不但因為這是 Megan 熟悉並擅長的教學方式，以繪本創造的情境也有助於學生了解 Megan 的全英語上課。

4. 我們希望能帶給學生更多樣化的練習，變化遊戲、活動，或是讓他們用彩色筆畫圖、做小書，讓他們不覺得無聊，自然會專心上課。

5. Megan 將以全英語上課，我則從旁協助，原則上不以國語翻譯，並在教學過程中持續建構有效而健全的班級經營與常規。

（PTD 2003. 9. 3）

(三)執行方案，回饋與反省

我們在剛開學時，作了問卷調查，以了解他們學習英語的背景。Megan 也選擇以說故事的方法，希望建立起全英語教學模式。在觀察學生反應後，我們修正一些環節，讓 Megan 能順利融入這個環境，也讓學生得以適應 Megan 的教學。

1.期初學生問卷

為了了解學生之前學習英語的背景，我們進行了期初學生問卷。學生的答案同質性很高，都從一年級就學英語，都喜歡上英語課，自己跟父母都覺得學英語很重要，而且都是自己自動自發想學的，只有 Jordan 語帶保留的說「自動自發一點點」，其中沒有人曾經補習英語（有一人從這學期開始補），也沒有家長回家幫忙複習英語，因為大部分家長不會說（十四人中僅有 Kevin 父親、Irene 母親以及的 Jacky 阿公會），他們普遍認為學英語就是為了出國，僅有兩人提到國中及考試，顯然補習的風潮與考試的壓力並未出現在他們生活中。（SI 2003. 10. 6）

2.發展教學方式

在連續兩週的 Story-telling 課程後，Megan 提出「My Book Project」，目標是練習運用這兩週學過的單字與句型，製作一本自己會唸的小書，這是一個好機會將英語與他們自身連上關

係。（TRD 2003.9.22）

Megan 設計的流程是：複習之後解釋每頁要作的句型，接著就讓學生開始動手作，其間她要進行個別指導。但是經過討論，我認為實際在黑板上畫出一本小書給學生看，其解釋的功效更勝於語言。畢竟學生還不能聽得懂 Megan 的英語解釋。

（TRD 2003.9.22）

結果真正上課時，果然大部分學生都了解小書的做法，愉快地完成創作。

3.建立全英語教學模式

剛開始 Megan 教學時，學生的目光常會向坐在一旁的筆者求救，大膽的 Joe 甚至會當場問我：「老師，Megan 講什麼？」筆者總是一個反應，用食指封嘴，再指指 Megan，幾次後，聰明的 Kevin 會用另一種方式試探我：「老師，Megan 說要把紙折三摺，是不是？」這時，我會用點頭或搖頭來反應。之後在教學檢討時，我建議 Megan 可以請學生「翻譯」（我教了她這兩字的中文），主動要求程度好、領悟力高的學生翻譯，一來可以增加他們的自信心與興趣，二來也可以幫助其他學生更投入課程。

（TRD 2003.9.30）

後來證實這個方法的效果極佳，除了偶爾 Megan 不確定學生的中文翻譯是否正確。從此學生漸能適應全英語教學。

4.學習評量

Story-telling 課程進行六週後，我們設計了一份取材自他們的英語課本的評量，分為「Verbal question」與「Reading」，

Verbal question 內容為「What's your name?」、「How old are you?」、「How's the weather?」、「What day is today?」等簡單日常對話；Reading 題目則是選取符合 phonics 規則的課內生字，如 snake、gate、cat 等。（TRD 2003.10.20）

結果，Verbal question 答對一半以上僅有六人，占全班人數一半，得分最高的 Peter，十六分裡得十分，Reading 得分差距很大，全班一半（六人）得〇～二分，Kevin 和 Bella 得分最高，二十四分裡拿二十分。

(四)發掘新問題

在 Story-telling 課程這段期間，Megan 與我都覺得對學生的英文程度已有所了解，多樣化的遊戲活動也能引發他們的興趣，學生對全英語教學也漸能適應，但是 Story-telling 課程無法短時間提升他們的英文程度，他們確實與其他平地小學的六年級學童程度上有落差，這問題比筆者原先規畫的議題更需要解決，於是我們決定要先設法提升他們的英文程度。（TRD 2003.10.26）。

二、預備期——Phonics 課程

(一)設定新的問題

Megan 和我都認為，設計一套 phonics 課程可以提升他們的拼音及閱讀能力，簡單的 phonics 口訣及規則他們不是不會，只是練習的機會太少，我們希望選擇一套能在十週內授完，單字簡單，且以活動練習為主的教材。（TRD 2003.10.26）

(二)擬定行動策略

1.選定教材

我們找到了東西出版社的*Learning to Read with Phonics*，以及敦煌書局的《自然發音書》。經討論後，我們列出了優缺點，最後選擇使用《自然發音書》第一冊。理由是：

(1)第一冊有五個單元，很適合我們設定的十週時間。

(2)它適合已經學會字母，只需針對拼音作練習的學生。

(3)單字簡單，大多為單音節。

(4)以拼音練習的活動為主，而且每一題都以中文解釋，可以搭配Megan的英語解說，讓每個學生都了解。

但缺點是：

(1)課本裡只有圖，沒有字，雖然有助於listening練習，但無助於reading和spelling，所以必須花功夫做字卡。

(2)教師手冊裡提供許多活動，很實用，但以中文書寫，Megan看不懂，難以善加利用。（TRD 2003.11.4）

2.決定協同教學方式

至於兩堂課的分配，我們決定一人授課一堂。我教第一堂，內容為發音指導，拼音規則指導說明，提醒學生注意字首音、字尾音的區別，並指導個別練習。Megan教第二堂，帶領活動與遊戲，還可以融入相關的story-telling。如此分工的原因很單純，我的部分需要用到較詳細的解釋，很難使用全英語教學，而且內容可能比較枯燥，需要班導師的適性管理，才能協助少數較無法專心的學生參與學習。而Megan也很高興有機會磨練自已帶活動的能力。（TRD 2003.11.4）

(三)執行方案，回饋及反省

1.觀察並發展適切有效的班級管理策略

在 phonics 課程執行的十一週裡，筆者觀察到，學生在我的課堂與 Megan 的表現有差異，特別是專心度，以下是我在 Phonics Unit 4 第二堂課記錄的觀察：

課程的進行很流暢，但時有學生表現出不專心的行為，如 Jordan 和 Gina，Megan 未強迫他們加入，後來我走到 Jordan 身旁，他交出原本低頭在整理的鉛筆盒，我走到 Gina 身旁，她也變得比較專心，但未舉手爭取答題。

學生會隔著座位講話、傳紙條甚至東西，特別是 Kevin 和 Jacky，Jacky 還和 Peter 閒聊起「唐太宗……」，他真的是太無聊了。但 Megan 並未注意學生不專心的行為，因為此時她正忙著個別指導，其實大部分學生都是完成題目後才不專心，因為上課節奏慢，而且個別指導多，使 Megan 分身乏術，我想她可能認為只要不影響其他學生作題便無妨。（ON 2004.2.4）

之後討論此現象時，Megan 坦承她有「authority problem」(權威問題)，一方面她不懂學生說的，而且她想表達的無法讓學生聽得懂，在這種無法清楚溝通的情況下，她並不想處罰學生。最後我們決定以「提高學生參與度」來解決這問題。我在課堂上鼓勵先完成習作的同學，去幫助同組未做完的同學，強調合作互助的重要。（TRD 2003.11.3）

透過觀察和運用適切有效的管理策略，的確增進了專注的學習氣氛。在 phonics 課程的最後一堂課進行 Unit 5 時，有一個較複雜的活動，而 Megan 周詳的設計加上學生自發的學習，合力完成了這個練習，以下是我觀察的紀錄：

針對 P. 51 較複雜的活動，Megan 先解釋一遍，再在黑板上示範一次，Kevin 說他懂了，主動用國語向全班解釋，Megan 接著問：「Raise your hand if you understand.」，舉手的僅三人，於是 Jacky 主動再次解釋（用他自己的說法），大家都了解後，開始個別練習。動作快的學生給 Megan 檢查後，主動去協助其他同學。接下來的活動 Megan 改變規則，以增加困難度，但學生不但能勝任，又覺得有挑戰性。課本練習做完，學生主動要求玩 Hang Man，反應十分熱烈，曾有全班都舉手搶答，參與度非常高。（TRD 2004. 2. 19）

2.學生訪談

學生普遍認為冷老師（筆者）上課比較熟悉，會專心，秩序較好。Jenny 則認為導師比較凶，學生很聽話。外籍老師上課一開始他們聽不懂，不熟悉，但是 Michael 很高興有外國老師來上課，後來解決溝通問題的方式是由同學翻譯，Jacky 和 Irene 則認為是教她國語。Kevin 和 Jacky 喜歡她上課的方式很特別，而且英文懂得比較多，但大部分學生承認上 Megan 的課比較不專心，原因有秩序差、上課速度慢，而且 Jack（本班特教學生）會鬧。

所有的學生都認為學 phonics 的好處是比較會拼音，他們都認知到學拼音可以用到句子裡，對唸課文、寫單字、背單字都有幫助。Emily 還提到他們英語課的老師都讚美他們有進步。

有一半的學生認為上 phonics 課程連一點困難、壓力也沒有，一半的學生最擔心忘記怎麼發音。有趣的是，Michael 覺得與 Megan 對話最困難，他是少數嘗試以英語交談的有心學生，其他人大多以國語發言，讓 Megan 去猜意思，所以沒有這種經驗。（SI 2004.2.18）

3.Phonics 闖關評量，教師與學生回饋

這次闖關的念頭，是在完成字母拼讀法的「子音與短母音」的課程結束後，希望進行的一次多元性總結評量，依舊脫離不了聽、說、讀、寫四層面，但以闖關遊戲方式，增加一些趣味性和刺激感。

(1)題目設計

題目設計以不超過學習範圍爲原則，這次課程我們是以敦煌書局依筱雯編寫的《自然發音書》第一冊爲教材，因爲時間因素，只使用該系列的學生課本一書，並未搭配學生作業本，所以在設計闖關題目之時，該教材的作業本，成爲第一優先考量，我們盡量包含了所有複習單元，使每一個子音及短母音都列入闖關題目中，評量方式則涵括聽、說、讀、寫四層面。

(2)人手不足

雖然設計了四關，關主卻難尋。除了 Megan 和我，沒有其他老師可以支援，必須設想變通的方法，幸好六年級已有自行操作錄音機的能力，於是我們安排兩關是由學生自行操作錄音機，其中第一關「聽力關」，學生只需按下 play 及 stop 鍵，爲防止亂轉錄音帶以致於找不到位置，我們預錄題目時，每題都唸三遍，讓學生有充分時間辨認聲音、作答，而且在行前說明時，聲明禁止使用快轉鍵，幸好，所有學生都依照規定，執行情況良好。但是，發現一個後遺

症，造成每位學生停留在關卡時間太久，後面大排長龍。

另一關「閱讀關」，學生則需操作錄音功能，把自己會唸的單字錄下來。為預防學生闖關時考慮時間太長，讓錄音機空轉，我們於行前說明時，便發下闖關手冊，讓學生有充分準備時間，結果這一關也很順利。還有很多學生對此關印象深刻，認為是最好玩的一關呢！

(3)多元選擇

還有一項設計是為了分散學生，不要擠在同一關等候，我們在無人守關的「聽力關」設計了三選一的機制，依據程度分成三關，讓學生自行選擇，希望能收到分散人群及兼顧低成就學生兩種功效。但實際上學生大多想挑戰高階題目，所以分散人群的效果不彰，但在滿足成就感這部分，似乎已達成效。

(4)行前說明

這次闖關活動雖然歷時兩堂課，但是實際活動進行僅 40 分鐘，第一堂課我們花了很多時間先複習每個字母的拼音，以及短母音唸法。發下闖關手冊後，每關的玩法老師都仔細說明，也鼓勵學生先針對題目預先練習（說、讀兩關），以減低評量的焦慮感，成效頗佳，並未發現學生在闖關時對規則有任何疑慮。

(5)現場調度

還是有些狀況是事先即使沙盤演練過，也無法得知的。當初構想中，六個關卡必須距離大一點，以免錄音的關卡，與其它聽錄音帶的關卡互相干擾，於是我們決定移師至本校圖書室，那裡的空間有教室的兩倍大，錄音機配置妥當後，發現圖書室中間過道中，正好擺了一條延長線，所有錄放音機的線都集中此處，造成走動極大不便，雖然再三叮嚀學生要小心電線，仍然免不了發生絆倒、扯掉電線等意外。還有，因為分散人群的機制成效不彰，等待過關的人閒著沒事，為了避免他們造成的聲響影響闖關的人，我臨時畫定一塊等候區，等待過關的人在該區，以免打擾他人，並禁止個人的闖關手冊給別人抄答案。

(6)學生回饋

學生表示以前有玩過闖關，但以前是玩遊戲，這次比較像考試，語言也不同，以前都是國語，這次用英語，而且用寫的。Kevin 認為分辨 p、b 這些音很難。Michael 認為有新的、沒教過的考出來，像 gut 就沒教過(老師澄清是要求運用拼音規則來拼音，而非認字)。問到覺得哪一關最好玩？大部分回答 Megan「圈圈樂」那關，因為又簡單又輕鬆。問到下次闖關時需要改進之處，大家意見都不同：Kevin、Jacky 希望下次題目再出難一點。Denny 卻希望下次題目出簡單一點。

三、實施期——泰雅文化課程

在與 Megan 合作之初，我們的共同目標是編寫一套融合原住民文化的英語教材。但是這個階段遲了半年才著手進行，這是為了讓 Megan 更能融入本地的教學環境，同時也讓學生經由 phonics 課程建立基本學習能力。

(一)設定新的難題

Phonics 課程結束後，由闖關評量結果和學生回饋中顯示，大部分學生表現出樂於學習，且能運用所學，鼓舞了我們老師。我們決定開始實施泰雅文化課程，以多元文化教材更貼近他們的生活經驗，希望不但能提高他們學英語的興趣，形成有意義的學習，還能增進孩子積極地認同自己的族群。

(二)擬定策略

1.兩套教案設計

我們計畫針對泰雅文化以及泰雅語羅馬拼音設計兩套課程，由於泰雅文化課程教案是我在上學期初就已完成，現今稍加修改，由我執教，Megan 觀察。Megan 則對以英語的 phonics 結合泰雅語羅馬拼音的課程很有興趣。她認為先習得語言，再藉由拼音法則學習閱讀，比較符合語言自然習得的模式，因此指導學生將熟悉的母語，藉由 phonics 幫助，轉換成泰雅語羅馬拼音；對 Megan 而言，比較接近她幼年學習認字的經驗，她願意嘗試克服完全不懂泰雅語的缺點，完成這套教案。（PTD 2004. 2. 5）

2.泰雅文化課程概述

我設計的這套英語課程，目標是讓學生能用英語介紹自己的族群——泰雅族。主題是他們日常生活中的打獵與織布。編撰教材時，盡量使用已經學過的溝通功能、文法句型。字彙部分也優先從「九年一貫課程綱要」提供的國民中小學常用的一千字詞中選取。在口語練習部分，也是在「九年一貫課程綱要」中建議應用二百字詞的範圍內，僅針對泰雅文化的主題加入 Atayal（泰雅族）、weave（織布）、trap（陷阱）、wild boar（山豬），以及九族的英語名稱。

此外，我將學習手冊設計成一本介紹自己的小書，靈感來自於 Dr. Seuss 的 *My Book About Me*。他用新鮮有趣的角度，幫助初習字的小朋友認識自己、介紹自己，並以輕鬆詼諧的口吻添加一些註腳。這種體裁十分新穎，可以當成教材，也有學習單的作用，更是學生發揮創意的舞台。釘成一冊可方便保存，亦可整理成學生個人檔案，記錄其學習活動表現，作為評量的參考。

在每堂課程的活動設計裡，我都會盡量做到聽、說、讀、寫兼顧。書寫教學排在最後，並且以學習手冊的臨摹爲主。在「My Book About Me and the Atayal」裡，活動設計流程如下：

(1)引入主題，營造情境

告訴學生老師有三種名字：中文、英文，還有原住民名字。要怎麼告訴外國朋友呢？孩子就會歪著腦袋，幫老師想英語要怎麼說。或是看一段泰雅獵人設置陷阱的影片，請自願的學生上台畫出陷阱是什麼樣子。在英文課營造出泰雅傳統文化的情境，著實能引發孩子的好奇心：「老師到底要上什麼？」

(2)複習舊單字、句型，教授新單字

利用豐富多變的素材呈現同一教學主題，孩子就不會覺得複習無聊了。用泰雅織布圖案來複習「colors & shapes」，孩子會覺得很新鮮。緊接著介紹 weave（織布）這個生字，學生的印象也會很深刻。

(3)引導孩子們用字母拼讀技巧拼出新字彙，複習舊單字

幫助孩子建立「字」與「音」之間的關係是跨越識字、閱讀門檻極爲重要的關卡。孩子對於語言聲音現象有所察覺，了解該語言聲音的架構，才能進一步到字母拼讀、見字拼音。發展孩子的「字」、「音」連結需要一段時間，在第三堂課我安排一段活動是練習分辨字首音，藉此複習前三堂課的相關字彙。

3.泰雅語羅馬拼音課程概述

Megan 自母語教材中選用一首泰雅歌謠，做爲閱讀的內容，選取的原則是這首歌謠學生早已琅琅上口，熟記歌詞。Megan 用改寫成符合 phonics 規則的羅馬拼音記下歌詞，帶著學生練習拼音。她設計的活動有：

(1)Bingo：運用泰雅語的數字 1-10、學生泰雅名字以及歌詞的單字填空玩 bingo。

(2)Word Jeopardy：將歌謠內的某些單字掩蓋，請學生找到正確的字卡貼上。

(3)Hang Man：猜一猜 Megan 設定的答案是哪一個泰雅語單字。

(三)執行方案與學生回饋

1.泰雅文化課程

雖然我曾在訪談中，問學生有沒有想過用英語學習泰雅文化，他們回答清一色是沒有。（SI 2004.2.18）

但我上泰雅文化課程時，學生馬上就能進入情況，而且學習參與度高。我們的課程曾經中斷過三週（赴台北參加舞蹈比賽、鄉賽以及準備期中考），但是一開始上課的複習情況十分良好，我的紀錄顯示：

我用名牌向每一個學生發問「What's your Chinese/ English/ Atayal name?」除了一兩個學生 Chinese 與 name 發音有小缺點、句子會漏掉 is 之外，每一個都表現很好。今天新教的九族英文名字也很快就認得，顯然他們已學會利用 phonics 拼音，結合自己的舊經驗（九族名字的母語唸法），來記住這九個生字。Shapes 花較多時間複習，但看到平時對英語有些懶散的 Emily 也能拼出 diamond 及 triangle，我覺得很驚喜，立刻讚美鼓勵她，影響到其他的小朋友也想表現。Joe 也嘗試拼出 square，很快的大家都會了。（RN 2004.4.22）

2.泰雅語羅馬拼音課程

我的教室觀察紀錄顯示，也是憑著舊經驗，Megan 在練習拼音，逐字用 phonics 帶唸歌詞時，學生很快上手並認得單字。但是當 Megan 問「What's the name of the song?」時，Michael 猜出中文意思，學生也能答出，但我忍不住問「Kaya Kiryanan Putulooboo na Tayal」（歌名）的中文意思？他們都答不出來，開始引發出學生間的討論，有人還以為這些是英文，不知道這些英文字拼出來的是母語。（ON 2004.4.29）

其實從第二循環對學生做的訪談中，可以看出學生對英語與泰雅語羅馬拼音的混淆：Megan 在練習拼音，逐字用 phonics 帶唸歌詞時，學生很快上手並認得單字。但是有人以為 Megan 教的是英文，不知道是母語。（ON 2004.4.29）

在訪談中，有十二名學生表示聽外國人說泰雅語覺得很奇怪，其中六名認為原因是發音不標準，Bella 甚至認為 Megan 自己不知道自己說的是泰雅語，Jacky 覺得講英文的人用拼的音來讀泰雅語很奇怪，因為她並不是原本就會說泰雅語。（SI 2004.5.14）

(四)反省與檢討

1.泰雅文化課程

雖然我曾在訪談中問學生有沒有想過用英語學習泰雅文化，他們回答清一色是沒有。（SI 2004.2.18）

但我上泰雅文化課程時，學生馬上就能進入情況，而且學習參與度高。今天新教的九族英文名字也很快就認得，顯然他們已學會利用 phonics 拼音，結合自己的舊經驗（九族名字的母語唸法），來記住這九個生字。（RN 2004.4.22）

之後在訪談中，有七位學生表示一下學九族的英文名字並不難，其中五個認為原因是會拼音，證實了我的推測。至於本研究之目的「提升英語學習興趣」，在期初問卷裡，幾乎所有學生都表示了學英文的興趣（除了 Jordan）。從學生在以下兩個題目的回答裡，更能看出他們對學習英語進一步的興趣。面對「未來志願」的問題，班上一半的學生（六位）表示想去美國留學。問及「上國中最害怕面對的科目」時，大多數學生表示是數學，僅有四位學生害怕國中的英文課。可見得他們對英語的興趣已經具體呈現在生涯規畫之中，以及面對國中英語課的自信心。（SI 2004.5.14）

本研究另一目的為「加強學生對自己族群的認同」。Megan 曾在分享中提到，雖然在第二階段上 phonics 課程時，Megan 自覺已經和學生打成一片了，但是她仍覺得在跟學生一同練習泰雅語時，學生對她的信任與接納，讓她更為感動。（TRD 2004.4.29）

在訪談中，Michael 表示，即使 Megan 講的泰雅話很奇怪，但是連美國人都想學泰雅話，表示泰雅文化真的很棒。（SI 2004.5.14）

其他的學生雖然缺少這種自覺，但是卻都表示如果再有外國朋友到碧候部落，他們都願意爲他們介紹泰雅文化，以及碧候最有特色的景物給外國友人。

因此，整體而言，本研究的目的已經達到初步成就。然而學生是否能持續對英文有興趣，以及他們用英文介紹泰雅文化的能力如何，還是值得作進一步的觀察與研究。

2.泰雅語羅馬拼音課程

從課堂上，大部分學生對拼音練習及活動皆能勝任愉快可知，「增進學生拼音技巧」的目標已達成，但仍有一些缺點需要改進：

(1)phonics 並非完整的拼音系統，與母語課本內的羅馬拼音出入甚大。Megan 的變通做法是自創一套拼音版本，這雖然解決了「用 phonics 拼讀泰雅語羅馬拼音」的問題，但這次學習經驗是否能幫助學生未來自行拼讀母語課本內的羅馬拼音，還需進一步觀察。

(2)Megan 和筆者都不會說泰雅語，也不了解母語教學的模式。筆者發現學生熟唱的母語歌謠，他們並不了解歌詞涵義，請教了本校母語教師才知道，歌曲雖為通行的古調，歌詞卻為當代人創作。選為我們教材的這首歌詞是另一村的牧師所著，某些用字本校母語教師並不了解（他們不同村，也都不是碧候人），他表示他不願替代作詞者解釋這首歌。因此，我們後來的課程目標完全針對熟練 phonics 拼音技巧，而捨棄解釋歌詞的字義，可能因而造成有些學生誤解這些都是英文。下次選擇母語教材應以日常生活對話為主，可避免此問題。

(3)Megan 認為，僅僅六堂課的教材，無法作太深入的學習，如果時間增長，效果會更好。（TRD 2004.4.29）

以上由三次循環的研究歷程說明協同行動研究過程中，Megan 與筆者的原住民小學學校本位的英語教材發展與執行的過程。

伍、結論與建議

根據研究結果，本文提出下列結論與建議：

一、英語課程也能以多元文化教育的精神編寫。筆者曾經看過許多精彩的英語教案，統整了語文領域、社會領域，甚至是自然與生活科技等各領域，也看過以學校本位的精神出發的英語教材。看過了這麼多有創意、多元發展的英語課程，我也想編一套貼近泰雅文化，把狩獵、織布編入英語教材，學生一定會覺得很親切。

當初單純的奇想，竟然能發展成如今的具體教材，還有外籍教師一同參加教學，獲得學生熱烈的反應，以及這份做為成果的行動研究。我覺得這次的行動研究可以說是相當成功。希望我的經驗可以鼓舞身處不同文化環境下的英語老師，除了西洋的萬聖節，我們也有豐富的文化題材可以編入英語教案之中。

二、大多數學生喜歡在英語課堂學習泰雅文化，讓他們更有信心向外國友人介紹自己的族群。研究原住民的學者認爲，只有原住民學童認識自己的文化，進而欣賞肯定，並願意爲傳統文化的保存盡一份心力，這才是提升原住民學童學業成就的根本之道（廖仁藝，2001）。

在學生的訪談裡，有人認爲泰雅文化連外國教師 Megan 都想要學習，實在是非常驕傲的。以後如果有機會，他們都願意帶著外國朋友遊覽碧候部落，介紹泰雅文化之美。希望這一年的學習經驗，能幫助他們抵擋強勢的主流文化。要想在漢文化爲主的學校裡努力爭取好成績，還是要認同自己的原住民身份。

三、教師可以尋求志同道合的夥伴進行協同教學，發展學校本位的教材。

學校本位的教材，其定位爲以學生的生活經驗出發，內容取材自生活的教材。學校在發展特色的需求下，十分鼓勵教師發展學校本位的課程。但是在筆者任教的這個偏遠地區，導師職責加上行政工作，常令教師分身乏術。還好合作的夥伴 Megan 也出身於美國的原住民部落，熱愛原住民文化，更難得的是她也抱持虛心求教的態度，遇上變更既定計畫，或是臨時請她幫忙，她總能從容應付，從不說不。因此我們的合作與溝通總是非常愉快。

此外，我們也應重視級任導師。筆者身爲班導，因此最清楚班上學生的個別狀況。在課堂上，不但與學生有充分的互動，也能夠將課程內容運用在日常生活中，落實這套教材。

四、全英語教學中可以鼓勵學生小組合作，以提高不同程度學生的參與度。

全英語教學並非不可行，其癥結在於如何設計教學活動。筆者建議可將學生分成程度不同的異質小組，各組指派程度好的小老師協助教學，使其因教學相長而讓成績更爲提升，同時也能培養其服務精神。學習慢的同學在同儕的壓力下，也可以自動發揮學習潛能，並不會因爲聽不懂而放棄聽講。

五、以下是筆者的建議：本研究中，有關泰雅語羅馬拼音的課程，因爲僅占六堂課的時間，學習不夠深入，事先取材的方向也略有疏漏。但是結合英文字母拼音法與鄉土教學的羅馬拼音，筆者認爲是相當好的研究方向。下列是日後可以繼續探討的建議項目：

(一)英語教學要如何與鄉土教學統整？

(二)字母拼讀法如何應用到羅馬拼音？

(三)如何有效轉移學習經驗而不造成學生的混淆？

這些有趣又實用的問題，值得我們進一步加以研究。

誌謝

本研究得以順利完成，必須感謝宜蘭縣國教輔導團、花蓮師範學院國教所白亦方教授，還有千里迢迢來自美國的 Megan Luce 小姐，以及提供 Luce 小姐來台經費的學術交流基金會。沒有他們無私的努力與奉獻，這份研究便不可能完成，碧候國小聰明活潑的小朋友們也無法得到如此豐富的學習經驗。十年樹木，百年樹人。本人在此向曾經幫助過我們的所有朋友致上最高的敬意。

（審查日期：初審：2004年9月15日；複審：2005年6月2日）

參考文獻

中文部分

教育部（2003）。**國民中小學九年一貫課程綱要語文學習領域**。台北市：教育部。

黃政傑（1993）。多元文化教育的課程設計途徑。載於中國教育學會（主編），**多元文化教育**。台北市：台灣書店。

廖仁藝（2001）。**高學業成就原住民兒童家庭因素之分析——以巴拉腦社區為例**。國立花蓮師範學院國民教育研究所碩士論文，未出版，花蓮縣。

蔡清田（2000）。**教育行動研究**。台北市：五南。

英文部分

Banks, J. A. (1989). Multicultural Education: Characteristics and goals. In J. A. Banks & C. A. M. Banks (Eds.), *Multicultural Education: Issues and perspectives* (pp. 2-26). Boston: Allyn & Bacon.

Diamond, B. J., & Moore, M. A. (1995). *Multicultural Literacy: Mirroring the Reality of the Classroom.* N.Y.: Longman.

Dr. Suess, & McKie, R. (1969). *My Book about Me.* NY: Random House.

附錄 1　泰雅文化課程活動設計

<table>
<tr><td colspan="2">小單元名稱</td><td>My names (Chinese, English and Atayal)</td><td>適用年級</td><td>高年級</td></tr>
<tr><td colspan="2">學習主題</td><td>學習說自己的中文、英文，以及泰雅族名字的英語字彙與會話</td><td>教學時間</td><td>八十分鐘</td></tr>
<tr><td rowspan="2">教學目標</td><td>英語能力指標</td><td colspan="3">1. 語言能力（聽說讀寫）
1-1-5 能聽懂簡單的句子及簡易的日常生活對話。
2-1-4 能參與課堂上的口語練習。
2-1-5 能以簡單英語介紹自己。
4-1-2 能書寫自己的姓名。
5-1-2 能聽懂並辨識一些日常生活溝通中常用的英語詞彙。</td></tr>
<tr><td>相關能力指標(改編自原住民語文課程目標)</td><td colspan="3">1. 了解原住民文化的內涵。
2. 建立自信，以為自我發展之基礎。
3. 透過英語學習原住民文化，並從向外國人介紹本族文化中，發展出對等的立場、寬廣的視野。
4. 擴展原住民文化與國際上其他文化交流的機會。
5. 培養出探索、研究原住民文化及西方語言文化的興趣。</td></tr>
<tr><td colspan="2">教材、教具</td><td colspan="3">1.布偶；2.海灘球；3.每個孩子三種名字的名牌各一張；4.小白板；5.碼錶；6.「My Book about Me and the Atayal」學習手冊</td></tr>
<tr><td colspan="2">教學活動</td><td colspan="3">(一) 引起動機（六分鐘）
把老師的中文名字、英文名字，以及原住民名字寫在黑板上，問孩子是否也有三個名字，知不知道如何把這三個名字介紹給外國朋友認識？
(二) 新單字：English/Chinese（十四分鐘）
1.老師以布偶介紹自己並複習「What's your name?」、「My name is ____ .」的句型。
★別忘了豐富你的表情及肢體語言哦！
★請提醒孩子「m」的發音要閉住嘴巴。
2.加入「English」，使句型變成「What's your English name?」、「My English name is ____ .」
3.改問「What's your Chinese name?」布偶回答「My Chinese Name is 冷蜀</td></tr>
</table>

教學活動	懿」，引導孩子了解 Chinese 之意。 4. 找一個自願上台的孩子，寫下他的中文及英文名字。老師以「Point at your English / Chinese name」指令請孩子指出正確的名字。 (三)活動：傳球問答（十分鐘） 1. 練習區別兩種句型 Q1: What's your English name? A1: My English name is ______ . Q2: What's your Chinese name? A2: My Chinese name is ______ . 2. 拿一小型海灘球，丟給接到的孩子回答，答對的人有權選擇下一個回答的人，把球傳給他。 ★碰到球卻拒絕接球的孩子不能讓他賴掉，也一樣要回答。 (四) 新單字：Atayal（二十分鐘） 1.找一個孩子告訴我他的山地名字。向大家介紹這是「Atayal name」，引導大家推論出「Atayal」就是泰雅族。 2.將寫有孩子山地名字的卡片一張一張顯示給大家看，看看孩子是否能辨識卡片上的名字。如果不能，便由老師示範用字母拼讀法（phonics）拼出卡片上的名字（如 Yu-gan, /j/ /u/ /g/ /Λ/ /n/），讓孩子覆誦，再請名爲 Yugan 的孩子說出「My Atayal name is Yugan.」。直到全班都能用英語介紹自己的山地名字。 (五) 活動：識字競賽（二十分鐘） 1.全班分組，各組一塊小白板，小白板分成三個區域：各貼上「Chinese name」、「English name」、「Atayal name」三張字卡，老師拿出預先做好的三種名牌發給學生，老師的問題若是「Chinese name」孩子就要把自己的中文名牌，貼在正確區域，速度最快、錯誤率最低的隊伍獲勝。 ★在活動開始之前，老師可以強調分工的重要，例如：甲生重覆老師的問題，乙生、丙生貼字卡，丁生檢查有沒有錯誤，這樣才不會手忙腳亂、錯誤百出，或是只有一個孩子獨攬大權。 ★使用碼錶計時，便不需要兩組同時競賽，減少孩子混水摸魚的機會，而且一樣具刺激性哦！

	(六) 閱讀、寫字：My Book about Me and the Ayayal （十分鐘） 1.介紹這本小書是記錄自己和泰雅族的故事，我們學英文不但是學習西方的文化，如果遇到西方人對我們的文化很有興趣時，我們也能用英語介紹，不是很棒嗎？ 2.引導學生了解第一、二頁的文意，並把自己三種不同的名字寫入空格。
評量活動	1.能用英語介紹自己的中文、英語、泰雅語名字。 2.能應用本單元的句型做對話練習。 3.能合作參與遊戲競賽。 4.學習手冊能正確完成五分之四以上。

<table>
<tr><td colspan="2">小單元名稱</td><td>An Atayal Girl</td><td>適用年級</td><td>高年級</td></tr>
<tr><td colspan="2">學習主題</td><td>1.介紹泰雅族與其他八族英文名稱
2.學習與泰雅族織布有關的字彙跟會話</td><td>教學時間</td><td>八十分鐘</td></tr>
<tr><td rowspan="2">教
學
目
標</td><td>英語能力指標</td><td colspan="3">1. 語言能力（聽說讀寫）
2-1-2 能正確唸出常用基本字詞。
2-1-8 能做簡單的提問、回答和敘述。
3-1-2 能運用字母拼讀法讀出單字。
4-1-3 能摹寫已學過的字詞。
5-1-4 能利用字母拼讀法了解英語拼字與發音間規則的對應關係，並能嘗試看字發音、聽音拼字。</td></tr>
<tr><td>相關能力指標</td><td colspan="3">同第一小單元</td></tr>
<tr><td colspan="2">教材、教具</td><td colspan="3">1.「My Book about Me and the Atayal」學習手冊；2.數塊泰雅族織布；3.colors/shapes 字卡、圖卡；4.小白板；5.碼錶</td></tr>
<tr><td colspan="2">教
學
活
動</td><td colspan="3">(一) 引起動機（四分鐘）
大家已經知道泰雅族英文叫做「Atayal」，你知道九族之中還有什麼族？他們的英文名稱怎麼說？其實只要用字母拼讀法，很快就可以猜出來。
(二) 活動：見字拼音（二十分鐘）
1. 打開學習手冊第 3 頁，老師唸出/ə/ /t/ /aɪ/ /j/ /ə/ /l/，請學童練習見字拼音，把 Atayal 找出。
2. 請孩子自動舉手提供族名。例如布農族的注音符號是「布ㄨˋ」，英文字發/b/的則是 b。b 開頭的選項則有 bunon。老師示範拼讀法，拼出/b/ /U/ /n/ /U/ /n/。
3.繼續由孩子舉出族名，老師引導尋找。
★有些字的母音部分無法納入常用的字母拼讀規則，請向學生解釋，並把重點放在子音部分。
(三) 複習舊單字、句型（十二分鐘）
1. 老師拿一條泰雅織布帶學生練習以下兩個句型：
Q1: What color is it?
A1: It's red/blue/yellow/green/purple/black/white.
Q2: What shape is it?</td></tr>
</table>

<table>
<tr><td>教學活動</td><td>A2: It's a diamond/line/triangle/square.
2. 爲了幫助孩子識字，可在黑板上貼上字卡、圖卡。當孩子答出正確答案「It's green.」之後，請他上台將「green」的圖卡跟字卡配對。
3. 也可以讓孩子兩兩配對，彼此互問三個問題（依活動時間長短增減問題數）。
(四) 活動：識字競賽（二十分鐘）
1. 各組有一塊白板，一套 colors 字卡，一套 shapes 字卡，組長抽一張織布圖案，各組要在時限內將該圖案所使用的 colors、shapes 貼在白板上。
2. 比賽結束後開始訂正。老師拿 A 組的白板向 B 組孩子問問題「What color is it?」、「What shape is it? 」同時檢查白板上答案是否正確。
★玩完遊戲的訂正時間還可以再練習一次，真是一舉兩得。
(五) 新單字 weave/weaver （十二分鐘）
1. 介紹泰雅族的傳統才藝——織布（weave）。本校有織布社團，假日也有親子織布班開課。所以會織布的女孩不少。搭配已經學過的句型練習：
Q: Can you weave?
A1: Yes, I can.
A2: No, I can't.
★傳統上泰雅族男孩並不學習織布。所以當有男孩愛搞笑，回答「Yes, I can.」的時候，老師就會請他「Show me how to weave.」，讓他一次秀個夠。
(六) 閱讀、寫字（十二分鐘）
1. 指著書帶領孩子逐字唸手冊的第五、六頁，並引導孩子歸納文意。
2. 引導男孩子在第五頁寫下「I am a boy. I can't weave.」。
3. 引導女孩勾選喜歡的圖案，寫下喜歡的顏色。
4. 不論男女生，皆可設計（畫出）自己喜歡的織布圖案。如果時間不夠，可當成家庭作業。</td></tr>
<tr><td>評量活動</td><td>1. 能正確認讀圖卡與字卡。
2. 能應用本單元的句型做對話練習。
3. 能合作參與遊戲競賽。
4. 學習手冊能正確完成五分之四以上。</td></tr>
</table>

<table>
<tr><td colspan="2">小單元名稱</td><td>An Atayal Boy</td><td>適用年級</td><td>高年級</td></tr>
<tr><td colspan="2">學習主題</td><td>學習與打獵相關的字彙和會話</td><td>教學時間</td><td>八十分鐘</td></tr>
<tr><td rowspan="2">教學目標</td><td>英語能力指標</td><td colspan="3">1. 語言能力（聽說讀寫）
2-1-3 能以正確的重音及語調說出簡單的句子。
2-1-8 能做簡單的提問、回答和敘述。
4-1-4 能臨摹抄寫簡單的句子。
5-1-2 能聽懂並辨識一些日常生活溝通中常用的英語詞彙。
2.學習英語的興趣與方法
6-1-2 樂於參與各種口語練習活動。</td></tr>
<tr><td>相關能力指標</td><td colspan="3">同第一小單元</td></tr>
<tr><td colspan="2">教材、教具</td><td colspan="3">1.「My Book about Me and the Atayal」學習手冊；2.泰雅獵人示範 VCD；3.道具槍；4.動物圖卡；5. boy~wild 字卡；6.插卡袋</td></tr>
<tr><td>教學活動</td><td colspan="4">(一) 引起動機（十分鐘）
1. 播放一段泰雅獵人示範製作陷阱的 VCD，引導學生猜出今日主題：打獵、設陷阱、山豬。
(二) 新單字：hunt/set a trap/wild boar （二十分鐘）
1. 老師在黑板上寫下「hunt」，帶領孩子利用字母拼讀法見字拼出其音，搭配熟悉的句型練習：
Q: Can you hunt?
A1: Yes, I can hunt.
A2: No, I can't hunt.
2. 找一位回答「Yes」的孩子自願上台表演。帶著道具槍（gun）四處尋找獵物。老師趁機說「Show me how to hunt.」，並以「You are a good hunter.」嘉許他。
★同樣的問題也可以問沒學過打獵的女孩，看她們怎麼回答。
3. 打獵除了獵槍，設陷阱更是重要的技能。老師寫下「trap」， 帶領孩子利用字母拼讀法見字拼出其音，再介紹動詞片語「set a trap」，搭配句型練習：
Q: Can you set a trap?</td></tr>
</table>

教學活動

A1: Yes, I can set a trap.

A2: No, I can't set a trap.

4. 老師畫了一個特大號的陷阱：「This big trap is for……」，引導他們猜出山豬這個答案。介紹「wild boar」並複習 goat、rabbit 兩個單字。以圖卡輔助，搭配句型練習：

 Q; What animal is it?

 A: It's a wild boar/goat/rabbit.

wild boars

goats

rabbits

(三) 聲韻覺識（Phonic Awareness）活動（二十分鐘）

這是引導孩子用字母拼讀的技巧複習舊單字，拼出新字彙。將字卡放入插卡袋，如下圖：

1. 活動 1：First sound first

 (1)老師先示範第一行，帶領唸出 blue、boar、boy，指出三個字的第一個字母都發/b/。

 (2)接著請孩子唸第二行，老師問：「Can you tell me what is the first sound?」

 (3)請孩子想，還有什麼字是/g/開頭的。

2. 活動 2：Guess it

 (1)要孩子猜一猜字卡裡的東西。用英語唸一些指示，聽完之後搶答。不可以亂猜喔。

blue	boar	boy
girl	green	goat
red	rabbit	
weave	wild	

 (2)例如：

 Teacher: I'm thinking of an animal. It has a big nose. It's a /w/-ild /b/-oar.

 Student: A wild boar.

(四) 遊戲：設陷阱（二十分鐘）

1. 全班分兩組，每組各作一張陷阱圖，當成自己的狩獵區：

2. A 組先攻。組員先回答老師出的題目後，在對方的狩獵區任選一格。如果踩到陷

教學活動	阱就會被當成獵物（對方得分），安全著陸就自己得一分。 ★掉入獵山豬的陷阱就可以得三分喔！（以此類推）。 (五)閱讀、寫字（十分鐘） 1. 指著書，帶領孩子逐字唸手冊第七、八頁。 2. 引導孩子歸納文意。 3. 引導女孩寫下：I am a girl. I can't hunt. 4. 引導男孩作勾選。

附錄 2

My Book about me and the Atayal

By ME, Myself
with some help from my teacher

Buni Leng

Chinese name:
....
That's the name my teachers call me.
English name:
....
That's the name my English teacher calls me.
Atayal name:
....
That's the name my Mom calls me.

I'm from a special tribe.

I drew my tribe's clothes on:

Check one

1. Amis ☐ 2. Atayal ☐ 3. Bunon ☐

4. Chou ☐ 5. Paiwan ☐ 6. Puyuma ☐

7. Rukai ☐ 8. Saisiat ☐ 9. Tao ☐

An Atayal girl should know how to weave.
Can you weave?

Yes, I can weave. ☐

No, I can't weave. ☐

______________________ ☐

My favorite weaving patterns are:

diamond ☐ line ☐ triangle ☐

square ☐

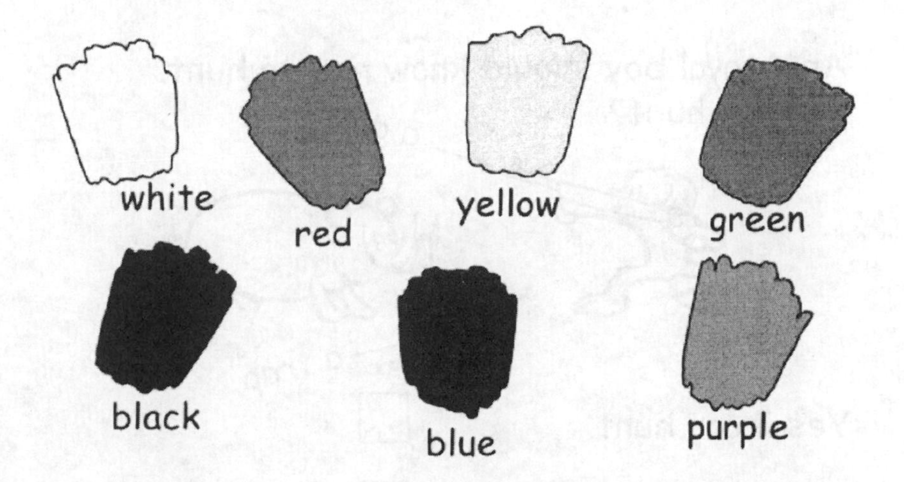

My favorite colors for weaving are:

An Atayal boy should know how to hunt.
Can you hunt?

a gun

a trap

Yes I can hunt. ☐

No, I can't hunt. ☐

____________________ ☐

I am a good hunter.
I know how to set a trap. ☐

Which animal would you find in the mountain?

附錄3　泰雅語羅馬拼音課程學習手冊。作者：Megan Luce

I can read

Atayal

My English Name:__________

My Chinese Name:__________

My Atayal Name:__________

~ Find Your Friends ~

Who is.......

	English Name	Chinese Name
Doviyo?	________	________
Yavoon?	________	________
Uma?	________	________
Uma?	________	________
Basun?	________	________
Vagan?	________	________
Laha?	________	________
Sayun?	________	________
Wilan?	________	________
Wilan?	________	________

No Atayal name????

My friends have a lot of names!

How many names do you have?

I have one name ☐

I have two names ☐

I have three names ☐

Listen to the song

Do you know this song?
Yes, I do. ☐
No, I don't. ☐

Do you know this dance?
Yes, I do. ☐
No, I don't. ☐

Do you like this song?
Yes, I do. ☐
No, I don't. ☐

The name of the song is:

____

Now, Let's Read!

Kaya Kiryanan Putulooboo na Tayal

Wis! Wis! Wis! Wis!

Uwah mutulahuy

Putulooboo na Tayals

Musulis sumukukas

mukas quara Tayal

Let's Read

Part 2

Tong! Tong! Tong! Tong!
Uwah putuboogan
Mooching kongu na Tayal
Iwan Kae, soonanah
Iwan sion nasoo

Atayal

BINGO

		FREE SQUARE		

4

迷霧森林求生記——資深教師在主題課程中的自我挑戰與省思

陳海倫
弘光科技大學附設托兒所教師
鄭青青
靜宜大學師資培育中心副教授

摘要

本研究旨在呈現身為資深教師的研究者，在主題課程中自我省思與不斷突破困境的歷程。研究者分析十五年來在主題課程中，每個階段所遇到的困難與疑惑，如：當孩子對主題沒興趣時該怎麼辦？如何重視表達能力（含語言表達、繪畫能力）弱的孩子？在師生比高居不下的狀況，又如何落實學期目標與檔案評量？面對以上的疑惑，研究者於二〇〇三年再度回到教學現場，透過實際的教學不斷的自我省思歷程。剛開始筆者依然運用著之前的經驗，檢視每日的事後課程紀錄，及每個主題的課程紀實，過程中卻發現在課程的發展與幼兒的表現上，一再出現「看似自然卻又無從解釋」的區域；換言之，總覺得在主題課程進行中，對於自我的教學活動、課程的進展與幼兒的實際表現之間的關聯，似乎缺乏某些可以連結與施力的依據。當研究者遇到一位兼具幼教學程教授身份的家長，拋出一個問題：「你有沒有覺得這些活動有脈絡可循？」此疑問讓我們展開一連串的研究。教授將研究者的原始紀錄與口頭敘述，簡化為由關鍵事件、引發者、教師行為、幼兒行為、事件結果製成表格，並分析每個事件中孩子所引發的概念。以老師的角度來思考，讓我更清楚的分析出自己在課程中所扮演的角色，並省思介入點與課程的關聯，得以更加有效地介入引發孩子更深入的探討。接續我們針對事件與事件關聯做討論、從孩子的反應做分析，整理出經驗的脈絡圖、事件間的概念脈絡圖。檢視完上述兩個圖示之後，我們又決定加入對老師的介入與課程，及孩子的解題技巧進行分析。脈絡圖讓研究者學會觀察孩子，是如何運用舊經驗來建構新的知識，進而分析孩子的運思過程。本研究也讓研究者對課程有新的詮釋——課程不是因主題課程結束或當下孩子對某些活動沒興趣時就算結束，課程應是持續不斷且有脈絡可循的。此外，本研究亦呈現研究者於行動過程中的省思歷程與對其他現場教師之建議。

關鍵字：行動研究、資深教師、課程省思、經驗脈絡圖

壹、研究緣起與動機——我與我的困惑

主題課程是我所嚮往的理想，它不斷地對我發送著強烈的吸引力。當進入這個模式之後，我逐漸驚覺這裡竟是個「迷霧森林」，十五年來，我不斷在這個迷霧森林中尋求方向……

一、初入森林中的困境——「隱形」小孩的衝擊

故事開始前，我必須先介紹自己：我是陳海倫，一位具有十五年主題教學經驗的老師。很幸運的，十五年來我一直待在學界與業界所公認的「高開放程度」的幼兒園中。前五年（一九九〇～一九九五）在台北縣永和市佳美幼稚園擔任帶班教師的工作。當時的教學模式是一個主題爲軸心延伸至各角落，如「商店」的主題會將娃娃家變成麵包店，或是將益智區變成文具店等方式，而將教室情境依孩子熟悉的經驗逐漸轉換成各式商店。孩子們彼此之間的溝通及相互合作的能力相當強，能很快的將想法轉換成可扮演或可操作的主題情境。不可否認的，在回顧主題課程時，我們得以見到課程中孩子與教師的精采表現：小組中一定有一個領導人將大家的想法統整，也有可能以自己的意見爲意見；老師在做課程延伸時，也會接續對主題有反應的孩子的想法；在教室中我們也看到忙碌的孩子與投入的老師。一切看來是如此的美好！但隨著一個又一個主題的進展，我逐漸看見不斷出現的模式：有意引發某種學習方向的老師，以及一群懂得依附在教師期望脈絡下前進的小孩，在主題課程中扶持前進。也就是說，孩子們所發表的內容大都是老師期待中的想法，對於非教師期待中的想法大都會選擇「忽略」。因爲即使不自行忽略，最後也可能在討論中遭到同伴或老師的「視而不見」。這樣的互動模式成就了善於體察教師心意、勇於表達且具有領導能力的孩子，他們的能力會不斷的被提升。但相對地，不善於表達的孩子似乎較不容易被關注，只能依循著

別人的想法與步調來參與教室中的活動。他們的興趣若不與教室中進行的主題相吻合，那又該怎麼辦？唯一的希望似乎就僅可落在「角落」。但是當時的狀況，教室中的角落也因主題的進行有所改變，對主題沒興趣的孩子似乎無法從角落中來滿足，更別指望從中可以發展出屬於自己有興趣的課程。在點名過程中，他們天天都喊：「有！」但在主題課程中，他們爲自己標註「缺席」。

我看見了「隱形的小孩」！

此時，我開始思考隱形小孩怎麼辦？他們到底需要什麼？我要如何發現他們的需要？我的引導怎麼引發他們的投入？進一步地，我開始質疑：主題課程是否就是如此？即使是在觀察投入的孩子們時，我也漸漸發現在忙碌於「主題」之時，孩子們看似投入，但似乎還缺少了什麼？還是有更深奧的境界必須加以探究？究竟什麼對幼兒才是有意義的學習？我又可以爲孩子們做些什麼？帶著這樣的困惑，我來到台中市開拓了另一番在幼教上的視野。

二、看見自己的背影——迷失方向的現場教師

這樣的困惑還未真正獲得解答之前，我就開始面對幼稚園行政與教師輔導的工作。在輔導現場老師進行主題教學的過程中，我開始察覺到現場老師在主題課程上的問題：資淺教師容易迷失主題的目標，資深教師也仍會犧牲教室中非主流孩子的興趣。也就是說，資淺教師往往無法掌握課程目標與概念，課程往往像一盤散沙，無脈絡與統整可言，老師們似乎都在等待孩子自己延伸所有課程與學習活動，也不太「敢」「介入」。在這個階段的老師，一心只想要模仿「自己心中」主題課程的樣子：「熱鬧的大場面」。教室充滿了與主題議題相關的情境布置，在各項手工打造的環境中，充滿忙碌自動的幼兒，沉浸在無盡的可見成果（例如美勞作品）的探究中。而爲了營造這一個由教科書上或主題教學影片中所見到的場面，於是教師們先著手的是情

境，而非樸實的回歸到「關注孩子的學習需求」基本面。換句話說，老師們往往注重的是主題中可展現的表面效度，而忽略了主題課程中重視幼兒需求的基本層面。在面對這樣的老師時，我開始思考是否該讓教學回到保障孩子的學習點上，不是一味的死守著印象中刻板的固有教學模式。

然而對於他們的困境，我可以充分了解，回顧自己剛接觸主題教學時，一度無法掌握其精神，只好模仿著資深老師配合主題營造出教室情境，當下根本沒有考慮到孩子的發展與學習，一味的追尋著學校的方針及資深老師的腳步，當然也犧牲掉孩子某些學習的權利。也正因如此，當角色轉換成輔導者時，面對資淺老師準備度不足的狀況下，內心不斷湧出「孩子的成長是不容許等待的」，要求老師得付出比別人多一點的心力，在事前的規畫及觀察紀錄上要更詳盡。每天必須密集的檢討，至少讓孩子的學習能有基本的保障。但在過程中，屢遇到人、事與時等其他因素的限制，面對當時的困境，無奈與心痛的感覺往往縈繞於心中，久久不散。

另一方面，在這群資深教師身上，我則再度看到自己心中久懸的問題。對於有能力掌握主題的老師，將大部分的心力投注在主題的延伸，對於符合主題需求的孩子，給與最大的鼓勵與支持，卻無法同時顧及對主題沒興趣的孩子，主題中的能力指標又有多少孩子能達到。走過主題課程的人，都知道主題課程有它的盲點：無法滿足每位孩子的需求，無法顧及表達能力弱，包含語言表達、繪畫能力，以及自信心不足的孩子。雖說角落可以彌補這個部分，但老師能有多少心力規畫及延伸孩子的需求？在師生比一直高居不下的狀況下，學期目標與檔案評量真的能落實多少？以及如何落實？而在主題課程中如何保障孩子的學習機會呢？又該如何讓課程的發展更貼近孩子的需求呢？面對這樣的問題，我思考再三，在當下已將疑惑聚焦到：如何在主題課程中「看見」並「回應」孩子的所有需求？

在內心充滿掙扎與矛盾的情形下，我毅然決然的再度回到最貼近幼兒的教學現場，重新爲我多年來的困惑尋求解答，期待透過真實的行動來釐清教學中的疑問。就在二〇〇三年八月，我又再度成爲帶班老師，與三位大班幼兒與九位中班的孩子，一同發展了另一段故事。

貳、故事的開端——陀螺轉不停

迷霧森林中的疾行風——讓我更追不上的小孩

自二〇〇三年九月中旬起，班上的孩子們開始興起了一陣以「百力智慧片」組成各式各樣陀螺的狂熱風潮：「老師，我需要更多的百力智慧片」、「老師，我的三角形不夠」、「老師……」，自從陀螺風在班上吹起，教室就出現一幕幕孩子追著老師的有趣景象……。面對這樣的現象，我試圖以過去多年來所學記錄下孩子的行爲。

依循著之前的幼教現場經驗，我不假思索地便開始將孩子每天在角落中的事件，記錄於事後課程。角落活動記錄的內容爲——事件第一次出現的情境（如積木區——彈珠台的初次建蓋過程）、主題課程在角落中的延伸、角落活動本身的延伸（益智區——百力智慧片、科學區——昆蟲的飼養）等，紀錄中回憶著一天的流程，思考著孩子與情境互動的方式、分享時孩子所關注的焦點、介入點的成功與否等，省思著自己的課程並尋求下一個延伸點（見本文附錄 1）。當課程進行到一個階段（可能是一個月、三個月，甚至半年不等，依課程發展的狀況而定），會依事後的課程紀錄，將相關聯的課程匯集依時間的先後排列（見本文附錄 2），統整出課程前後孩子從未知到已知的建構歷程（分析的概念較爲籠統），從中找出課程中的關鍵事件，整理成「課程紀實」（見本文附錄 3）。

此時（二〇〇四年十一月），我開始回顧自我在這段課程中的角色，其實是有模式可循的：孩子自發課程剛出現時，會先等待與觀察（孩子自發的遊戲有時二～三天就結束，有時會持續發展），並且透過角落活動的互動與分享，給與孩子支持，但此時並不急於介入（如立體陀螺剛出現時）。而當孩子持續對課程有興趣時（如八片與十片的對決），則開始會進行介入，如：唱數、點數片數（此階段的介入動機大都是依據兒童發展）。當孩子某個點不斷徘徊而無觀念或活動型態上的進展時，我則會以孩子的舊經驗為出發，藉由運用語言、教具或示範的方式鷹架孩子（如：你可不可以做大一點的陀螺）。「等待→介入→產生認知衝突→修正→統整→建構新知識→等待……」似乎已經成了我的主題課程教學模式。但是運用上述的方式，延伸課程帶領孩子建構新的知識，並透過課程紀實統整及檢視課程的過程中，總會驚覺於新發現，它們似乎會帶點模糊的色彩：在課程的進展中，孩子們於活動中的表現，看似自然卻又無從解釋為什麼？這是在我既有的主題課程引導模式架構中所無法解答的問題。再一次地，我走入了迷霧森林。

記錄至此，我的心中逐漸出現了過去幾年來一再出現的感受：我應該再尋求不同的方式檢視自己的教學。「究竟要怎麼樣才看得見孩子的需求？要怎樣才看得見我和孩子互動的關係？」我不停地追問自己。

然而孩子的腳步是不等人的，這一群孩子像陣疾風，我幾乎追不上！他們每天教室中都有精采的展現，在幾何活動所表現出的深度，甚至已在我的經驗之外。我一方面努力繼續與孩子們沉浸在陀螺風潮中，另一方面則繼續思考著心中原有的問題。正因為孩子們超乎我意料之外的精采進展，讓我急於與同事們分享。所長、所有的老師與家長，甚至是廚房的阿姨都是我所分享的對象。過程中有一位兼具幼教學程教授身份的家長（本文第二作者）在多次聆聽班級的故事之後，拋出了一個問題：「你有沒有覺得這些活動其實應該都有脈絡可循？」（二○○四年十二月）

參、轉變

一、行動的開始——尋找指南針

「究竟這些活動有無脈絡可循？」這樣的問句對我有著強烈的吸引力。何謂「脈絡」？不就是一個延伸點接著一個延伸點，記錄著老師、孩子、情境彼此交織的過程嗎？不是從「課程紀實」中就可看出課程的脈絡嗎？帶著疑問，我們在二〇〇四年三月間開始了一連串的討論。

第一次與這位家長（本文第二作者）對談後，她將我的原始紀錄與口頭敘述，簡化爲由關鍵事件、引發者、教師行爲、幼兒行爲、事件結果，製成表格，並分析每個事件中孩子所引發的概念（見本文附錄4）（在此之前也我曾依關鍵事件、幼兒行爲、孩子學習做分析，但當時的分析內容並未包含老師與幼兒或幼兒同儕間的互動，而是單憑自己的想法分析。當時分析的焦點著重於孩子學習前後的不同，並未對引發者、教師行爲及此階段孩子的概念發展到哪裡……等來分析）。過程中我們針對表格中的內容逐一討論，當某些論點相左時，我會試著將當時的情景還原，大家共同來討論與修正（回顧這段歷程，我不禁感觸良多：對談上可以不涉及權力位階，對老師的成長真的受益良多，但有多少人能擁有呢？）。過程中我不斷的思考著關鍵事件、引發者、教師行爲、幼兒行爲、事件結果之間的關聯，省思著自己在其中的角色，經由兩人不斷的相互激盪與討論，讓我更清楚表格中的涵義，學習轉換角度思考，進而帶我進入另一種思考的層次。

歷經討論之後，我們試著找出課程進行中的關鍵事件，運用有別於事後課程的省思方式，回溯當時的情景，記下另一種角度的省思（表1）。

表1 課程中關鍵事件中的教師省思（一）（照片見本文附錄9）

關鍵事件	老師的想法與省思
※玩陀螺 有經驗的幼兒用百力智慧片，用十片三角形組成一個立體的陀螺（照片一、二），引發兩對人馬的對抗，「1、2、3、GO……」，班級也陷入陀螺熱（照片三）。	關注到此事件的出現，例行在角落分享孩子的作品，並無進一步的介入，處於觀察的階段。
※八片與十片的對決 爲了戰鬥，孩子不斷研發新式的陀螺，當八片組的陀螺出現時，大家對「它」寄予厚望，一開賽竟輸的很慘，怎麼會這樣呢？（照片四）	出現八片三角形組的陀螺時，分享時介入「片數的點數」（介入動機爲依據兒童發展增進「點數」的能力），及「唱數」（讓孩子透過唱數時間的長短，比較兩者之間的不同）。唱數的介入很快引起孩子的共鳴，孩子藉此分析出八片的比較長（高）且不會轉，十片則反之。
※轉個不停 孩子持續研發新的陀螺，這次改製作平面陀螺，輕輕一轉又快又穩，「若再做大一點可能會轉得快一點」。 「咦！怎麼一下子就停了？」 「怎麼會這樣呢？」（照片五）	就發展而言，孩子應該先製作平面陀螺才會進升至立體陀螺。但由於介入者的關係，孩子從立體陀螺出發，故情境還是會影響發展的順序，這樣的探究似乎無法有太多的突破，過了一段時間，孩子還是回到平面陀螺的製作。操作過程中，孩子發現平面陀螺的面積若太大會摩擦到地板轉的較慢，也發現轉動的速度與顏色和形狀的變化有關（分享時發現的）。觀察到此現象，心中醞釀著如何讓孩子進入色彩的變化。
※大陀螺來了 老師：「你們能不能做一個大一點的陀螺？」 凱凱：「將兩個十片的陀螺組合在一起應該可以變大吧！」試轉時卻無法成功。	平面陀螺與立體陀螺交錯近一個半月後，孩子一直無法突破，問了一個「你們能不能做一個大一點的陀螺？」的問題，孩子依舊經驗做延展（將兩個十片的陀螺組合在一起）卻無法成功。感受到孩子的動機相當強，決定示範操作以提升孩子的能力。發現孩子無

老師：「你們可以幫我做十個大三角形嗎？(一個六邊形加三個三角形)」 當三片大三角形組成梯形時，孩子突然大叫說：「我知道怎麼組大陀螺了！」(照片六)	法用模仿的方式製作時，介入的方式回到孩子的舊經驗（將小陀螺的組合方式做分析，讓孩子找到組合陀螺的模式），成功的提升孩子的能力。
※三角形與六邊形共舞 大班孩子對著組成大六邊形的中班孩子說：「我可不可以幫你把六邊形變成大三角形？」大班孩子接著說：「十個大三角形就可以變成大陀螺喔！」（照片七） 凡凡：「老師，這個教具（六形六色）也可以組成大中小的三角形耶！」 軒軒：「我會用不同形狀組六邊形。」 牧牧：「老師，我會做更大的六邊形。」	從大小立體陀螺的轉換過程，孩子清楚知道三角形與六邊形的關係，並能輕易的將兩者隨意互換。如：六邊形變成大三角形、三角形轉換成六邊形。 十一月初更換教具時，加入了「六形六色」的教具，當時的思考點爲：益智區至少要有一項幾何類的教具。六形六色加入後發現孩子，將陀螺的製作的概念與六形六色的教具結合。此發現讓我非常的感動與興奮，孩子的連結是如此自然（不需做任何引導），也提升孩子對六邊形的組合與切割的概念。同時間也加入「摺紙書」，大班孩子有些迴響，中班孩子還是各折各的，可以說是個失敗的介入（中班的發展能力還不到此吧）。
※蓋房子了 牧牧：「老師，我可不可以不要拆掉我的大陀螺？」 老師：「我教你一種可以永遠保留的方法好不好？」 軒軒：「老師，拆平後，把一個一個描下來，再組起來，真的可以永遠保留耶！」 老師：「你爲什麼要將百力智慧片排回描圖紙上呢？」 芝芝：「這樣我才知道怎麼拼回房屋啊！」(照片八)	立體陀螺的創作是從平面到立體，每週五保留的作品都要拆掉，面對孩子的不捨，又觀察到孩子對陀螺的熟悉，決定介入保留模型的方法，讓孩子描繪後再重組。重組的過程是相當輕鬆且是個成功的介入。十二月份此方案與主題交叉到，當孩子畫家中房屋設計圖後，思考如何呈現：紙板？似乎太快！孩子都清楚立方體的要素嗎？百力智慧片？孩子雖然較少研究立方體，但創作過程斷斷續續都有製作盒子、房屋或帳棚，呈現上似乎比較容易，過程中多少還是有些困難，孩子大都能依舊經驗來解決所遇到的問題。

記錄至此，帶給我不小的震撼！「事後課程」的省思較著重孩子的反應，記錄著孩子與課程及情境的關係（因爲讀者是家長），在此之前我一直認定這樣的省思是足夠的，足夠讓我了解整個課程的脈絡及孩子的學習。在這段討論與激盪的歷程之前，我一直不願意承認「事後課程」紀錄的不足！而今的省思歷程，讓我更清楚的分析出自己在課程中所扮演的角色，重新檢視介入點與課程發展間的關聯：有效的介入可以引發孩子更深入的探討（如陀螺的出現）；而基於舊經驗的介入（如陀螺模型、六形六色），會讓孩子在主題進展過程中，各個活動間的連結是如此的自然，無須太多引導，孩子的學習就能自我提升。無效的介入也讓我學會探究其原因，試圖運用嶄新的角度來進行評估。換言之，幼兒在主題課程進展中的經驗脈絡著實相當重要，我們必須要找到孩子目前的經驗進展到哪裡。

這樣的紀錄也讓我更清楚孩子學習的脈絡，是如何與同儕、教師、情境相連結著。當我更清楚老師省思的重要性時，心中便愈感矛盾，面對幼教老師工作繁雜（工作內容涵蓋：規畫課程、帶班、觀察紀錄、事後課程、家長溝通、課程紀實、教師日誌、幼兒成長紀錄等），時間卻相當有限的情形，該如何兼顧日常的教學運作與教學品質提升的雙方面要求，是我所必須繼續要努力的部分。

二、曙光漸露　濃霧散去

由二〇〇四年四月起，接續著幾次對談，我們從孩子在活動中的反應爲基礎，進而針對「事件與事件關聯」做討論的歷程，仍然發現一些無法解釋的區塊。這位兼具幼教學程教授身份的家長（本文第二作者）建議，補充更豐富的孩子實際經驗做爲分析的訊息來源。於是她開始引導我去詢問孩子的想法，針對孩子的想法再做討論與分析。而在詢問的過程中，發現孩子不斷重複使用之前的經驗（如陀螺組成的方式、點數、幾何圖形的轉換等），來建立新的經驗。逐漸地，經由密集而多次互動與討論的過程中，我們合作整理出經驗的脈絡圖（見本文附錄5），接下來事件間的概念脈絡圖（見本文附錄6）也浮現了。而在檢視完上述兩個圖示之後，我們又決定加入對老師的介入及課程與孩子的解題技巧進行分析（見本文附錄7）。

脈絡圖表的形成非我能力所及，要了解其中的涵義並不容易，我們一次一次的討論與再回到現場觀察與驗證，才逐漸讓我找到其中分析的邏輯，從中也引導我如何更深入了解孩子運思的過程，是如何重複使用著之前的經驗與概念（二○○四年五月～二○○四年八月）。在這些分析的圖示中，我可以更清楚地看出在整個課程進行的過程中，各事件間是有所關聯的，不僅在概念上是如此，在經驗上也呈現這樣的現象。檢視這些圖表，我也可以發現某些經驗或技巧一再出現，也就是其中確實存在著所謂的「關鍵」經驗！而某些關鍵的技巧或經驗：如點算片數。當時介入的考量，竟只是單純考慮到發展中的「點數概念」，我的目的僅在於希望藉由作品分享中加入點數的動作，以促進孩子在此概念上的發展而已。但從脈絡圖中可清楚看到孩子竟是如此地重複使用此項技巧，如：孩子比較各式陀螺時（八片或十片陀螺的對決）、探討平面陀螺快慢時（數面積的片數）、三角形與六邊形的轉換時（六片三角形可變成六邊形）、大三角形切割成三角錐體時（數三角形的邊長，是幾片組成的）等。此技巧是老師在無意中所引發的，而它卻貫穿在整個課程中！若無經歷這樣的訓練，我可能永遠無法解釋看似自然卻又無從解釋的區塊，也讓我再度對「介入點」、「關鍵經驗」有新的詮釋，也拓展了個人對於課程發展的視野（之前對好的「介入點」的詮釋侷限在引發課程的延伸、能提升孩子的能力等，明顯的事件）。

脈絡圖表陸續完成後，在興奮之餘我迫不及待的運用此概念，試著分析孩子後續的發展，進而記錄表2。

表2　課程中關鍵事件中的教師省思（二）（照片見本文附錄9）

關鍵事件	老師的想法與省思
※仿圖片製作 放入教具中的參考圖示，孩子們開始仿做圖片中的作品。 凱凱：仿圖示的正面，先點數正面需多少三角堆，先完成正面所需的數量才開始組合，背面則一個部分、一個部分用填補的方式拼組(照片九)。 牧牧：將作品中所需的片數點數清楚後才開始仿做（照片十）。 牧牧：將圖片依比例放大，並做部分部分分解，組成兩個二分之一再拼完成（照片十一）。	參考圖的加入，單純只是想擴大孩子的創作廣度。 凱凱在創作的過程運用「點數」的概念數所需的三角堆，組合時則運用組陀螺的概念「部分→整體」，凱凱尚無透視概念，背面則用填補的方式。 牧牧已有透視概念（此概念的發展可能是來自之前拼組陀螺、金字塔、房子等立體作品）。牧牧也是運用「點數」的概念，來點數各種形狀的片數。 牧牧依比例放大，部分部分的分解，組成兩個二分之一都是運用之前組大、小陀螺的經驗。 觀察孩子的創作時，腦海中思考的皆為孩子如何運用之前的概念或經驗，不再是單純的看孩子學到什麼。
※連結方塊 陀螺熱持續發燒，孩子用連結方塊組陀螺。孩子：「老師！你看我組的十字陀螺跟正方形的陀螺，1、2、3、4、5⋯⋯，十字的轉的比較久。」（照片十二）	孩子運用另一種組合玩具創作陀螺，是否該再提供其他的素材呢？可以再觀察等待。過程中孩子運用之前比賽陀螺「唱數」的經驗來比較兩個陀螺的快慢。
※摺紙風潮 容容：「老師這裡怎麼摺？」 睿睿：「蝙蝠我昨天摺過，我來教你。」 雅雅：「我會摺鯨魚喔！」	摺紙書從十一月初放置美勞區，至今已過了四個月，美勞區突然掀起一陣摺紙風，中班孩子經過引導也可以依步驟操作百分之五、六十。探討原因可能是，之前中班孩子對於較為抽象的圖示比較沒興趣，原因可能是孩子幾何空間的概念較為薄弱，經過四個月的經驗累積，提升了孩子的能力。之前認

	爲摺紙書的介入是無效的，但當孩子的概念與經驗改變後，卻成了有效的介入
※星星與六邊形 芊芊分享由十二個三角形組成的星星。（照片十三） 亭亭：「外面都是三角形耶！」 軒軒：「裡面是六邊形、大三角形、小三角形。」 睿睿：「洞洞的地方放兩個三角形，就可以變成大六邊形。」 牧牧：「菱形就可以了啦！要補六個菱形。」（照片十四） 睿睿：「再加上梯形跟菱形就會變成更大的六邊形。」（照片十五）	孩子對於幾何圖形的敏銳之前就很明顯，但能輕易的透過抽象思考隨意的放大六邊形（中班年紀的孩子），的確讓人震驚，回溯孩子的經驗，可以從孩子操作的六形六色的經驗找到脈絡，從孩子的對話得知，孩子已將此概念類化，轉換成語言表達出來，以達到數學的另一層次。孩子因曾有此操作的經驗，是否能將此經驗類推，是值得再觀察的。
※三角形變！變！變！ 益智區中班孩子嘗試將三角形變大，大班孩子走過去詢問：「我幫你立起來好嗎？」（照片十六）	當中班嘗試將三角形變大時，試著詢問孩子放大的方法，孩子的回答竟是：「找六邊形，再補兩個角就變成大三角形。」（照片十七）這個答案出乎我意料之外，從未想過如此放大三角形（因只要下面加一排即可，後來孩子經過幾次操作也發現了）。依循孩子的思考脈絡，可推論出孩子運用之前組大陀螺時，放大三角形的脈絡。詢問大班孩子爲什麼知道可以變成三角堆體？孩子的回答是：「數片數啊！」又是一個用「點數片」數的技巧來解題的例子。之前分析孩子大都是依完成後的結果，憑著自己的經驗來推論孩子的學習。詢問孩子的想法，可讓我更清楚孩子的思考模式，分析孩子的能力。

三、A-HA！

對我而言，這是個突破的觀點！之前在活動進行及課程紀實中，我可以輕易的找出課程的關鍵事件，並分析孩子之前之後的知識建構是因爲哪個事件引發的，較少分析每個事件中孩子的學習（之前都做整個課程之前之後的學習，似乎比較籠統，分析的內容會有較多自己的推論）。而這種主要訊息來自老師分析，使得檢視課程發展的視野受到侷限，正因爲視野上的侷限，這些關鍵事件幾乎是被獨立的看待，而非將其置於整個課程的發展情境中加以檢視，也因此造成對於事件背後所隱含的概念與經驗所形成的脈絡並未覺知。經驗及概念脈絡圖，讓我學會觀察孩子是如何運用舊經驗來建構新的知識，某些經驗的使用是不斷的重複出現，甚至成爲孩子的解題技巧，彼此之間竟然是環環相扣。老師的介入分析，如：摺紙書的介入，剛開始看似無效的介入，日後卻因孩子經驗的改變，成爲有效的介入。老師的介入時機除了評估當時的情境外，孩子的發展評估及之前經驗的考量也是評估的要素。在中大混齡的班級中，考量的範圍又更大（發展涵蓋的範圍包含：小、中、大至小學一年級）。「介入點」的有效與否，不應急於下定論，有時須長期的等待與觀察。經由這樣的分析，所得到的結論，讓我再度給與「介入點」嶄新的詮釋。這些發現帶給我無比的震撼與興奮！

經過這樣的分析程序，使得我在觀察孩子的行爲時，腦中連結的是孩子運用哪些之前的經驗？哪些經驗是因舊經驗建構的，這樣的觀察似乎更能了解孩子的想法，並找出下個教學介入上的切入點。解題技巧的詢問（如：你是如何做到的？）對孩子而言，具有重要的意義，孩子會試著將思考的模式透過語言表達；或許剛開始有些概念無法清楚表達，但經由老師的引導，或語言表達上的示範，可以讓孩子學會如何將想法說出來，也藉此幫助孩子做概念的統整。經過統整後，孩子會發現更快的解題技巧（如三角形的放大），並進一步引發更精采的幾何建構。

四、課程觀點的轉變

經過一連串的對話與衝擊，讓我對課程有新的詮釋：不是因主題課程結束或當下孩子對某些活動（如：百力智慧片）失去興趣時就算結束。從孩子操作百力智慧片的例子中發現，雖然孩子暫時不操作百力智慧片，卻可以從其他組合玩具的作品看出，孩子依然運用著之前的經驗延續著相關技巧與概念的發展。換言之，主題課程或許是個說不完的故事；表面上某些活動的暫時中止，並不表示真正的結束。之前在面對「自認無效」的介入時，只會再尋找其他的介入點，例如換個主題或是將情境改變，或認定此課程已告一段落。現在的我卻不急著驗證，反而是轉爲有目的的觀察與等待。在這段歷程中，我最大的改變是對課程有著重新的定義：課程是延續且應有脈絡可循的。

肆、尾聲

～似乎看見，但或許仍未看見～

回顧這段精采的歷程，除了面對教學與觀點上的收穫外，也引發了我後續的思考。

一、資深教師的專業需求——深入與持續的專業對談

首先我感受到的是，專業同儕間的互動關係在自我專業成長上的效力。在歷程中，我遇上一個不像教授的教授，像個定音鼓般的在一旁敲著，聆聽著我的興奮與發現，卻又很有技巧激發我另一個層次的思考。當我在課程中迷失時，她可以藉由對話的方式，輕易的釐清我的盲點。我們之間可以輕鬆的討論，討論中可以將自己的想法及疑問提出來討論，而在一次又一次的激辯中，觀點得以相互交融，心中的疑惑也漸漸獲得澄清。在這段歷程中，我清楚的感受到自己的進步!

回顧這段歷程，我體認到資深教師在專業成長上的需求，依 Katz（2002）

在專業成長上的階段分析，資深教師所需要的是再度進修與學位的獲取，或是更進一步的專業研習。這次雖非經由學校進修或進階研習的管道，但其中的深入且密集的專業同儕互動，也著實有其功效。這樣的專業合作方式，或可做為與我具有相同需求的幼兒教師們參考。

但是當我體認到資深的老師需要更多深入討論的同時，我也思考多少人能擁有這樣的機會？而這樣的關係，是因為我們在關係上是始於「家長與教師」，所以在對談上可以不涉及權力位階？還是因為她是家長，所以在教學現場的時間甚長，也必須每天進出班級，所以足以清楚的解讀我所傳遞的訊息？我想應該兼而有之吧!

二、脈絡圖的運用

脈絡圖解開所謂的「模糊地帶」，清楚的呈現課程進行的過程中，各事件間是有所關聯的，不僅在概念上是如此，在經驗上也呈現這樣的現象。當我們了解這些關聯後，在觀察孩子與分析他們的需求時，不再單憑自己的過去的教學經驗來「推論」孩子的需求，甚至盲目的進行課程的引導。現在的我，腦海盤旋著孩子是依何種經驗來建構新的知識，這樣的經驗又帶給孩子哪些能力。而在無法從觀察中得知的情況下，還可以藉由詢問的方式，來了解孩子解題的技巧及已具備的能力。這樣的轉變對課程的進行相當具有助益，因為在職場的每位老師都非常清楚，愈能貼近孩子的經驗或發展能力時，愈能做更適切的課程介入與延伸。

三、介入點的不同詮釋

之前我對於課程中的介入，除了考量孩子的發展能力外，大都憑藉著自己本身的教學經驗與「直覺」來介入。若發生無效的介入時，只覺得是當下的判斷錯誤，僅需要再尋找另一介入點即可。卻往往很少分析：為什麼有些介入點會成功？有些介入點會失敗？也不曾分析對孩子學習上的影響？關注的只有：對課程的延伸是否有幫助。經歷一連串與教授的討論與自我省思，不再憑空的自我判斷，反而會觀察孩子與介入點之間的關聯，如孩子是否一直持續運用此經驗來建構新經驗，此介入對於課程的影響爲何？對於迴響不大的介入，則會轉爲目的有觀察與等待。

四、走出主題課程的迷思

帶著對主題課程無法滿足每位孩子的需求、無法顧及表達能力弱（涵蓋語言表達、繪畫能力）的孩子及自信心不足的孩子的疑問，我回到教學現場。當課程進行時，不再迷失於主題課程所帶來的絢麗，釐清「它」絕對不是教室中的唯一，愈了解「它」的盲點愈要試著克服。所以現在在我的教室中，除了主題課程的進行外，還存在著其他的課程，如益智區中的百力智慧片的探討、科學區的飼養與植物的觀察等，盡量滿足每個孩子的不同的需求（當然師生比低是一大優勢——1：6）。也藉由分組活動來保障孩子的基本能力（以落實學期目標）。這樣的課程絕對也有它的盲點，只要懂得不斷的省思與成長，一定能找到更適合孩子的課程。

五、評量方式的改變

當關鍵事件表格、脈絡圖表陸續的出現，我學會用另一種角度分析孩子的學習，評量孩子的方式上也有所轉變：可以藉由操作過程、詢問的過程、同儕之間的互動過程等來評量（這就是所謂的表現評量）。過去一直無法落實檔案評量的原因，除了人力不足外，還有一個最大的問題——「看不到孩子的運思過程」，而今脈絡圖的出現讓我更貼近孩子的思考邏輯，更有目標的記錄孩子的行爲。於是，檔案評量也逐漸在教室中試行。

六、面對新挑戰

如何用有限的時間達到最大的效益，一直是我不斷的嘗試與追求的，更期待能分享給職場的夥伴。之前利用「事後課程」的紀錄來取代教師日誌，經歷這段時間對課程的探討，我嘗試著用回溯性的方式記錄關鍵事件中的省思，不同階段的省思給我不同的震撼，不斷的反問自己「教學日誌」真的可以用「事後課程」來取代嗎？在「星星與六邊形」省思中，分析孩子的能力後，也類推因孩子曾有此操作的經驗，所以能做抽象思考，並能轉換成語言表達出來。孩子是否能將此經驗類推到其他幾何圖形，是值得我們再觀察的。

省思記錄至此時，我發現此分析結果也是課程另一個介入點。然而，這樣的發現絕對不可能在「事後課程」中看出。但是我馬上遇到的困境是：深入的省思日誌又無法每天挪出時間來書寫，而在每天都要書寫教學日誌的情形下，教學日誌必然流於形式！於是我將這個困惑帶入我們定期討論的會議中，此時，這位一路陪我走來的家長兼教授輕輕的道出：「爲何不將教學日誌，改爲研究日誌（見本文附錄8）。」真是一語點醒夢中人，在此，也將此方法分享給職場中的每一位老師。

七、經驗脈絡圖在主題課程中的應用

歷經上述的歷程，我們發現在主題課程所衍生的百力智慧片拼組活動中，運用幼兒活動中經驗分析而形成的經驗脈絡圖呈現，加上教師介入與否的分析，可以清楚的看出幼兒在課程中的經驗與一連串進展情形，並協助教師進行教學檢討與課程進一步引領的計畫。換句話說，我們已經可以藉助這樣的分析，更清楚的釐清課程的軌跡，並制定前進的進程。自然也就免除了主題課程中教師不知如何引導，似乎只在迷霧中依循直覺前進的窘境。然而，不可諱言的，這次的歷程所分析的學習內容與數學較爲相關，所涉及的領域也僅限於幾何的發展，這樣的方式對於領域較爲寬廣且學科架構較不顯著的主題是否相同的功效呢？目前我們仍在嘗試，初步的結果呈現經驗脈絡圖與教師介入分析仍是具有功效的。這部分的努力尚在進行中，並等待整理更爲豐富的資料來與現場教師們分享。

另一方面，我們所關注的問題還有：應如何更清楚與有效地將我們的成果推廣至幼教現場。近來在某些場合中分享我們的初步成果時，往往是講者興奮地陳述，但是聽者未必能夠理解。究竟是紀錄不夠清楚，還是可以思考更簡單的呈現方式，進而幫助更多的現場老師？所以我們要進一步努力的是，將這樣的分析延續下去，在逐漸成熟化課程分析模式的過程中，不忘繼續用心於形成對於現場教師更具貢獻性的展現方式。

這樣的努力正在進行中，也將是個說不完的故事。

（審查日期：初審：2004年9月15日；複審：2005年4月7日）

參考文獻

中文部分

廖鳳瑞（譯）（2002）。G. L. Katz 著。**與幼教大師對談——邁向專業成長之路**。台北市：信誼。

鄭青青、陳海倫、劉惠華、鄭育誼（2004）。**幼兒園中幾何方案的建構與概念發展之個案研究**。取自 http://www1.pu.edu.tw/~cccheng/publications/geometry project. pdf

附錄 1 課程流程紀錄

楓香班一週課程

主題名稱：童顏童語

時間	10/15（五）		10/18（一）	
7：30 ｜ 9：20	幼兒入園			
9：20 ｜ 11：30	簽到 日期分享		簽到 日期分享	「今天是上學的第三十三天，再過幾天可以換一根長吸管？」藉由每天計算日期，讓孩子了解十以內的合成，並清楚十進位的概念。
	角落活動 —美勞區	俐雅媽媽教孩子捏黏土，之前孩子比較以模型的壓模創作爲主，將捏塑的技巧帶給孩子，可以增加他們的創意。	角落活動 —美勞區	睿琪用膠帶圈搭配卡紙製成眼鏡，第一次無法戴在耳後，實際觀察經過修正，在後面加斜角就可以戴。
	—益智區	百力智慧片除了仿分解圖製作，孩子開始延伸創意製成戰士帽，組合過程遇到接合的問題，會自己修正如：將六邊形改成五邊形	主題探討 —台灣地圖	以台中爲標的物，往上是台北在北部，往下是台南在南部。這個假期正好有人北上、有人南下、老師往東部，孩子對照著地圖討論起自己去的地方，及乘坐的交通工具。（孩子漸漸的能將旅遊過的地點，與地圖的方位聯結）
	—美術課	—刮畫 將底先用各式顏色塗滿後，再蓋上黑色蠟筆後，用竹筷作畫會有意想不到的顏色出現。可讓孩子練習手腕及手指力道的掌控。	故事	—鯨魚（慈昱說故事）。 剛開始因爲有些緊張，孩子因故事情節開始有反應時，慈昱稍微放下緊張的心情，愈講愈好了喔！

午餐時間				
12：30 | 13：30	數學遊戲—中班 5 的合成—大班 10 的合成	中班大都可點數到十五，以五爲單位進行五的合成。搭配著串珠實際操作，孩子很快能搭配一、四、二、三等。大班則以十爲單位排列，做十進位的點數，十的合成經解釋可很快藉由串珠操作理解其原理。	假日分享	假日分享中若遇到出遊時，孩子都會將印象最深刻的部分畫下來，面對大家分享時，還會描述最刺激的部分呢！如：協力車突然分解了、上坡時要用力騎、到戶外游泳等有趣的事宜。
午休時間				
15：00 | 16：30	主題探討—台灣地圖	以台中爲中心點，介紹上、下、左、右的方位，搭配著孩子熟悉的標地物，如 101 大樓、墾丁等，在左右的方位孩子比較模糊（正常現象，只是藉此將此概念介紹給孩子）。	音樂課	靜鈴老師讓孩子先用手勢的高低來呈現音符的高低。清楚後在搭配著木琴的敲擊來感受音符，剛開始孩子會找不到音符的位置，經幾次操作，漸漸能控制手腕的力道準確的敲打。
大手牽小手，漫步夕陽下！				

附錄 2　依時間先後進行的課程統整紀錄——百力智慧片

時間流程

09/23　交錯組合成各式盒子，分享時計算各種形狀的數量。

10/06　製作陀螺，發現面愈大轉愈久，旋轉的方式及地方也有影響。

10/07　爲了統計哪一種轉得比較久，用唱數的方式（尙無時間概念），其中一種底部是用正方形組的，孩子說看起來像金字塔。

10/08　相互比較誰轉得比較久，漸漸掌握到旋轉的力道會影響陀螺旋轉。

10/14　詢問孩子如何製作出更大的陀螺，孩子嘗試將兩個陀螺結合。

10/16　育誼老師介入製作出一個大陀螺，分享時孩子點數，小陀螺是十片三角形組成，大陀螺是三十個三角形，十個六邊形組成。

10/18　孩子持續嘗試仿做大陀螺，老師介入請孩子製作十片大三角形，到第三片時（梯形）孩子就能自行組合，當六邊形不夠時，會用六個三角形替代。牧辰的大陀螺摔下去，重組時發現 3×3 正方的金字塔，又組 4×4 的金字塔，分享時尙未發現金字塔底部一定要正方。

10/21　中班孩子仿做陀螺及立體盒，大班將組合經驗分享給中班。

10/23　發現大小陀螺的比例關係後，旋轉時發現顏色的變化，速度的快慢顏色也會不同。

10/24　週五遇到要拆作品的日子，引導孩子分解後再一片一片描繪下來，組不回去時再用百力智慧片仿組一次。

10/27　有描繪拆組的經驗後，遇到喜歡的作品自己嘗試分解與描繪，熟悉的圖形自己可以輕易完成。

10/30　改裝陀螺，放入豆子發現豆子會飛出去，修改陀螺的高度，旋轉時發現豆子會跑到邊邊。

11/03　介入六形六色，依陀螺的經驗組合六邊形。

11/05　發現六形六色也可以組成大、中、小不同的三角形。

11/13　發現三種組六邊形的方法。

11/14　畫房屋的設計圖。

11/15　利用百力智慧片依設計圖建蓋，會用將百力智慧片比對設計圖。

11/06　芊芊帶來兩棟房子，孩子發現房屋中的幾何圖形。

附錄 3　課程紀實

角落旁躲著兩個小男生，用百力智慧片的△組成各式陀螺，「我轉得比較久」，「我的怎麼都不會轉」。角落分享時，兩位孩子分享角落中研發出來的陀螺，孩子們用唱數的方式來計算，發現用八片△組成的陀螺比較長、比較不會轉，十片△組成的陀螺比較矮、轉的比較久。

我的邊邊變紫色了

角落中愈來愈多孩子會用十片△組裝陀螺（同儕之間的影響），「你們看，我的邊邊變紫色了」，「我的邊邊變橘色了」，「陀螺變慢時，顏色又不一樣了」，此時孩子發現旋轉的速度與顏色的關係。

你們可以做大一點的陀螺嗎？

兩週過去了，孩子的陀螺一直沒有新的突破，於是對孩子拋下這個問題：「你們可以做大一點的陀螺嗎？」孩子開始以十片△為單位，向左右兩邊累加△，且嘗試製作大陀螺，卻一直無法成功。兩天過後，一旁的育誼老師用土法煉鋼的方法，終於作出一個大陀螺，孩子嘗試模仿製作卻一直無法成功，見孩子挫折的表情，心想「一定有規則可循」，看著大陀螺找出十片大△時，興奮的告知孩子：「我需要十片大的△〈一個⬡加三個△〉」。剛開始孩子有一搭沒一搭的幫我組△，當我將三片△組成⏢梯形時，一旁的孩子突然跳起來說：「我知道要怎麼組大陀螺了！」中間不夠十片六邊形時，孩子告知我：「用六片△就可以變成六邊形了」（從組陀螺的過程中，發現六片△可以變成六邊形）。

我可以保留我的陀螺嗎？

每週五孩子就得將所有保留的作品拆掉，展示區上呈現各式大小陀螺，孩子捨不得拆掉，紛紛詢問：「我可以保留我的陀螺嗎？」提供孩子紙張教他們描繪作品的平面圖，孩子對陀螺的拆組相當熟悉，從立體到平面，再從平面組回立體，孩子都可以獨立完成。

我幫你變成更大的△好不好？

益智區有孩子大喊：「老師我做了一個中的△（四片△組成的），可以做一個中的陀螺喔！」孩子依循十片△的規則，沒多久中陀螺就完成了。一天中班的孩子組了一個很大的六邊形，大班的孩子過去與他商量：「我幫你變成更大的△好不好？（用二十五片△組成）」，此時，孩子對於幾何圖形相當敏銳，也能輕易的將△變成六邊形，或將六邊形擴大成△。

六形六色

爲了讓孩子更深入的探討幾何圖形，益智區加入六形六色的教具，孩子用梯形、菱形、三角形組成各式的六邊形。如：、、等八種不同的組合方式。有了此經驗，孩子對於周遭的幾何圖形更加敏感。如：右圖中你看出幾種幾何圖形？（孩子找出大、小三角形、六邊形、梯形、菱形等形狀，你看出來了嗎？）或在校園中尋找建築物中的幾何圖形。

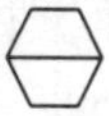

蓋房子

「SPA 之旅」主題中與孩子討論到家中的建築，請孩子先畫下家中的設計圖，再用熟悉的百力智慧片來呈現，有之前組陀螺及立方體的經驗，孩子很快的依設計圖建構。如何將建築物長久的保留下來，孩子依之前保留的概念，將作品拆成平面再描繪下來，立方體的拆組對孩子而言沒有陀螺熟悉，組合回去時遇到拼組的困難，孩子使用百力智慧片依平面圖重組，再組回立體，尋找重組的脈絡。

概念的統整與運用

下學期初爲了提升孩子的創作能力及技巧，加入了百力智慧片對照圖，若遇球體的相關圖形，孩子會沿用組陀螺的經驗將圖形分解，組成兩個 1/2 再組成球體。後期孩子運用「三角形」與「陀螺」類比的關係，將對照圖中的圖形依比例放大。

附錄 4　關鍵事件的初步關聯分析

關鍵事件	引發者	教師行為	幼兒行為	事件結果	備註
玩陀螺	有經驗的幼兒(凱凱)		有經驗者用十片。	引發陀螺熱。	孩子已經獲得示範陀螺的組合方法。
八片與十片的對決	幼兒	協助分享(唱數計算片數)	1.製作陀螺。 2.比較旋轉時間(唱數)。 3.在玩的過程中與分享時都經過唱數的過程，比較誰的旋轉比較久。	發現八片的比較長(高)且不會轉，十片的則反之。	開始覺察不同形狀片數與組合方式對陀螺旋轉方式與時間的影響。
轉個不停	幼兒自身	協助分享	1.製作平面陀螺。 2.轉各式各樣錐形的東西。 3.將彈珠放入陀螺旋轉。 4.嘗試以不同速度旋轉陀螺以觀察顏色的不同(分享時)。 5.比較陀螺動靜態時的形狀。	1.發現陀螺面積太大(片數太多)會摩擦到地板使速度變慢。 2.發現陀螺轉動時彈珠的路徑。 3.發現轉動的速度與顏色有關。 4.發現各種形狀的陀螺在轉動時間上的差異。	重心與向心力的概念。 離心力的概念。 光與後像的概念。 ※但未出現孩子確知上述概念之徵兆。 但幼兒已經確知陀螺形狀與旋轉時間的關係，以及旋轉過程中的現象，並已經懂得操作與調整陀螺形狀、預測路徑與預測陀螺旋轉中的形狀與顏色改變。 ※援用過去經驗。 ※自此停滯兩週。

附錄5 經驗脈絡圖（引自鄭青青、陳海倫、劉惠華、鄭育誼，2004：9）

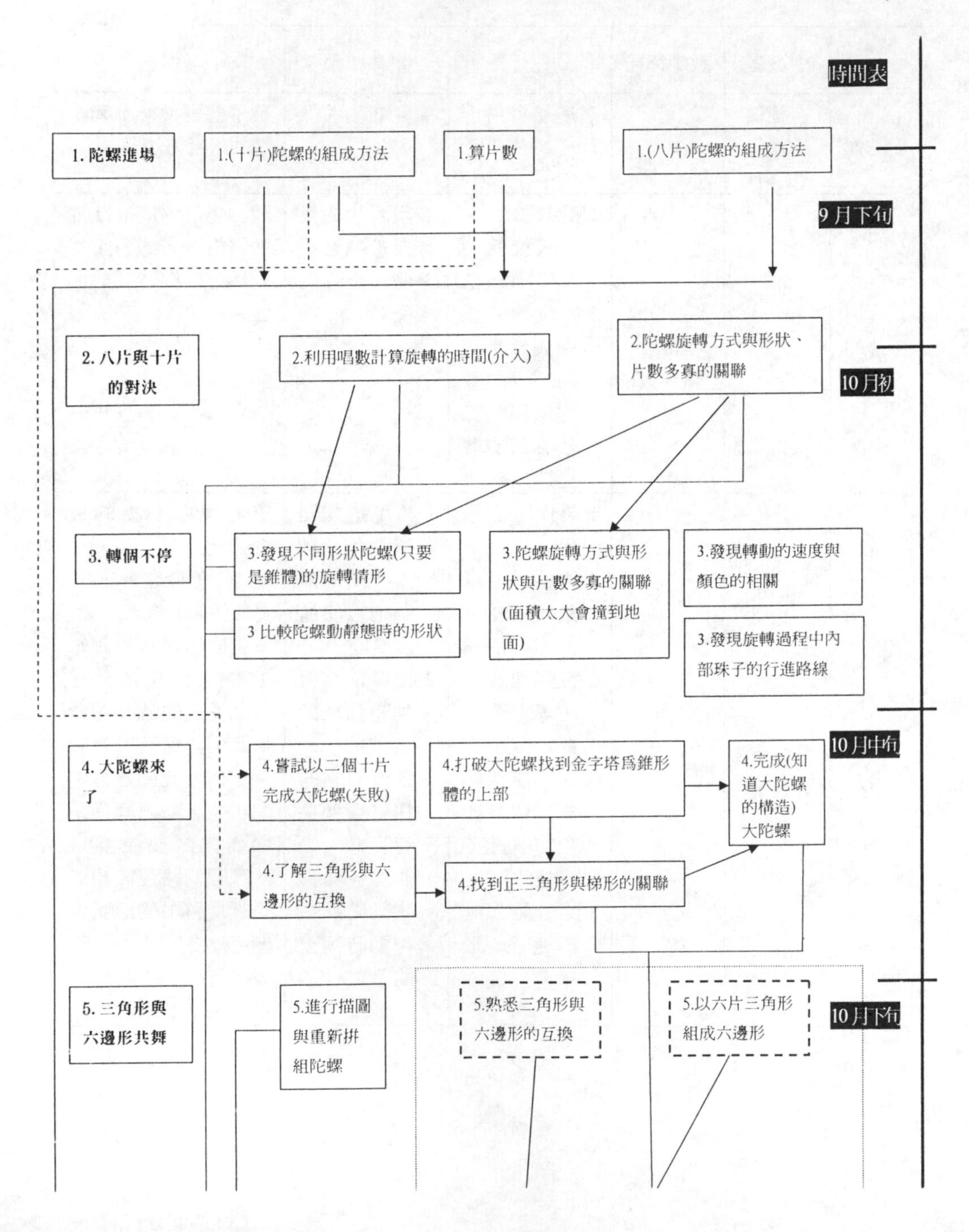

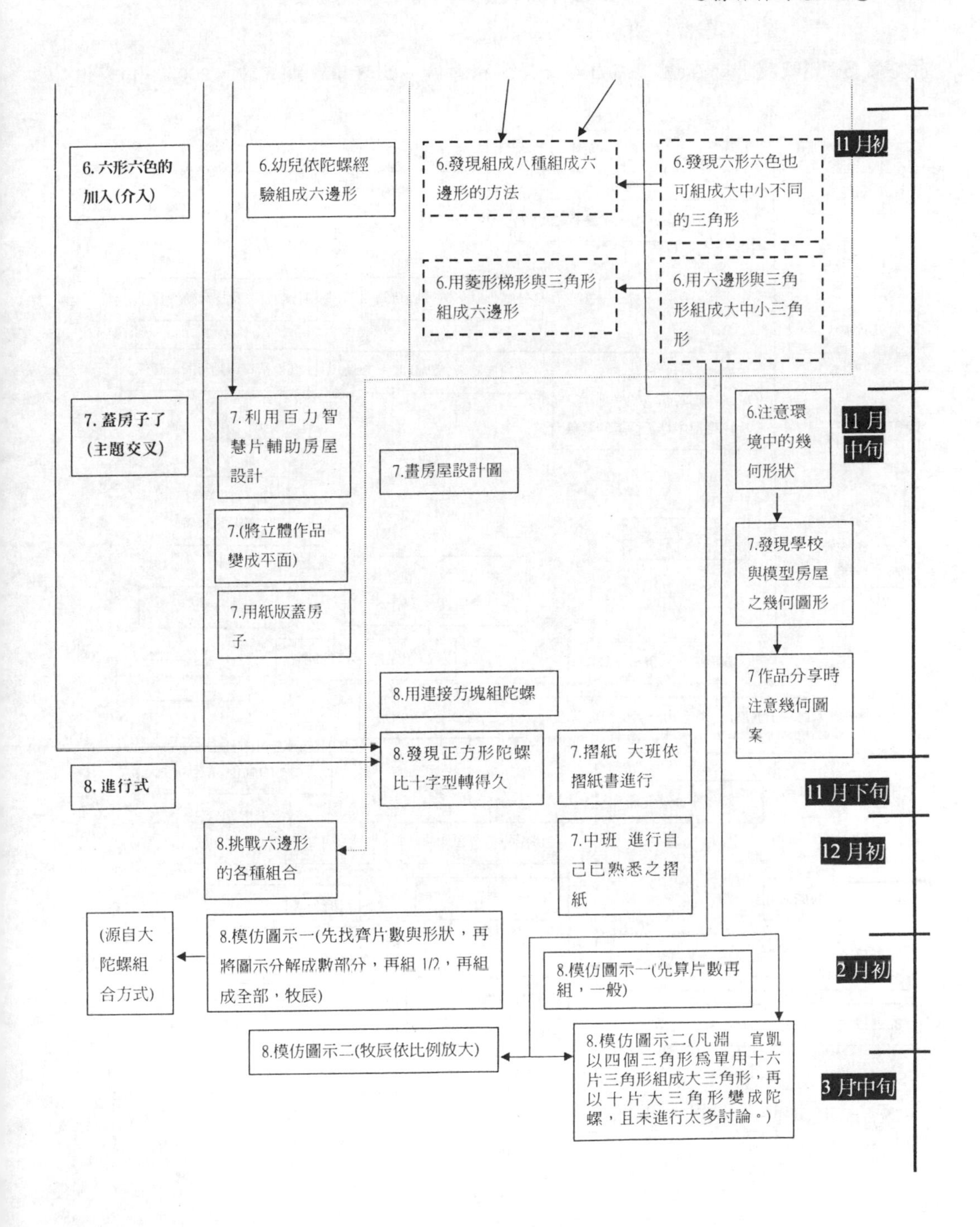
11月初
6.六形六色的加入(介入)
6.幼兒依陀螺經驗組成六邊形
6.發現組成八種組成六邊形的方法
6.發現六形六色也可組成大中小不同的三角形
6.用菱形梯形與三角形組成六邊形
6.用六邊形與三角形組成大中小三角形
11月中旬
7.蓋房子了(主題交叉)
7.利用百力智慧片輔助房屋設計
7.畫房屋設計圖
6.注意環境中的幾何形狀
7.(將立體作品變成平面)
7.發現學校與模型房屋之幾何圖形
7.用紙版蓋房子
7作品分享時注意幾何圖案
8.用連接方塊組陀螺
8.進行式
8.發現正方形陀螺比十字型轉得久
7.摺紙 大班依摺紙書進行
11月下旬
12月初
8.挑戰六邊形的各種組合
7.中班 進行自己已熟悉之摺紙
(源自大陀螺組合方式)
8.模仿圖示一(先找齊片數與形狀，再將圖示分解成數部分，再組1/2，再組成全部，牧辰)
8.模仿圖示一(先算片數再組，一般)
2月初
8.模仿圖示二(牧辰依比例放大)
8.模仿圖示二(凡淵 宣凱以四個三角形爲單用十六片三角形組成大三角形，再以十片大三角形變成陀螺，且未進行太多討論。)
3月中旬

附錄 6　概念脈絡圖（引自鄭青青、陳海倫、劉惠華、鄭育誼，2004：11）

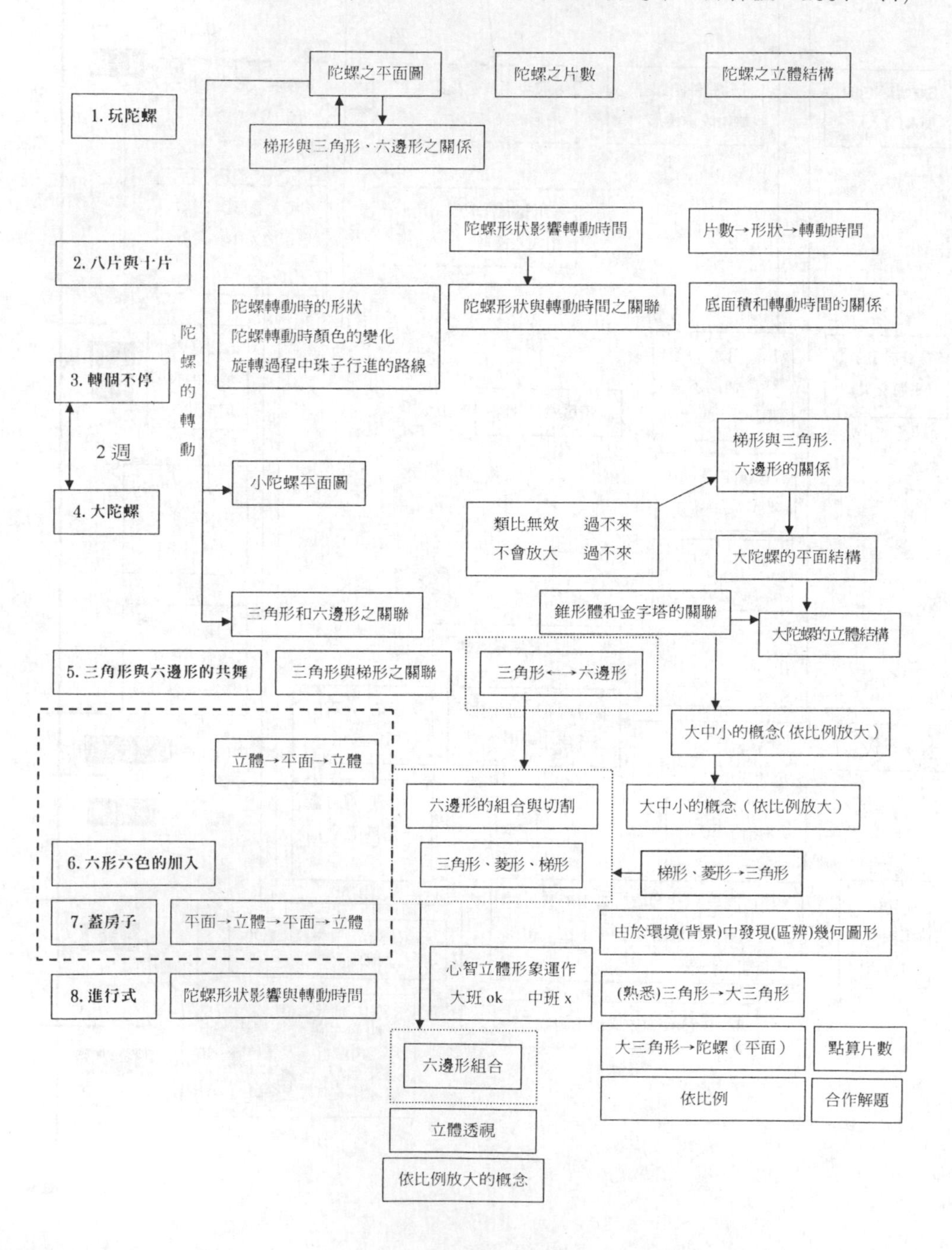

附錄 7　課程中介入、概念與經驗發展圖

（引自鄭青青、陳海倫、劉惠華、鄭育誼，2004：12）

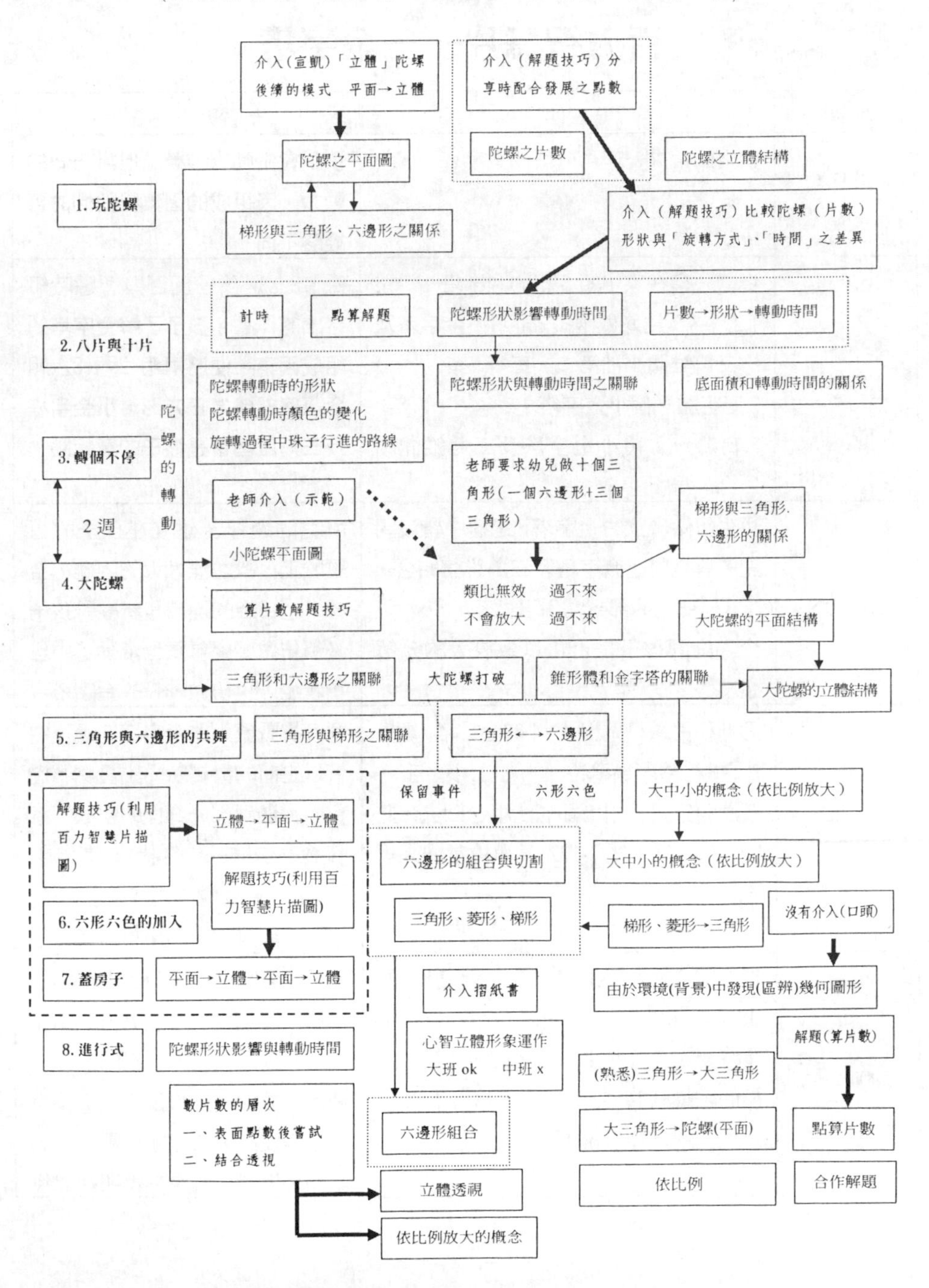

附錄 8　研究日誌取向的紀錄

百力智慧片——金字塔

時間	事件	省思與分析
2004.8 中旬	劉老師帶來一座可分解的金字塔。	孩子會主動去堆疊，但無仿做的動力，因組成的因素與他們的舊經驗不同。
2004.9.6	珮歆分享在家中組 3 組的金字塔。 1.2□+8△爲底做兩排，再用小金字塔及三角錐體來補第二、三層。 2.底座加一個小金字塔。 3.媽媽介入將小金字塔及三角錐體結合，爲 1□+8△。	2□+8△是孩子玩百力智慧時組合出的作品，孩子了解金字塔的組成因素，便將兩個 2□+8△組合讓底部成為正方形，小金字塔及三角錐體皆是孩子的舊經驗。
2004.9.8	舊生仿做珮歆的金字塔，過程中皆沒問題，只有將小金字塔及三角錐體結合，唯 1□+8△的部分需看著做。 介入詢問孩子是否可以做放大的分解金字塔？	所有的過程皆建立在孩子的舊經驗上，故並無太大的困難，至於 1□+8△的連結是新經驗孩子必須仿做。此氣氛也帶動了中班和新生，也仿做一般的金字塔。
2004.9.13	意軒利用六日做出 4×4 的金字塔，是以 2□+8△爲底爲單位，再加上小金字塔及三角錐體爲主，卻無法組合回去。此時，老師介入 3□+12△爲單位當底來組合。	意軒挑戰放大的金字塔，過程中皆以之前的舊經驗爲出發點，過程中會遇到部分奇怪的空缺，意軒會依空缺的形狀來補如：1□+6△，故會出現組不回去的情形，因無固定的邏輯思考。
2004.9.14	珮歆用 3□+12△當底的方式組 3×3 的金字塔，第二、三層用 2□+8△及小金字塔及三角錐體來組，第四層則用 8△組的陀螺代替 2 個小金字塔。有孩子說：「就是菱形嘛！」	珮歆探索 3×3 的金字塔時，第二三層一回到自己熟悉的方式，並無將媽媽介入 1□+8△的部分，依比例放大，這次卻修正 2 個小金字塔變成 8△組的陀螺。 訪談媽媽時，發現媽媽與她並無

		共通語言，想介入卻常常會讓孩子提不起興趣。
2004.9.16	珮歆發現 3×3 的金字塔，在第三層可以用 1□+8△來取代 1 個小金字塔及 2 個三角錐體。	1□+8△在第二層中就有使用，爲何至第三層又回到小金字塔及三角錐呢？有可能是當時的思考著重於將兩個金字塔變成 8 片的陀螺。

附錄 9　照片

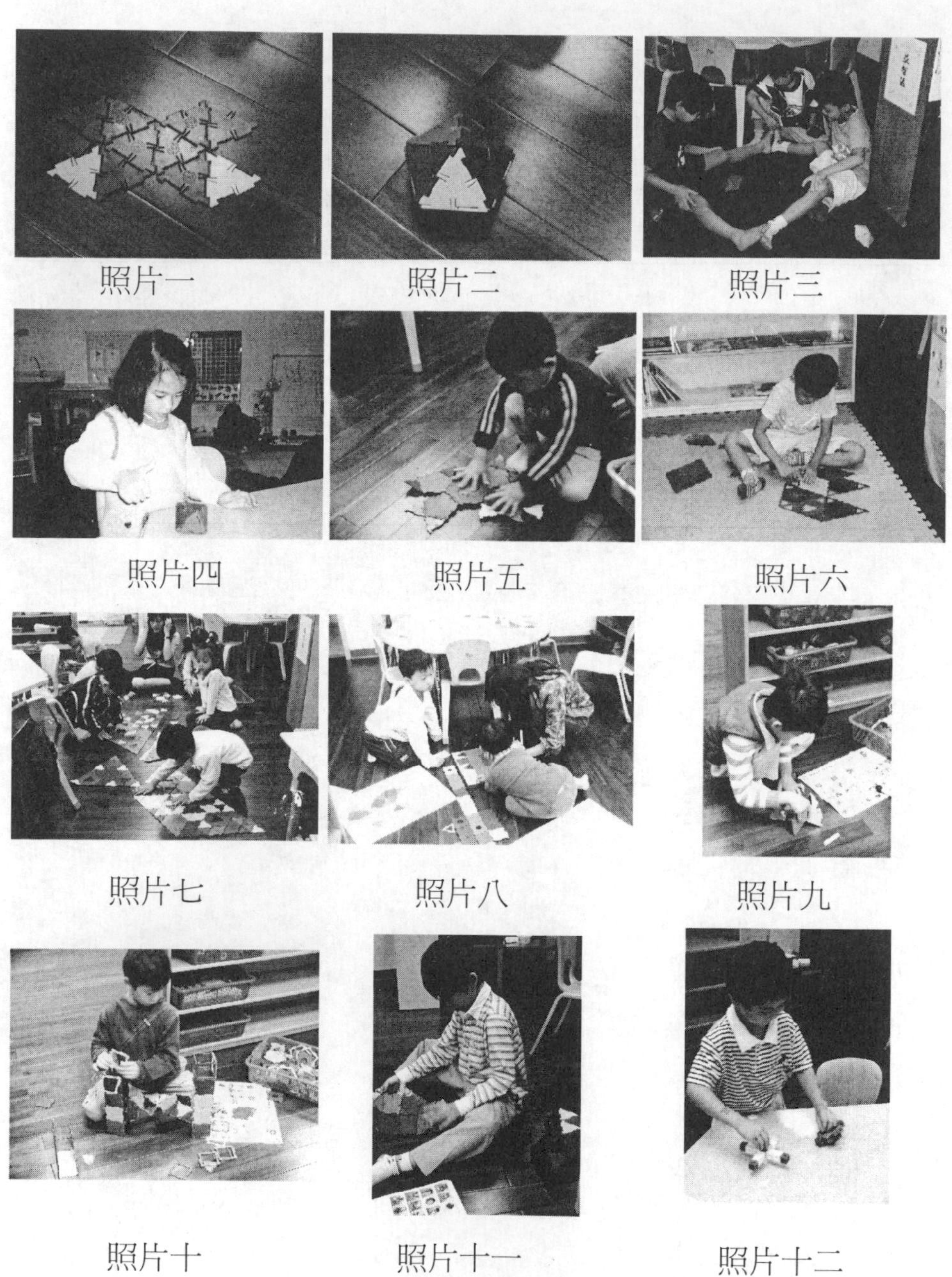

照片一　照片二　照片三

照片四　照片五　照片六

照片七　照片八　照片九

照片十　照片十一　照片十二

照片十三

照片十四

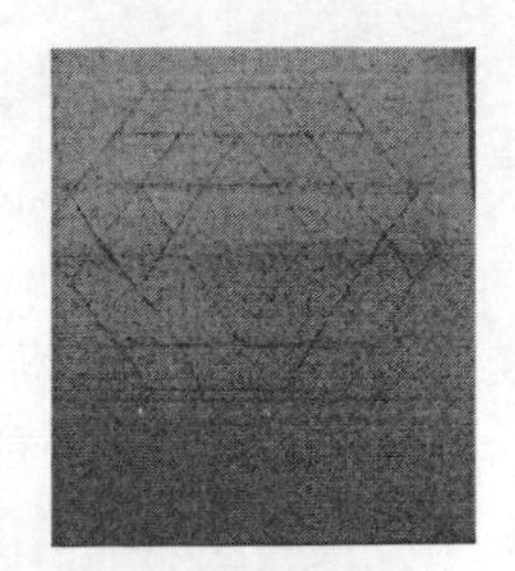

照片十五

照片十六

照片十七

5

歷歷評量、輾轉搖擺——望見評量曙光

白玉玲

台北市信義國小教師

摘要

一句「沒有分析的評量不是評量」，觸動我不同於實作的行動慾望，於是，這個沒有控制組的準實驗研究順勢展開，讓我開始以「作品取樣系統」試作「表現評量」。然而，在研究歷程當中，卻因自己堅持記錄幼兒表現的脈絡，以及協同研究者之間的對話，讓自己深陷「教學」與「評量」之間的抉擇與慌亂。就這樣，在二者之間輾轉擺蕩、緩行一年之後，才恍然大悟的清楚自己心中此次進行行動研究的目標。也因此，體驗到這段行動歷程對我有三個不同層面的意義：一是真正體驗到質性評量的做法，二是從體驗當中勾勒出符合我信念的評量願景，第三則是開啓我下一個循環歷程的契機——看清目標後的評量。

關鍵字：評量、檔案評量、表現評量、作品取樣系統、行動研究

壹、敘說搖擺之源

「沒有控制組的準實驗研究！」（蕭昭君，2002）我想，故事就是由此開端。

二○○二年夏天，依幼稚園園務發展計畫，教師們決定自九十一學年度起開始試作「檔案評量」。於是，就在這個炙熱的暑假裡，為了要讓園裡的教師在開學前即有實作「檔案評量」的準備，我邀請台灣師範大學廖鳳瑞教授至園裡授課，也為教師們現行的幼兒評量方式逐一診斷。然而，一句「沒有分析的評量不是評量」，觸動我不同於實作的行動慾望！於是，這個沒有控制組的準實驗研究順勢展開，也在一路實作過程中，透過監控、反省、修正、再實作、再監控、再反省的歷程之後，形塑「行動研究」，同時激發我對檔案評量的另一層看法。

當頭棒喝

回想三年前開始試做幼兒學習「檔案評量」（portfolio assessment）時的心態，當時並無任何實質的意圖與動機，單純的不過就因為「評量」是教學的一部分、「評量」是評鑑中規定要被評的一部分，[1]而「檔案評量」是時下最流行的評量字眼。所以，在沒有深思究竟何謂「檔案評量」的狀況下，即僅用我個人有限知識所詮釋的「檔案評量」方式開始打造屬於自己的夢工場，而我也自以為是的陶醉在虛擬的「檔案評量」之中。

當時，我將幼兒在園中進行的畫作以 A3 的檔案夾蒐集起來，彙整成一本作品集；另外將幼兒個人及親子學習單，依照線畫、動作、語言、閱讀理解

---

[1]台北市九十學年度幼稚園評鑑手冊在「教學與保育」當中明白揭示，評鑑的項目之一為「檔案評量」：彙整並妥善運用平常的觀察紀錄和作品，對幼兒學習做過程性評量，以真實呈現個人的學習與成長紀錄（台北市政府教育局，2001）。

四個類別分類蒐集在一個 A4 的檔案夾當中。那時，之所以將幼兒學習的作品分成此四類，純粹是因爲個人認爲幼兒在此四方面的表現足以代表其身體動作及思維的進步，以及認爲這四類是我在教室當中很容易就可以蒐集到的資料。因此，直覺的就此著手進行，而未加以反省思考。此外，爲了要讓我所進行的「檔案評量」更具「質性」的效果，我也在幼兒的學習單當中盡可能的想辦法加入一些文字註解或描述，但同時我也顧及老師的能力有限，無法在帶班的同時又對三十位幼兒的作品或學習單詳實加註，因此，我在設計幼兒學習單時即將「加註」與「論斷」幼兒各方面表現好壞與否的責任，也一併讓渡給家長。

但這個在九十學年度開始施行、並自以爲是幼兒學習檔案評量的評量，卻在廖鳳瑞教授的診斷下，猶如謊言被揭穿後所披露出的真相，我愕然驚覺：「那不過是單純蒐集幼兒的作品而已！」而廖老師的一句話：「沒有分析的評量，根本就不算是評量」[2]更狠狠的敲醒了我對評量的另一個觀點——真正的評量，必須要能從評量的分析當中，見到孩子的成長與進步。也就是說，過去我自以爲是的「檔案評量」只有做到檔案資料的蒐集，但卻沒有落實評量分析，以至流於表像，看不出幼兒在各領域中的成長軌跡。因此，重新認識「檔案評量」、尋求「檔案評量」實作的範例，成爲我改進評量做法的方式之一。也就這麼偶然的，自九十一學年度起，開始在廖教授的引領下，以 Dr. Samuel J. Meisels 的「作品取樣系統」（The Work Sampling System）開始實

---

[2]過去我對檔案評量的有限知識所進行的評量，雖然每位幼兒皆有一份檔案，檔案內容也包含幼兒的圖畫、語言、閱讀……等各領域的呈現，且部分作品由家長協助蒐集（例如：幫孩子講的故事用文字記錄下來、描述孩子使用膠水、畫圖或黏棉花的過程等），甚至在部分作品當中也將幼兒進行作品當下表現的良莠納入質性的文字描述（此部分由家長進行，亦即由家長對自己孩子的表現進行評量），但廖教授對我進行的這種評量方式卻有另一番看法。她除了對我作品蒐集的方式有疑義之外，更認為老師並沒有對蒐集到的幼兒作品進行分析，因此，根本稱不上是評量，只能算是蒐集幼兒的作品而已。所以才說：「沒有分析的評量，不是評量！」但這簡短的一句話卻在剎時間，否定我過去自認為是檔案評量的評量，甚至連評量也稱不上是！

作「表現評量」（performance assessment）[3]，並重新體驗「檔案評量」（portfolio assessment）[4]的真意。

貳、述說歷歷探尋之意境

這段試作「表現評量」之途的開始，我並不對它懷有任何深層目的，只因為有廖教授到園裡來帶領所有的教師親身嘗試，也因廖教授對我過去評量進行診斷所帶來的一席話，而僅將「重新體驗」四字當做是試作後將會帶自己的意義。但這只不過是順其自然後的必定結果，並非是基於遠大理想或是深層渴求而來的標的。只是，事情的發生總是突如其然的就降臨下來，就在我覺察到自己因為雜事多、無法全心進行觀察……還得一邊陪孩子、一邊做觀察紀錄……也無法很刻意的想觀察誰就觀察誰……甚至很難控制自己不去注意表現好的孩子……（2002. 10. 29），而認為自己為了要做好「表現評量」所需的觀察紀錄而忽略教學，以及因為發現自己為了要蒐集幼兒的「表現」，而忽略掉那些較不善於表現自我的孩子，正開始嘗試尋求修正自己試作「表現評量」的方式之際，卻意外收到台北市政府教育局函轉「教育部鼓勵及補助幼稚園行動研究注意事項」的公文。這個突發事件，就猶如一扇從來未曾被注意到的研究之門剎時開啓，讓我在呼朋引伴壯膽之後，開始以謹慎的心

---

[3]廖鳳瑞（2002）在《幼兒表現評量——作品取樣系統》的編譯者序中寫到：表現評量是以兒童為中心的評量，它能鼓勵兒童主動建構答案（高表現）；能在日常情境中以與孩子真實生活相關的活動或項目來評量兒童（高真實性）；能將評量融入教學、與課程內容相關（高課程相關性）。陳姿蘭（2001）則認為表現評量指的是：師生共用系統性的方式來蒐集有關兒童學習的資料，以兒童真實的表現做為評量其學習的基準，讓兒童經由從事教室活動展現其所知能的方法。也就是說，表現評量是以有系統的方式，評量幼兒在教室真實情境中，所有表現出與學習內容相關的所有表現。

[4]檔案評量即卷宗評量，二者的原文皆為「portfolio assessment」。指的是在一段時間中，有系統、有目的且持續地蒐集兒童成長、發展和成就的作品或資料，檔案裡應包括兒童選擇作品、描述選擇理由和自我反省的歷程，並加入兒童自我評鑑、教師評鑑、同儕互評和家長評語（引自陳姿蘭，2001）。

情看待我所試作的「表現評量」，並思考我試作「表現評量」的目的究竟爲何。

我試作「表現評量」的目的究竟是什麼呢？

廖教授：玉玲！我聽起來比較難過的是，我覺得妳的起始點跟她們可能有點不一樣！……妳的部分好像比較focus在:「我已經做了！怎樣讓它更輕鬆、更簡單、更平民化一點！」可是，這個問題也不應該是個問題，是妳想推廣的目標。妳的問題應該是說：「現在的記錄很費時」，但真正的問題是什麼，妳其實並沒有真正的說出來。（T-meeting，2003.1.2）

我的問題沒有真正說出來！但是，我卻認爲自己應該要做這種詳實又費時的紀錄，爲什麼呢？

玉玲：我覺得貼近課程很重要，雖然我不覺得評量一定要貼近課程才能看到孩子能力的進步，但是，如果就我們在做的表現評量來看的話，貼近課程的評量就可以說是因為老師的教學而使他（幼兒）變成這個樣子（進步）。可是，如果像我以前是他們帶回去跟家長做的，就要特別附註說這個東西也許不是他自己一個人完成的，是藉由家長，或者是哥哥、姐姐的力量來幫助他。但他在課程裡的表現，我們老師看到的是第一現場，那可是孩子的真實表現！（T-meeting，2003.1.2）

真實表現！我的問題是我要看到孩子的真實表現？

廖老師：你能不能很清楚的講出來妳的孩子學到哪些東西？

玉　玲：我的孩子學到哪些東西！要從向度來講呢？還是從課

程？

廖老師：看妳能不能講得出來呀！不要問我？

玉　玲：我覺得他們學會了自己解決問題、合作！

廖老師：只有這二個？

玉　玲：我覺得這是從學習態度來講。

廖老師：那知識、概念和技巧呢？

玉　玲：知識、概念、技巧！當然有！

廖老師：要很清楚的說、很安心的說，這就是妳的問題！

（T-meeting，2003.1.2）

這就是我的問題？不懂！這跟表現評量有什麼關係！

廖老師：說得出來妳的孩子如何進步、過程是怎麼樣，這些應該要說得出來才對！

玉　玲：就是從評量當中去驗證教學！……（T-meeting，2003.1.2）

從評量當中去驗證教學！我想，這個驚嘆號還是存在著的，因爲，我並沒有那麼的肯定！但是，自從這個結論形成之後，它就一直形影不離的成爲我此次行動研究的目的之一。而伴隨著它的另一個目的，就是要透過評量來展現幼兒的知能與成長，也就是要能記錄幼兒的成長軌跡。

參、述說搖擺之徑

一、擇心、意逕

這段研究之路，除了要能體驗評量的真意、感受什麼才是有分析的評量、什麼才是從評量當中看到孩子的進步，更爲了要挑戰自己「我也行」的可能，在外力的催化下，我選擇以協同行動研究的方式來了解「作品取樣系統」，並逕以「作品取樣系統」爲策略，從中驗證自己教學的成效。並期望能如行動研究的效能般，讓研究者在研究自己之後，透過反觀自照的省思過程，得以讓自己更有能力改善自己的專業實踐（蕭昭君，2002）。也因對自己有此增權賦能（enpower）的盼望，而在行動歷程中陷入重重混沌與泥淖、時而無法自拔的窘境。

二、逕之伴友

而腦海中的渾沌與心中自囚的窘境究竟爲何而來？是因爲「協同行動研究」的關係嗎？

學者 Johnston 在一九九四年指出，大多數的教育行動研究方案都受到外在的支持或經費補助，較少是教師自發性的組織與自我持續性的活動（引自陳惠邦，2003）。而我們全幼稚園這個試作「表現評量」的十八人團體，之所以會改而形成五人小組的「協同行動研究」小組，正是因爲教育部補助幼稚園行動研究的外力使然。它讓我們在爲試作的行動而行動之外，更納入研究的觀點，使之成爲有研究亦有行動的行動研究。更依「教育部鼓勵及補助幼稚園行動研究注意事項」中的規定，以「協同」[5]方式，企圖透過學習型組織[6]的對話來挖掘個人的後設行動後反思（reflection-on-action）。這個「協同」的五

---

[5]協同行動研究可以針對單一班級的問題，或者發生在許多不同班級之類似的問題進行研究。研究小組的人員可能是由二個人組成的，也可能包括數位教師、行政人員、大學教授或其他校外單位的人員，只是這些小組的人員，如同個別研究教師一樣，遵循相同的探究和反省的循環——計畫、行動、觀察和自我反省等活動（引自林素卿，2001）。夏林清（1997）則認為，所謂行動研究是指幾位老師在研究過程中，藉由分享經驗與討論成果來協同的推動研究之進行。

[6]學習型組織：國立政治大學李昌雄教授在二〇〇二年十一月針對現場教師所進行的一場行動研究研習當中提到，知識是企業（或個人）的重要資產，是可被加值和管理的，其中的關鍵在「學習」。而知識的追求或學習，則是一個「不斷臆測和駁斥」的過程；其重點在「主動建構和反思」，而非「被動吸收」。其中，主動建構和反思的這種程序或內隱的知識，則必須透過一個社會互動（建立在關係和互信的基礎上）、行動（做中學）後反思和知識創造的過程來獲得。

人小組包括我自己、我的同班搭檔，以及另外二名分別在不同班級的教師和師大的廖鳳瑞教授。而因「協同」所形成的對話，當然解開不少我們每一個人以「作品取樣系統」試作「表現評量」之技巧方面的困惑，但我腦海中的渾沌與心中自囚的窘境是因此困惑而來！不，應該是因爲我自己！

我陷入了協同行動研究的心靈深淵，開始感到對話的困難：

「究竟是否需要寫『活動』」，是我在這個行動研究裡要討論的嗎？如果不是的話，是什麼因素把我們研究的話題引到這裡了？如果是行動研究小組meeting帶來的話，那麼行動研究小組的meeting就喪失了它的功能（對我而言是如此）。因為，小組meeting的目的，是要讓自己對自己的問題焦點及解決策略更凝聚而不是擴散；是透過小組的對話來幫助小組成員凝聚共識，而非彼此批判。
（2003.2.20，T-meeting reflection）

對話困難的開始，就此泉湧而出，但我將之深埋，久久無法說出口，直到有一天：

要將這些感覺寫出來，其實是有很多擔心的……從決定我自己一個人做三位幼兒的作品集並一邊做教學紀錄開始，一直到現在約是二週的時間。在這二週當中，心中不時會出現惶然、退縮與無助的感覺，但當這些感覺湧現時，我總是一如往昔的陷在工作堆裡，無法真正很深刻的對它做細細的推敲，也讓自己因做不完的工作而刻意去迴避這種無援的感覺。但儘管如此，這種感覺一直埋在心中，它一點一點的、慢慢的侵蝕我，侵蝕我對這個研究的信心、侵蝕我對這個研究興趣、也慢慢的侵蝕我對這個 team 的信任，至此，一種無援的感受幾乎已完全占據心頭。

這種感覺是從何而來的？我想，都是我自己不聽話所造成的吧！誰叫我不遵循廖老師的指示，做個像樣的表現評量！……不做像樣的表現評量，是因為我對它的詮釋即是如此，我對它的認同度僅此；把作品集複雜化了（指脈絡），是因為我重視環境脈絡對孩子的影響，當脈絡交待清楚了，我們從作品集中所看到的孩子會更真實；……但我為什麼要放棄……老師從第一次的meeting當中，就說我真正想要探究的是教學，是嗎？不錯，教學是要探究，但如果真要說起的話，其實我們每一個人都應該是要從教學做起的，教學穩了評量才有基礎！而現在，我們似乎分得很清楚——「玉玲就是要做教學」，那我的初衷呢？我想要的評量呢？我不過是因為做了我想要詮釋的表現評量，但卻因跟作品取樣系統不符，而在這個team當中變成特例！如果，今天我是一個乖乖的學生，老師說怎麼做，我就依章法一步步做的話，應該就沒有這些問題了。但偏偏我是個喜歡做自己認為有意義的事的人，當別人強迫我做某事的時候，我會更不喜歡去做。但是，現在，這種喜不喜歡的感受已淪到最次要的感覺裡了，我只覺得無助的感覺充斥心頭。我很擔心，擔心我因堅持自己做作品集的做法，最後成果拿不出來時，會變成都是我自找的。（2003.3.22，省思）

自找！沒錯！就是我心中那股堅持引導我自找的行動之路。雖然這是個名之爲「協同」的行動研究、雖然在我們之間有無數次的對話，但是，陪我這一路走來的研究伴友，除了是「協同」小組的成員之外，最重要的，還是我心中的那股回音。

肆、述說混沌與體驗之回音

回音！是來自我的省思；省思！是因於我試作時的慌亂與惶恐。以下，將以「因爲被動，所以混沌」來說明我初試「作品取樣系統」時的慌亂；繼而以「因爲混沌，所以開始主動」來描述我逐漸掌握「作品取樣系統」模式的喜悅與覺察；再以「因爲主動，所以開始擺蕩」來陳述我自囚於心中對「作品取樣系統」評量模式所產生的種種掙扎；最後才以「因爲擺蕩，所以看到我的評量」來闡述符合我行動信念的「檔案評量」。

一、因為被動，所以混沌（2002.9～2002.11）

——混沌於初試「作品取樣系統」時的慌亂

就如其他所有進行「表現評量」的現場教師一樣，我也經歷過試作之初的摸索期（蕭玉佳，2001；陳姿蘭，2001）。在我以「作品取樣系統」施作「表現評量」一年的歷程當中，最慌亂、最不知所措的，就是二○○二年九月到十一月的這段時間，那時的我，幾乎完全依照《幼兒表現評量——作品取樣系統》內所介紹的方法與步驟，來進行作品集的蒐集與觀察。[7]也依前人的經驗[8]在頭上綁頭巾，以讓幼兒及家長清楚的知道老師正在進行觀察，所以「請勿打攪」的方式，試著讓初試「作品取樣系統」的我，在借鑑後可以進行順利些，但事情並非如想像般順利：

> 「觀察紀錄」每二週至少要觀察全班每位幼兒一次，但根本沒做到，因為，缺乏系統化的觀察，一開始雖然有規定哪一位老師要觀察

---

[7] 「表現評量」強調「觀察」是讓教師知道、並看見幼兒能力表現的方法，也是評量幼兒發展與成就的基準。所以，教師在此的工作，就是要在每日的教學過程當中觀察學生，並將觀察所得記錄下來，且教師至少每二週要觀察並記錄全班的每位幼兒一次，以做為每學期初、學期末，和學年末時勾選幼兒「發展檢核表」時的依據之一，並強調「發展檢核表」所羅列的「發展指引」內容是教師觀察幼兒表現時的標準參照（criteria-referenced），教師要運用這些內容確保自己觀察到幼兒所有層面的發展與成長。

[8] 在九十一學年度全園教師正式開始施作「作品取樣系統」前的那個暑假，廖鳳瑞教授為了要讓全園教師對「作品取樣系統」的做法有更深入的了解，於是邀請台北市龍安國小附幼彭老師來園分享她進行「作品取樣系統」的經驗。

哪些幼兒，但因為雜事多，無法全心觀察，再加上每週晨光時間只能進入教室三次，還得一邊陪孩子玩一邊記錄，因此記錄的有限。而且也無法很刻意的想觀察誰就觀察誰，因為這樣顯得很不自然，變成觀察重於教學。（2002.10.29，省思）

的確，幼稚園中的偶發事件太多、也都來得很突然，再加上教師初試「表現評量」，總想記錄到一些幼兒真有「表現」的軼事，因此，影響所及的，就是幼兒被觀察的量很不平均，二週下來，有人多、有人少，有人則是二週連一次也沒被觀察到。但卻也因此迫使我以「觀察監控表」（見本文附錄1）來對已被觀察過的幼兒畫記，並讓班上的每位教師人手一本觀察紀錄簿，以免發生教師要使用紀錄簿時而他人正在使用的困擾，如此，以確保每位幼兒至少在二週內都可以被老師觀察一次。而這個「作品監控表」也如它所被預期的功能般發揮效果，一直被延用至九十一學年度一月底，直到我對「作品取樣系統」已另有一番自己的想法之後，才被棄用。

而另一方面，雖慶幸「綜合報告」[9]是只在學期初、學期末，以及學年末時僅各做一次，而不需在此試作之初，連觀察都顧慮不及的狀況下即著手將之「打點」，但蒐集幼兒「作品集」[10]作品的工作，也著實加倍我手忙腳亂的

[9]教師綜合他們對兒童的知識、評判兒童的表現等級、簡短描述兒童的優點與待加強之處，這就是綜合報告（廖鳳瑞、陳姿蘭編譯，2002）。簡單說來，就是老師針對所蒐集到的幼兒作品與觀察紀錄，對幼各領域的能力予以分析。在研究過程中因混用「綜合報告」與「分析」一詞，因此在歷程中將二者誤解，以為是二種不同的東西，直到學期末（第二次綜合報告）分析完成後，才了解二者是相同的東西，也才開始對「綜合報告」做較深入的探究。

[10]「作品集」是一個有結構、有組織的蒐集幼兒作品的方法，其首要目的，就是提供有關幼兒思考與學習的質性資料（廖鳳瑞、陳姿蘭編譯，2002）。是由「個人項目」和「核心項目」所架構而成。「個人項目」指的是有補捉到幼兒個別學習狀況的作品，以及能展現幼兒如何統整各領域之學習的作品；「核心項目」指的是足以代表幼兒在語言與文學、數學思考、科學思考、社會文化、藝術五個領域之學習狀況的作品。二者最大的差異，就在於「個人項目」不需依領域來蒐集作品，「核心項目」需依照領域來蒐集作品；「個人項目」所蒐集的是幼兒有特殊或突出表現的作品，「核心項目」所蒐集的是幼兒一般表現、但能看出幼兒在各領域逐漸進步的作品。

程度。我分別依照「作品集」當中「個人項目」和「核心項目」的定義和蒐集步驟設計單張作品的紀錄表格（見本文附錄 2）進行作品蒐集，一方面爲「發展檢核表」做準備，而隨時觀察、記錄幼兒的學習狀況，當然，我也考量到自己能力有限，因此，依照廖鳳瑞教授的建議，以及借鑑 San Antonio College Children Develop Center[11]實行三年「檔案評量」的經驗，先由一個領域開始著手，且選擇了自認爲較是專長的「語言與文學」領域開始進行。然而，初試的領域爲專長與否，對我而言幾乎跟施作「作品取樣系統」互不相關，我所有表現出的作爲，完完全全就是個新手的模樣。除了跟「觀察」一樣，也有難以控制自己不去注意「表現」特別之幼兒的狀況，深究下來，這同樣也是犯了「爲即時擭取幼兒的『表現』而去蒐集作品」的錯誤，因此，就如同「觀察監控表」一樣，延伸一個記錄全班幼兒作品蒐集量的「全班幼兒作品紀錄表」（見本文附錄 3），以掌握全班幼兒作品的蒐集量。但真正的問題並不在於這些蒐集技巧或策略的應用，而是我在蒐集幼兒的「表現」時，往往都將幼兒究竟是如何有此表現、此表現的特色爲何、是在什麼樣的情境下表現出、是獨自一人或因有他人協助或因模仿而表現的過程等，記錄的過於詳細。但是，當我如此詳細的進行我對作品的蒐集時，我並未知覺自己記錄的過於詳細，反而因爲可以從這些詳細的資料當中看出幼兒真實的能力而欣悅，但同時也感覺這種詳細的作品蒐集方式讓我非常忙碌。而這個有關記錄詳細而使自己感到忙碌的問題，則在廖鳳瑞教授的勸說下，將蒐集的作品內容簡化，以減輕教學兼負評量的負擔，卻也引發我開始思考，我爲什麼會如此重視幼兒學習歷程及其情境脈絡的原因，我開始進入批判反省（practical reflection）[12]

---

[11]San Antonio College Children Develop Center 為美國一大學所附設的兒童發展中心，該中心自一九九五年起開始使用「檔案評量」，並發現在初試「檔案評量」之際，最好先從一個至二個領域開始著手，再逐步推廣到其他領域（陳姿蘭，2001）。

[12]Van Manen 在一九八八年認為反省分為技術、實務、和批判等三種層次的反省，其中批判反省（critical reflection）是對於「為什麼（Why to）」層面問題的反省（引自林素卿，2001）。

的階段進行對話：

我告訴自己：

作品（work）評量是一種長期性的蒐集幼兒所表現的作品（work），然後就其作品去分析幼兒進步的情形。因此，一開始時需了解幼兒目前的能力，所以，期初時對作品（work）和 process 的記錄是很重要的，因為只有老師對幼兒 work 的脈絡了解之後，才有辦法去評估孩子現階段的能力為何，而此時期所蒐集到的 work 和 process 的紀錄，則是老師對孩子現階段能力下結論的證據與依據。（2002.11.21，省思）

但是，我不確定自己這樣的想法究否正確，我開始尋求外援，盼能獲得支持我的力量：

玉　玲：老師，妳覺得我的問題跟我一直很執著著要把孩子的歷程記錄下來有沒有關係？

廖老師：那就是我要問妳，妳為什麼很執著要把孩子的歷程記錄下來？

玉　玲：因為，我覺得說，如果只有看他的作品，而沒有去看當初為什麼會把這個作出來的原因，我覺得這看到的只是一個結果。

廖老師：我覺得這是二個不同的問題，第一個問題是「妳想了解孩子到底學到什麼！」學到些什麼是成果。妳現在想看的是孩子學習的歷程，妳的另一個問題是「妳不滿意成果，妳想了解！」但是，這就要去追，妳為什麼要了解歷程，即使是建構主義者他也有理由去說他為什麼要看歷程。（2003.12.11，T-meeting）

爲什麼要看歷程呢？是教學！我愈來愈不清楚了。

評量與教學間的關係似乎已隱約透露，但這個混沌的體驗期，終究是在試作「作品取樣系統」的手忙腳亂當中摸索過去，因此，也就沒有深刻的知覺到這一點，事實上，就連在十一月中針對期初所蒐集到之資料撰寫的期初「綜合報告」，也因仿做前人的做法而不得要領。但儘管是個混沌不清的體驗，終是在摸索的混沌歷程當中，讓我透過工具理性（technival rationality）思考，尋找到有效監控全班幼兒觀察量與作品量的方式，以及思考到一些有關作品集紀錄表的相關問題。但是，混沌的體驗不過是觸動我反思（reflection）的開始，在混沌之後，化被動為主動的經驗，才是深度省思的起點。

二、因為混沌，所以開始主動（2002.11～2003.1）

——主動於掌握與覺察「作品取樣系統」的模式

為了平衡全班幼兒被觀察的次數以及作品量，所衍生的「觀察監控表」（見本文附錄1）和「全班幼兒作品紀錄表」（見本文附錄3）確實發揮功能，而其他有關讓幼兒挑選作品，以及作品集分析等做法，也都因為歷經一開始時的仿做與摸索歷程，進而漸次步入「工作取樣系統」的模式當中趨於穩定。

> 我們[13]開始分配觀察記錄人數（每人每二週十人），每位幼兒每個月二篇紀錄；開始有系統化蒐集孩子的作品：立體工——當天拍照即歸檔註解、平面工——註解歸檔（這些都是放在L夾之後，由家長協助放入每位幼兒的檔案內，並在檔案封皮後標記作品的日期）；也開始每二週讓幼兒選二張最滿意的作品。（2002.11.2，省思）

而「觀察監控表」和「全班幼兒作品紀錄表」因為是為了平均全班幼兒

[13] 「我們」指的是我和我的同班教師。在進行本研究的歷程中，我的同班教師亦為協同行動研究者之一，雖然我們彼此以「作品取樣系統」進行評量的動機和目的皆不同，但此歷程之初，在實作「作品取樣系統」的方法上是相輔相成、協同進行的，但到歷程之中、末，則因彼此研究焦點不同，而有各自的不同做法，但彼此的做法仍是相互公開的。

被觀察的次數及作品量，所以，只要每當觀察或收錄幼兒的作品之後就給與畫記，它該有的監控功能隨即發揮。也因此，一開始以「作品取樣系統」來試作「表現評量」的混沌不安漸次消失，又因以「語言與文學」單一領域進行「作品集」蒐集與記錄的表格趨於穩定（見本文附錄 4），因此，我不再感到「作品取樣系統」是我無法掌控評量方式，而可以依每天應該要蒐集到的作品量來蒐集幼兒的作品，依每天應該要觀察的幼量進行觀察，也可以依「作品取樣系統」的步驟來讓幼兒挑選作品，甚至有了學年初第一次分析「作品集」的經驗，並將指標要項定義清楚之後（見本文附錄 5），就能即早規畫分析進度並依照進度時程進行期末的作品分析。[14]但是，就在當我開始步入「作品取樣系統」做法的軌道時，反而讓我開始在這個規律的軌道上有反觀「作品取樣系統」的機會，就如成虹飛（2001）提到行動研究裡「看」的關係層次之一：「研究者怎麼看與被看」的觀點一樣，我開始看我自己！而這正是我在試作「作品取樣系統」的混沌之後，開始主動逐漸以反映理性（reflection rational）方式省思「作品取樣系統」起點：

2002.12.19

今天發生在煒煒和我之間的對話，令我後來思考了許久。

一開始，他很高興的拿著他做的螞蟻給我看：

煒煒：你看！（他把剛剛才完成的螞蟻舉得高高的給我看）

老師：喔！這是什麼？

煒煒：這是我做的螞蟻呀！這個是觸鬚呦！（他指著二根螞

2002.12.23，省思 2002.12.19

看完這段對話，才發現原來自己對孩子的反應還蠻遲頓的。

但是，我為什麼會這樣呢？

是不是因為太再意孩子學的、或做得正不正確，而且

[14]今天分析一天下來，發現這樣定了之後再來分析時，會比較容易上手。因為，我可以依據指標上所定的項目一五一十的來敘寫，感覺上比較踏實，而且分析的速度也加快了。(2003. 1. 13，省思)終於如期在星期四的時候將所有幼兒的檔案發回去。這回，我只花了八個工作天就把檔案分析 ok……。(2003. 1. 18，省思)(詳見本文附錄 5)**進行學期末的綜合報告時，因同班教師請三週婚假，因此，獨自一人八天完成二十七本綜合報告撰寫的效率，與第一次進行期初綜合報告的效率相較，此回確實迅速許多。**

蟻頭上長長的牙籤）

老師：喔！是觸鬚唷！誒！你的螞蟻少一根牙齒耶？趕快再給他做一根牙齒！

煒煒：……（沒說什麼就轉頭走開了）

一會兒之後，煒煒又來說：

煒煒：白老師你看！（他把剛畫好的頭套圖拿給我看）

老師：喔！這是什麼？

煒煒：這個是螞蟻的窩，這二個都是國王媽媽，這是她們生的蛋！

老師：喔！是蟻后媽媽生的蛋喔！

煒煒：對啊！

老師：那你螞蟻的牙齒做好了沒有？

煒煒：（還是沒說什麼就轉頭走開繼續畫圖）

一會兒之後，煒煒又來了：

煒煒：老師你幫我把這個黏起來。（他指的是要把頭套做成一個環）

老師：好啊！

老師：你怎麼還沒幫你的螞蟻做牙齒啊！就是螞蟻前面那二個尖尖的啊！

煒煒：……（不回答老師，像是沒聽到似的）

老師：煒煒，你這前面尖尖的這個到底是什麼？（指老師先前說的螞蟻牙齒）

煒煒：那是螞蟻的鼻子啊！

天啊！到這裡我才知道，原來我一直誤爲應該是牙齒、且是少了一根的牙齒，原來在煒煒的眼裡是螞蟻的鼻子。這個大大的誤解，讓老師思考到，光從孩子的作品是無法真正看出孩子的學習成果。如果，老師以自己的想法來看待孩子的作品，可能就會依照孩子作品外表所呈現的認知表徵，來對這個孩子的學習下結論，若就今天這個事件而言，老師也許就會認爲煒煒對螞蟻的認知就是有誤的；但老師如能深入孩子的想法，依照孩子的觀點來看待他們自己的作品，那麼

是以老師的眼光來看，而不是以幼兒的眼光來看。

老師應該以什麼樣的眼光來看孩子的作品？應該是用孩子的眼光吧！因為他才是作品的創作者，只有孩子才能賦予作品最眞切的意涵。

如果是這樣的話，老師該如何了解孩子作品的眞意呢？可能要問問孩子，讓孩子有機會說出、或發表出他的作品（這句話我不是常跟實習生講嗎！不過狀況有點不一樣，她們是在分享時幫孩子介紹作品，我是在工作過程中，直接對幼兒的作品賦予意義）。

問孩子他做的作品是什麼東西有效嗎？可能有吧！因為孩子會描述出來啊！

可是，問的動作我不是在孩子挑選作品的時候就問了嗎？沒錯！但不一樣，因為挑選作品時，若幼兒沒挑到某特定的一張，那麼，也許老師就誤解了他那一張作品的意涵。看樣子，這張應該是老師挑選的作品才對。所以，若要不誤解幼兒作品的意涵，就可以在老師

我們所看到的將不僅是作品外在呈現的認知表徵，更看到孩子心中對作品的註解，並可聯結二者（認知表徵、作品註解）來對孩子的認知及製作作品的能力下結論。我想，這會是一個比較客觀、且也較能捕捉到孩子真實能力的觀察方式。	挑選的作品中再問幼兒：你做的是什麼？ **但這樣的想法似乎又有點不太對，這個步驟感覺有點煩瑣。**

這個對幼兒挑選作品意涵的省思，是我第一次開始跳脫仿做「作品取樣系統」的思考，而以較深入的方式看我所進行的評量，但這一「看」之後，卻像點燃引線般，持續延燒而下。我開始對這些「作品取樣系統」應該要有的做法，以及我爲何固執的要以詳實的記錄方式來記錄幼兒作品，產生愈來愈多的質疑：

幼兒挑選作品時問話的必要性是一例：

> 每次讓幼兒挑選作品問他們：為什麼喜歡這一張時，都覺得多數的孩子都是只是挑選靠自己比較近的，或是選顏色比較鮮豔、但線條又不比其他作品豐富的，或是隨隨便便點一張而已，且多數的孩子也都說不清自己為什麼要選該作品，他們的回答通常都是：不知道、因為漂亮、因為我喜歡畫畫（如果他選的那幅作品是摺紙的話，他會說：因為我喜歡摺紙）等。很少有孩子會真的認真的去挑選作品……，如果讓幼兒挑選作品只是為了要符合作品取樣系統「幼兒參與」的理念，那麼，在幼兒根本說、理不清狀況的情形下，我會質疑讓幼兒挑選作品是否真的有存在的必要？（2003.1.10，省思）

然而，寫「綜合報告」時是否一定得註明「發展中」、「已發展」或「尚待加強」，又是我對「作品取樣系統」產生質疑的另外一例：

> 當家長看到自己的孩子是在「發展中」時，他們並不明白原因，因為，我心中的尺只有我自己知道，家長並不知道，他們只會對孩子

為什麼是在「發展中」感到莫名其妙。（2003.1.10，省思）

玉　玲：我發現在期初就表現好的孩子，在期末的進步就不是很明顯耶！

廖老師：發展還是會有些侷限、會限制孩子，妳是不是這個意思？

玉　玲：對！（2003.1.10，T-meeting）

甚至，對「綜合報告」個人項目的撰寫，以及是否需要撰寫也是一例：

對某些幼兒而言，我可以肯定的說出他／她在哪方面的個別表現特別好，但有些幼兒的表現，仍讓我無法有這樣的感受：因為就作品取樣系統對幼兒個人項目所定義的特徵而言，個人項目要能反映個人特殊的興趣才能、展現個人的學習方式、記錄個人的重要成就，或需能顯示統整的知能四項特徵（廖鳳瑞、陳姿蘭編譯，2002）。而對某些幼兒而言，尤其是平常較內向、較靜的孩子，當他在教室中出現如個人項目的特徵表現時，老師很容易就可以覺察到，所以，自然而然的就會馬上把它蒐集下來；但對平常就表現的很突出的幼兒來說，要發現他們的個人項目就比較困難，因為他們的表現在各方面都差不多好，也因此在分析他們的作品時，只能從老師所蒐集到的各類作品中，如美勞、語言、精細動作等方面的表現，看出他表現的比較穩定的那一方面做為他的個人項目。（2003.1.18）

但這種對「綜合報告」個人項目撰寫的疑問可能因為個人項目的四個特徵尚未內化到教師實施工作取樣系統的評量技巧當中，所以，在蒐集資料時並沒有時時刻刻提醒自己依這四個特點來蒐集幼兒的作品。因此，下學期在觀察孩子的個人項目時，需時時提醒自己這四點，以免對平常就表現很好的或特別靜的孩子，無法發現他們的個人項目。如果有確實依此四個特性來蒐集孩子個人項目的話，屆分析時應該就可以很容易的看出每一位孩子項目方面的表現。（2003.1.23，省思 2003.1.22）

這個學期末即存在心中的問題，一直留置到學年末再次面臨撰寫「綜合報告」的時間時，才又再度予以思考：

玉玲：老師，因為我最近開始準備寫學年末「綜合報告」，所以拿出了您先前 fax 給我，而我一直都沒空看的綜合報告範例（原文資料）來看，看了之後產生一些疑問，多是跟我此次做學年末分析有關，我想，我可能需要先把我的這些疑問澄清之後才有可能做好我的「綜合報告」，我把問題寫在省思裡了，請老師有空時為我解答！（2003.6.15，e-mail）

以前在行動小組的 meeting 中曾表示，寫分析時要寫「總評」會覺得不知從何寫起，總覺得不管怎麼寫，總評的內容會跟單張作品集的註解，或是每一個領域中所分析的內容重複，雖然，我在四月份期末的那次分析當中，因加入較多孩子個人風格（氣質）的描述，而讓我有覺得好像比較容易下筆的感受，但如果當初我沒在總評中加入一些幼兒個人工作風格的描述，那麼，我那種寫總評時會有「重複書寫」的感受還是存在著的。但這次翻書以及老師 fax 給我的綜合報告當中並沒有所謂「總評」一欄！但彭老師模式的分析則有！為什麼？「總評」是當初彭老師在施做時認為需要才加進去的嗎？如果是的話，又是什麼樣的因素讓她認為需要？而如果「總評」是原本工作取樣系統當中即存在著的？那麼，它的表格是像彭老師模式一樣接在綜合報告之後嗎？或是它有另外的表格？而原著的「總評」又是如何書寫的？

可不可以請老師也 fax 一張讓我參考？

另一個問題是，綜合報告裡也沒有「個人項目」這欄，而我對它的想法跟上述「總評」是一樣的，差別的是工作取樣系統明確指出作品集應包含二種項目:一是核心項目（core items）、一是個人項目（individualized）（廖鳳瑞、陳姿蘭編譯，2002），但在作品集之後的綜合報告（分析）當中，並沒有看到原著對個人項目的報告（分析），而彭老師模式則有。也就是說，「個人項目」是工作取樣系統陳述做法的一部分，但「總評」沒有；而「個人項目的報告和總評」在綜合報告當中都見到，但彭老師模式裡有！（2003.6.15，省思）

廖老師：在作品取樣系統的綜合報告中，並未特別區分個人項目或是核心項目，也未區分檢核表或是作品集，才謂之為「綜合」報告……（2003.6.17，e-mail）

因此，我重新修正了「綜合報告」撰寫的格式（見本文附錄6），並不再感受到先前撰寫時「重複書寫」的困擾。當然，除了這些幼兒挑選作品時對話的必要，是否一定得勾選「發展中」、「已發展」或「尙待加強」，以及「綜合報告」撰寫或對幼兒檔案之重要性的質疑（見本文附錄7）之外，更多的質疑是來自教學與評量之間的交互作用，而這些質疑，正是來自於主動之後的擺蕩。

三、因為主動，所以開始擺蕩（2003.1～2003.4）

——擺蕩於對「作品取樣系統」模式與教學相關的掙扎

有了施作「表現評量」的行動之後，似乎註定對「作品取樣系統」的做法愈來愈清析，但對於「爲什麼要這麼做」的理由則逐漸模糊。我想，這是因爲有了「認識」（know）而有「認知」（cognition）吧！

我開始一點一滴的知覺到我爲什麼在蒐集幼兒的作品時，那麼執著要將幼兒完成作品的脈絡記錄下來，就如同我對煒煒做螞蟻頭套所做的紀錄可以看到煒煒主動的創作出一個不同於他人的美勞作品，也看出他個自對螞蟻詮釋出的不同概念，而這就是我在蒐集幼兒作品時，強調應該將事件發生經過做簡要紀錄的原因。因爲可以從事件脈絡的紀錄當中，更深入的看到幼兒學習上主動與被動的反應、創意的原由，以及幼兒的作品受到教師教學或同儕影響的多寡，甚至可以反映出幼兒過去的經驗。而更重要的是，這樣的紀錄與顯現所反映出來的才是幼兒的真實能力，也就是「表現評量」甚爲重視的三個評量層面：高真實（authenticity）、高表現（performence）、高課程相關（alignment with curriculum）。[15]當我自認爲自己是依此三個原則進行評量，並提供文字將幼兒「表現」的情境記錄下來，感受這種評量方式帶給我的驚喜與發現的同時，卻發現「表現評量」的理論當中雖提到情境認知（situated cognition）的觀點及重要性，甚至「作品取樣系統」的推廣者 Meisels 在一九九五年將類似「圈選出正確昆蟲圖案」的評量，稱之爲「無記錄的評量」（assessment without documentation），並強調「評量兒童時如果沒有提供描述性的資料記載，就是盲目的評量，而紀錄中沒有包含情境（context）的描述很可能就有誤導情況產生」之說法的同時；也發現《幼兒表現評量——作品取樣系統》一書中所提供的範例，以及前人以「作品取樣系統」試作「表現評量」的做法當中，卻未見有「情境紀錄」的跡象。這個跡象重重挑起了我對以「表現評量」來做「檔案評量」的質疑，且不但如此，反而我重視情境紀錄的作品蒐集方式，卻反倒被認爲「**因為你要做的是教學、不是評量！**」而使我內心的衝突頓時湧起，宛如波濤般重重掀起，又再狠狠落下。我開始不斷問自己、懷疑自己；

---

[15]表現評量的三個重要層面是高真實、高表現、高課程相關。高真實是指以與幼兒真實生活相關的活動來評量幼兒；高表現是幼兒主動建構答案的程度；高課程相關指的則是評量內容與教學內容一致的程度。

問別人、問別人怎麼看我自己；問自己怎麼看我的評量、怎麼看我的教學！一連串的問號，讓我深陷在評量與教學的迷霧當中。

> 廖教授：「我覺得妳的關注點是怎麼樣能很安心的說服別人跟自己，以及孩子在妳的教學下學到什麼東西？要驗證這點很重要的方式之一就是記錄，記錄就是評量。」……可是，除了蒐集幼兒「表現評量」的作品外（這是一種記錄），我還應該要記錄些什麼?(2003. 1. 27)
>
> ……我想，除了要記錄幼兒為何想要發現什麼、想要了解什麼之外，對於他們發起的活動，及其他們在該活動中的發現，老師也應該要去記錄。因為，這樣可以記錄到幼兒習得知識、發現問題，組織問題，以及解決問題等歷程，而這當中，孩子形成的這個問題的深度、發現及組織問題的脈絡、解決問題的歷程時所形成的策略或合作學習的狀況，也許可以用來說明孩子教學當中所得到的究竟是什麼，並做為證明。（2003. 1. 29，省思 2003. 1. 27）

但是，倘真依此去記錄的話，豈不等於進行課程的記錄，而非進行幼兒表現評量！我不清楚自己究竟是在做教學還是在做評量的探究，但我清楚意識到「教學」與「評量」對我而言似乎都很重要，於是，我開始在「評量」的研究日誌當加入「教學」的省思與記錄，也自然而然的被動接受

> 「評量」對我在這個行動研究中具有的二個不同意義：一是透過「評量」來記錄幼兒成長的歷程與軌跡；二是透過評量來驗證我教學的成效。（2003. 3. 2）

因此，我將試作「作品取樣系統」的「語言與文學」單一領域，擴增到「數學思考」、「科學思考」、「藝術」、「個人與社會」五個領域，以便

全面看到我自己的教學，也全面看到幼兒在學習當中的「表現」。[16]

我會以工作取樣的方式做三位幼兒在個人與社會發展、藝術、語言與文學、數學思考跟科學思考五個領域的作品集。雖然廖老師建議我只要做一個或二個領域就好，但我認為還是要五個領域都做，原因是：

一、我的研究目的之一是要記錄孩子的成長，而孩子的成長絕對不會只朝單一方向發展，而是多個領域同時進行，因此，若要能夠記錄到孩子成長的軌跡，那當然就要五個領域的表現都蒐集。

二、我的研究目的是要看看我的教學究竟帶給孩子什麼，雖然，我一直強調我的教學可以帶給孩子問題解決與合作學習的能力，但就如我在二〇〇三年一月的省思中提及的一般，因為問題解決跟合作學習並非一般教學都可以給與孩子的，而知識概念、技巧是較一般性的，但這並不表示我的教學就只能給孩子合作學習跟問題解決的能

---

[16]研究行動至此，我和我同班教師在行動目的上已明顯不同，且兩人對「作品取樣系統」的做法也不一樣，但我們仍會就「作品取樣系統」的問題相互討論，例如：

同班師：核心項目蒐集的作品必須是和課程高相關嗎？

玉　玲：當然呀！

同班師：那如果孩子在其他方面有和符號相關的表現，如×××上週就獨自用積木拼出了數字和自己的號碼，難到不能收錄到核心項目嗎？

玉　玲：我覺得那不是核心項目？

同班師：那要算是個人項目嗎？

玉　玲：我也不覺得可以放在個人項目，因為那不是她的最佳能力……，那充其量也只能算她的數學能力，但因為我們沒有作數學這一項，所以如果是我，我不會收。因為如果連這個都收的話，可能會跟我們之前的一樣雜，什麼都收。

同班師：這樣是為了一方面也能反映教學嗎？

玉　玲：不是，那不一樣。

這段對話的產生，是基於我的同班教師能依循「作品取樣系統」的做法而看到孩子全面性的發展，因此，奉該系統的做法執行評量對她而言甚為重要，對我則未必。惟行動至此，我行動中的部分作為，則衍生為大夥兒於一月份的meeting中談到教學而做辯證的行動。

力，知識概念技巧也都有。所以，我應該也得五個領域都做，這樣才能看看我的教學究竟帶給孩子什麼。如果，到最後的結果是我只側重問題解決跟合作學習而忽略了其他，或是並非我所想的有合作學習跟問題解決的話，那麼，我才能回過頭來檢視我自己的教學，看看其中的得失。這不也正是教師行動研究的最終目的嗎？

（2003.3.6，T-meeting reflection）

是的，「教學」與「評量」同時成爲我此次行動研究的重點，我在二者之間徘徊擺蕩，一會兒要記錄教學，一會兒又要進行評量，弄得自己千頭萬緒、忙亂不堪。但重要的是這段心態與歷程的轉移，帶領我跨出「作品取樣系統」的迷思，得以反覆思索「作品取樣系統」及「光譜計畫」對我個人內在對泛文化理論（universal theory）及非泛文化理論（nouniversal theory）之信念的省思（見本文附錄8），刹時間，我沉迷於「作品取樣系統」與「光譜計畫」（Project Spectrum）之間的對話。我一方面認同 Vygosky 以及 Brunner 以文化觀爲基礎的非泛文化理論（nonuniversal theory），一方面又施行著以泛文化理論（universal theory）爲要的「作品取樣系統」，另一方面又沙盤推演著當我以「光譜計畫」進行評量時，會是何等狀況。

這段分不清是屬於工具理性亦或是情感理性的省思，也分不清是行動中省思、行動後省思，還是反映行動省思的省思，深深啓發我窺見自己爲何如此重視幼兒學習歷程及其情境脈絡的原因、並埋下我轉戰教學與評量探究的伏筆，使我得有機會搜尋個人的內隱知識（tacit knowledge）；也讓我思考到，如果我只是仿做「作品取樣系統」，而沒有反省、思考，並反映自己的信念，那麼，我所做的「表現評量」不過就是一種西方學術的殖民。但我所要尋求的是屬於自己的知識，一種契合自身信念與適用方式，甚是可適用於本土的評量模式。而這一切，則歸功於主動後的擺蕩，以及擺蕩後所看到的評量。

四、因為擺盪，所以看到評量（2003.1～2003.6）
——看到符合我行動信念的「檔案評量」

經由「作品取樣系統」的行動歷程，激起我個人對教學與評量之間該是緊扣不離的想法。這樣的想法雖早已是教科文中原本即傳達的意念，但卻是此時此刻才真正在我的信念當中紮根。也因此，我在試做「表現評量」的歷程當中，逐一將其修正成適用於自身的模式，並使其定義與自身的信念產生關聯，衍生出我個人對以「作品取樣系統」來施作「表現評量」的幾項另類做法。

例如，為了能詳實勾選「發展檢核表」所做的觀察紀錄，

> ……似乎沒有存在的必要（2003.1.10）

> ……我看到了，然後我記住了算不算？（2003.3.11，省思）

> 而且，如果把這少數的時間拿來做紀錄而不在一旁輔導孩子，跟他們一起互動的話，那真是有失我當一位教師的職責。（2003.3.7，省思）

> 另外，在「作品集」方面，雖依「工作取樣系統」的做法是在每學期初、學期末和學年末在核心項目挑選一張可代表幼兒在這段期間內的最佳表現的作品。但我認為這樣的做法並不足以滿足我想要以「評量」來記錄幼兒成長的歷程與軌跡的目的，我認為只要是孩子的作品和表現，而這件作品和表現是有意義的，就應該要留下來。（2003.3.2）

再者，雖說「讓幼兒挑選作品的任務」則是基於「作品取樣系統」要求「幼兒參與」的原則而來，但依我讓幼兒挑選作品時多數幼兒隨意挑選、漫

不經心的態度，以及我因此而記錄幼兒挑選作品方式的結果顯示，[17]都讓我偏向認爲學齡前幼兒因後設認知發展未臻成熟，而多無法對自己何以選擇某一作品的理由多做解釋，也因此而認爲「讓幼兒自己挑選作品」的步驟應該省略，以減輕質性評量帶給教師的負擔，讓教學任務的重點回歸教學。諸此種種，即爲我試作「作品取樣系統」之後，對它所衍生出的幾種不同做法！就如同我心中回音所吶喊的一樣：

> 我為什麼一定要用作品取樣系統的東西！
>
> （2003.1.10，T-meeting）

沒錯，就如同我最後將「作品取樣系統」整個所做的改變一樣，爲什麼非得要依照「作品取樣系統」的方法來做呢！這個過去的想法雖至此時才有知覺，但卻讓所有的問題都回歸到原點：由一開始只是以「作品取樣系統」

---

[17] 「作品取樣系統」中「讓幼兒挑選作品」的意義，是讓幼童在建構答案或創作作品後，自己選擇「最佳的」或「最特別的」、「學得最多的」、「進步最多」的答案或作品，並說明為什麼之後，以了解自己還有什麼可以加強，並據以建構出自己未來的學習目標。這樣的評量方式重在讓學生也能掌握評量的主導權，從中引發學習的興趣與方向。而 Smith 在一九九五年則指出，在挑選作品的過程當中，孩子會欣賞自己獨立完成的作品及成就，也會注意到做起來很難的作品，不一定是做得最好的作品；且教師在讓幼兒挑選作品的過程中，提供愈多讓幼兒分享、選擇作品的機會，幼兒就愈能做出有意義的反省（陳姿蘭，2001）。但這些讓幼兒挑選作品的意義，我卻無法在實做的過程中感受到，因此，在幼兒每次挑選作品時，即依幼兒挑選作品當下的態度，分別依照「挑選最靠近自己的那一張作品」、「挑選老師最後陳列出的那一張作品」、「隨意挑選中間位置的作品」、「挑選前會快速看看每一張作品」、「挑選前會仔細看看、想想每一張作品」、「挑選顏色最鮮艷的那一張」五種類別將幼兒當下的態度予以歸類（可複選）。結果顯示，「挑選前會快速看看每一張作品」最多，其次是「隨意挑選中間位置的作品」，而以「挑選最靠近自己的那一張作品」和「挑選前會仔細看看、想想每一張作品」最少。我也謄寫幼兒挑選作品時，對「為什麼要選這一張」的理由做比較，結果發現，當老師對幼兒回答「為什麼要選這一張」的理由予以追問時，幼兒會再做進一步的簡短回應，例如:「因為有紅色」、「因為有雪」，有些幼兒則會多做一些描述，例如:「我喜歡……」，但多數幼兒則是回答「不知道」。因此我認為，多數學齡前幼兒可能因後設認知能力未臻成熟，而無法賦予「挑選作品」如 Smith 等人研究中所得到的相同意義，或就算可較詳細說出原委的幼兒也有可能是受到教師追問或多次練習的效應所影響，因此建議工作取樣系統可免除此步驟。

重新體驗「檔案評量」的起點來看，「作品取樣系統」的這個施做「系統」，也許僅適合將目標設定在以作品取樣之方式來進行「表現評量」的教師，那麼，這個系統就會如工具理性立論的假設之一一樣，就是實務的問題可以具有通用的解決之道（夏林清，1997），而讓以此法試作的教師都得心應手；但若以我想到達到評量與教學相互呼應的目標來看，那麼，「作品取樣系統」未必是一定是得照單全收的評量模式，而應該要更凸顯「認知情境」的意涵、更加強調「高課程相關」的定義與落實；且若再以我試作「作品取樣系統」之初，心中所隱藏的**「怎樣讓它更輕鬆、更簡單、更平民化一點」**的企圖來看的話，那麼，「作品取樣系統」的模式，顯然就會因它內含的三大系統與既定流程過於複雜而非爲適用的方法。

那麼，教學呢？協同行動研究小組的成員們都因我重視幼兒學習情境紀錄之因素，而認爲我此次研究的要點在於驗證教學，而我也埋藏心中對此存疑的驚嘆號，而似是而非的認爲自己真正想要行動的是透過評量來驗證教學的「教學」呢？它憑空自我心中消失了嗎？不！它不是！它是在我轉戰教學探究的歷程當中，逐一被拭去！我回頭檢視這一路走來的變化：

一開始，雖然協同研究小組的成員都因我重視幼兒學習脈絡的原因，而認爲我要做的是從評量當中去驗證教學，我也好像認爲自己要做的是從評量當中去驗證教學，但我仍堅持：

> 如果，一天的教學活動是有目的、有意義、有連貫性，且是在主題範疇中的，那麼，還有需要做事前的課程活動計畫嗎？我不認為我需要。（2003.2.26）

而且，我甚至不清楚自己究竟要從教學當中去驗證孩子什麼樣的能力，儘管：

教學資料我已比較清楚我該蒐集些什麼，但我會擔心，就算蒐集到這些資料，我該如何從這些資料去驗證孩子的能力呢！因為能力是表現出來的，它是心理運作後再表徵而出，因此，很難從看得見的作品當中去發現。（2003.3.3）

感覺上，似乎就只因我重視幼兒學習的脈絡，「驗證教學」四個字就像是被激出來似的一直跟著我，但我並不真的清楚自己究竟要驗證些什麼！是驗證我的教學能夠帶給孩子什麼樣的學習？或什麼樣的能力？或我的教學究竟是好是壞？但是，回頭再看：

為什麼我會這麼重視孩子表現當下脈絡的記錄？因為，我認為，要把脈絡交待清楚，才能記錄到孩子的真實能力！舉班上的孩子婕婕來說明好了，記得上學期末一次班上的戲劇表演活動中，她在老師的指派以及糖果的誘導下，在全班小朋友的面前勇敢的站出來飾演一個角色，她出來的時候一句話也沒說，但在全班哄堂大笑的時候，她也會跟著靦腆的笑。對她害羞不愛表現、發言的個性而言，那次的表現算是非常突出的！而在這學期當中，她從開學到最近一直都未出現「驚人」的表現，但在二天前的分組活動當中，她選擇了娃娃家，一開始的時候，她只是站在一旁看別人搗植物，因為班上的缽不夠了，所以我問她：那我們先來做樹葉配對好不好？她點點頭。但過了一會兒，她配對的差不多了，也停下的手邊的工作，站著看小頡搗植物，我看到了就說：婕婕，你要不要先把樹葉收起來。她很聽話的收了起來，然後，就又繼續站在旁邊看，我見到了說：婕婕，你可以跟她一起玩呀！然後，婕婕就從旁觀者的角色，慢慢的從幫小頡拿樹葉放到砵裡，再到伸手拿砵，然後跟小頡聊起天，二人一搭一唱開始合作起來。在這個例子當中，我看到了婕婕在什麼樣的狀況下才會真實的釋放自己，而非只就她所表現出來的行為說：她可以大方的在團體當中做肢體表演，或是在分組活動中和同學合作，發表自己的想法！她並不真的完全是這樣，她是在有條件的狀況下，才會做出這些不同於平常沉靜的表現，……我想，當初之所以堅持記錄脈絡的重要，就在於這裡，我相信，我這樣的做法應該更符合作品取樣系統中高真實與高表現的精神。也就是說，當孩子表現出類似的行為，或完成了類似的作品，但在脈絡交待清楚的資料當中，我們更可以清楚的看到也許孩子這次的表現是模仿而來的、下次是自發的、再下次他是教別人，或在更下次他是去應用或以此為基礎去創新！但老師對我為何要將脈絡交待的這麼清楚的詮釋是：因為你本來就是要做教學嘛！（2003.3.23）

我順勢接受了這個答案，但直到後來發現：

記錄教學不過是為了要整理出我教學的模式，確定我的教學是有目的。而我想，我教學的模式其實已經蠻固定的了，因此，只需從幾次的紀錄當中找出循環做佐證即可，之後的教學部分只需全錄影就ok，有需要的時候再拿出來看！這樣，我就會有比較多的時間可以做評量。（2003.3.23）

是的，我的重點應該還是在於「評量」對吧？但是，是絕對的嗎？我不清楚！

只是行走至此，我已深深的感受到我的教學絕對是在老師有意圖的狀況下完成！因為，我每上一次課，都會有意無意的拋出我想要問的問題，然後再以此問題來接收孩子的答案！所以，老師是主導的，幼兒是參與的；老師主導的是課程走向，幼兒參與的是課程內容，且

老師課程走向的安排是依據幼兒在課程內容中的反應而定。（2003.3.24）

這樣的想法，修正了我過去對自己教學的看法，[18]感覺上，我應該是在「辨明」自己的教學，而非「驗證」教學，且對以情境認知觀點看幼兒評量的省思也一再浮現：

如果它（光譜）是以此種方式做為經驗的話，那麼，教育則顯得過於僵化，且這樣的方式也許會造成孩子所表現出來的能力是因為多次操作教具所得，因而有練習效應，而且它還強調它所採用的方式，除了肢體動作領域方面是採團體測量的方式之外，其餘領域方面的測量都是個別施測！這樣的條件在教學現場是很難做到的！也許，一個認同光譜的幼稚園可以提供如光譜所言的脈絡，但這樣的脈絡似乎並不貼近教學。也就是說，它讓我覺得評量和教學是兩回事！這點是我無法接受的地方！我要評量的是孩子在其所處文化脈絡中的真實表現，而非刻意安排情境去評量！評量孩子的成長表現應該是在他所處的文化脈絡中進行！（2003.3.28）

此外，我所堅持的是，我要真的看到孩子進步的成長，是詳細的，而不是光看孩子的作品就說他可以用對比的顏色來表現什麼什麼……，或者說他可以上台發表、講了什麼什麼……，表示他的語言能力怎麼樣，或表示他的學習力怎麼樣！對我而言，我覺得這是表面的，我要看到的是，他是在什麼樣的情境之下，而讓他願意出來講，那他出來講的時候是扭扭捏捏的呢？還是怎麼樣？那他在二個月之

---

[18]過去，我認為自己的教學是由幼兒掌有課程走向主控權而非教師，並認為此即落實「幼兒中心」與「開放學習」精神的最佳表現。

後的表現又是如何？不同的情境裡孩子會有不同的表現，而我要看到的就是這個東西！那這就回到我一開始之所以堅持為什麼要把孩子的學習過程寫得那麼清楚的原因，我才發現，其實我要做的不是教學，而是我很重視孩子他是如何表現出他們自己、是在什麼樣的情境下可以表現到什麼樣的程度，當然，他可以這樣的表現一定是受到脈絡的影響，有同學、有老師，當然也跟老師設計的課程有關係。可是，我要做的不是教學，而是要看這個孩子他在真實的情境裡頭會有什麼樣的真實表現！我覺得這才是高真實、高課程相關。……我覺得這對我的幫助，是從評量當中給自己教學上的回饋，而不是我從教學去看我所做的評量，是評量在上、教學在下，而不是教學在上、評量在下……。（2003.4.23，蔡 T-meeting）

蔡老師：或許不是妳開始看評量，而是開始看自己了，不是嗎？

玉　玲：對！從評量當中看到自己的教學！（2003.4.23，蔡 T-meeting）

沒錯！這次行動研究當中，我確實是從教學的驗證當中看到我所進行之課程的有效性，例如樹芽概念的澄清、光合作用等，以及他們在達到這些概念澄清之過程中所進行的一些活動，如遊戲、實驗、觀察、繪畫、編故事等……（2004.6.18）

但真正的教學驗證，不應只是從短程的課程目標（指稱一般所謂的單元目標）來看幼兒的學習，而應從能力指標的角度來看幼兒在教學中的所獲所得，

也就是要從孩子實際的表現中去分析孩子的能力在哪裡，而不是光看孩子的表現有沒有學到跟課程內容有關的知識和概念，因為知

識概念是可以被告知的，而能力是要長期培養的……我們只是透過課程內容來包裝想要讓孩子習得的能力罷了！（2004.6.18）

因此，雖然幼兒在這些活動中所達成的表現，可一一分析並歸納為幾個指標，就如同我們現在表現評量中所做的：依幼兒的表現下註解並歸到一或二個領域的指標內。（2004.6.18）

但因我對目前的指標感到懷疑，因為，目前所用的指標是由我們這些施作「作品取樣系統」的現場教師自行訂定，但：

玉　玲：那這些東西（指標）是由老師來做嗎？我覺得這可以由另一批研究人員來做，目前教育部好像有委託盧美貴教授在做，……我覺得指標的問題牽扯到比較廣……

蔡老師：指標如果沒有一個評鑑系統的話，還是很容易出問題！

玉　玲：對！可能要有一個評鑑系統出來檢視了指標之後，然後教師再根據自己現場的經驗去修改……（2003.4.23，蔡 T-meeting）

是的，如果真要從「評量當中驗證教學」，那麼，可能就得先對「作品取樣系統」中的指標定訂方式再做檢討、修正、再重訂指標、再檢討、再修正……，但指標的訂定並非易事，它需要幼兒的發展常模，甚而需有經認知心理學校正過的檢測工具方得施測，這樣的大工程並非我能力所及，且與我所進行的評量也將漸行漸遠。只是，走過了「驗證教學」這一遭之後，不知是因為走過了、看到困難了，所以才說我要探究的不是它；或是因為我已驗證了我僅能驗證或辨明的，所以才說我看清了我所要的「評量」！

伍、望見評量曙光

「評量曙光」在哪？就在我的心中！當我因為「沒有分析的評量，不是評量！」而走過這一段搖搖擺擺的評量之路後，總算了解廖教授當初之所以說這句話的意義，也終於認清教師分析幼兒作品[19]在評量中的重要性，但更重要的是，歷經此歷程，而讓我終於可以清楚釐清我想要的「評量」究竟是何輪廓，而這個輪廓就像是懸掛在我目前評量作爲之上的一道曙光，引領我未來應該要走的評量方向。

一、光之雛形

一種便捷、能反映教師教學，以及幼兒真實學習表現的評量，即是我心中看到的評量輪廓。但這道輪廓所反映出來的評量，已經不再是「表現評量」的「作品取樣系統」模式，而究竟爲何，則需進一步探究。

Martin Tombari 和 Gary Borich（1999）認爲，假如你想要評量到的是學習者實際上的知識，那麼就適合採用目標導向型（objective-type）的測驗；假如，你的興趣的是在一個很容易就可以評量的環境當中，去評量學習者使用的認知策略，那麼，表現評量也許適合；但假如，你想要的是評量學習者在真實情境脈絡下的表現和成長，那麼，檔案就應該是你所要採用的評量工具。此外，James Barton 和 Angelo Collins 在一九九七年定義檔案應具備的七種特徵[20]當中，亦將真實性（authentic）特徵和多目的性（multipurposed nature）特徵列

[19]分析幼兒的作品，即本文中提到的綜合報告，是作品取樣系統的三大系之一。

[20]教育檔案必備的特徵包括：多元性（multisourced）特徵，以做為教師在評定學習者能力時的各種不同依據；真實性（authentic）特徵，指檔案中所羅列的各種證據必須要能跟教室中所傳授的知識（classroom instruction）產生明確的聯結；動態性（dynamic）特徵，是要能補捉學習者在在學習歷程中的成長和改變；標的明確（explicitness of purpose）的特徵，指教師須明確的對自己的授課內容下定義並和學者分享，如此，學習者才能在他們學習之前知道他們被期望發展出怎樣的檔案證據（portfolio evidence）；整合性（integration）特徵，指所蒐集到的資料必須要能呈現學習者在學科知識工作和生活經驗之間建立一致性的證據；學習者擁有（student ownership）的特徵，指每一份檔案都是獨特的創作，因為是由學生決定完整到什麼樣程度的自我評定與反省證據，可以成為他發展過程當中的一部分；多目的性(multipurposed nature）的特徵，指教師可以將自己用來評估學習者的證據用來評估自己教學（Barton & Collins, 1997)。

爲其中。「真實性（authentic）的特徵」即檔案中所羅列的各種證據，必須要能跟教室中所傳授的知識（classroom instruction）產生明確的聯結；「多目的性的特徵」即教師可以將自己用來評估學習者的證據用來評估自己教學。因此，不管從評量的方法上，或是從評量的定義上，都暗指我應該擴大我現行的評量模式到「檔案評量」，去尋求另一種適合我的評量模式，而非侷限在「表現評量——作品取樣系統」當中。此外，根據一位在美國 Florida 的 Forest Lakes Elementary School 任教的幼稚園教師 Jennifer Kennedy，在聽聞檔案評量也親身試作之後說到：**「我的檔案成為我測量學生個別成長的『最佳工具』（quality tools），我發現，當我使用檔案來記載他們的成長時，我也跟著一起成長了。且我仍持續參加檔案研習的工作坊，以做為我重新檢視自己教學技巧，及決定如何改善我進行檔案評量方式的方法」**（Barton & Collins, 1997）。而從這個現場教師實作的經驗上顯示，即使將評量模式擴大到「檔案評量」，也依然可以達到「表現評量——作品取樣系統」當中，改進教師教學的功能，同時也可見到學生在教師教學下的成長。因此，我似乎不應再對外宣稱我所作的評量是「表現評量——作品取樣系統」，而該稱爲「檔案評量」，而我進行檔案評量的目的，則是爲了尋求一種便捷、能反映教師教學，以及幼兒真實學習表現的評量模式。

二、光之引道

檔案評量最有力的作用，就是它比紙筆測驗和那些突如其來（snapshop）的評量方式更能充分提供教師、家長和學習者有關學生的知能，假如設計得當，檔案也可以展示學習者思考和解決問題的能力、所用之策略和過程形式（procedural-type）的技巧，以及所建構的知識。此外，也可以說明一些關於學習者的堅持（persistence）、做事時所投入的精力、興趣的變化、監控的技巧，以及自我反省和後設認知的能力（Tombari & Borich, 1999）。因此，尋找一個設計得當的蒐集檔案證據，包括蒐集的模式、蒐集的內容與表件等，應是我要思索的問題。但是，依我此次試作「作品取樣系統」行走至此的結果看來，我最後僅以三位幼兒做五個領域的評量方式，雖然各項表格的演變已定型、收錄的作業與流程也已熟悉，但是，當我把同樣的方法應用在全班三十個幼兒時，又會產生什麼不一樣的感受與新的做法？也許，這就是有了對「檔案評量」的輪廓之後，所導引出的未來方向吧！

陸、敘說從頭

這不應該是個結尾了嗎！但怎麼又像是從頭開始！是的，沒錯！行動研究原初的設想，就是要將教育知識的生產權回歸教師（蕭昭君，2002）。就是研究者將探照燈打在自己身上，自主性的針對「自我、對自我所處之社會地位、情境、社會環境結構、對自己在某一社會情境下的行動，以及對自己行動所產生之影響所進行的研究」（陶蕃瀛，2002）。經由這個過程，照見自己的盲點與偏見，從這種照見中，進而改善自己的專業實踐以及重新建立自己看待世界的視框（蕭昭君，2002）。而我現在的視框顯然過於狹隘，不但如知識偏食般的僅接觸「作品取樣系統」、堅持自己對單張「作品集」的記錄方式，且又僅以三個試作樣本來看待評量這件事，但我身處的脈絡，卻不是三個，而是三十個！顧瑜君（2002）曾言，行動研究是要從看見自己位置的處境，才有可能看見自己如何建構認識世界的知識，進而看見自己認識世界的方式所內建的盲點。Bourdieu 則認為，唯有將研究者的研究成果返回來運用在研究者自身，追究自己在特定位置上與實踐軌跡上所具有的癖性與利益，以及這些癖性與利益如何隱含在我們持有的概念與看待問題的方式上，才能使我們獲得思維的自主與自由，獲得從結構的支配關係中掙脫的可能（引自成虹飛，2001）。因此，雖然這個行動研究歷經一年行走至此，但是我才恍然大悟清楚自己心中的目標。也因此，這段行動歷程對我有著三個不同層面的意義：一是真正體驗到質性評量的做法，二是從體驗當中勾勒出符合我信念的評量願景，第三則是開啓我下一個循環歷程的契機——看清目標後的評量。

（審查日期：初審：2004年9月15日；

複審：第一次 2005年5月31日、第二次 2005年8月29日）

參考文獻

中文部分

台北市政府教育局（2001）。**台北市九十學年度幼稚園評鑑手冊**。台北市：台北市政府教育局。

李昌雄（2002）。**國立政治大學行動研究研習資料**。台北市。

林素卿（2001）。協同行動研究於實習教育上之應用：以二位實習教師為例。**國立高雄師範大學教育學系教育學刊**，**17**，281-308。

成虹飛（2001）。行動研究中閱讀／看的問題：一編重寫的稿子。載於中華民國課程與教學學會（主編），**行動研究與課程教學革新**，頁 173-198，台北市：心理。

陳惠邦（2003）。**行動研究在台灣教育場域中的發展與反思**。載於國立台灣師範大學教育研究中心舉辦之「教育研究方法論：觀點與方法研討會」，台北市。

陳姿蘭（2001）。**一位幼稚園老師實施卷宗評量之研究**。國立台灣師範大學家政教育學系論文，未出版，台北市。

夏林清等（譯）（1997）。**行動研究方法導論——教師動手做研究**。台北市：遠流。

陶蕃瀛（2002）。**行動研究：一種增強權能的助人工作方法**。發表於台灣行動研究學會「敘說與行動工作坊」。

廖鳳瑞、陳姿蘭（編譯）（2002）。**幼兒表現評量——作品取樣系統**。台北市：心理。

顧瑜君（2002）。國王的新衣：說控訴太沉重。**「教育研究方法論：觀點與方法研討會」**討論稿。

蕭昭君（2002）。**國內教育行動研究者解放了什麼？一個師資培育者的閱讀與**

困惑。載於國立台灣師範大學教育研究中心舉辦之「教育研究方法論：觀點與方法研討會」，頁 241-266，台北市。

蕭玉佳（2002）。**成長路上話成長——幼稚園學習歷程檔案行動省思**，國立台北師範學院課程與教學研究所碩士論文，未出版，台北市。

英文部分

Barton, J., & Collins, A. (1997). *Authentic assessment: A handbook for educators.* Boston, MA: Addison-Wesley.

Mabry, & Linda (1999). *Protfolios plus: A critical guide to alternative assessment.* Thousand Oaks, CA: Corwin Press.

Tombari, M., & Borich, G.(1999). *Authentic assessment in the classroom: Appilcation and practice.* Riverside, NJ: Simon & Schuster.

附錄 1　觀察監控表

酷企鵝班＿＿＿＿＿月份觀察監控表

1	2	3	4	5	6	7	8	9	10
11	12	13	14	15	16	17	18	19	20
21	22	23	24	25	26	27	28	29	30

附錄 2-1　單張作品紀錄表

核心項目：

幼兒姓名：

日期：　　　　　　　　　學期初◎　學期末○　學年末○

相片：

註解：

附錄 2-2　單張作品紀錄表

姓名：　　　　　日期：　　　　　○期初　◎期末　○學年末

紀錄：

註解：

＊核心項目：　　　　　　　　　　　　　　　　＊個人項目：

□符號　□使用符號表達想法或經驗　　　　　　□展現個人特殊的學習表現

　　　　□主動探究或創作符號　　　　　　　　□特殊的作品表現

　　　　□利用語言達到溝通或理解的目的　□展現數理邏輯或科學探究的

行爲

□文學　□透過符號呈現故事內容　　　　　　　□積極參與團體活動

　　　　□與他人討論書籍或故事內容　　　　　□其他＿＿＿＿＿＿＿

　　　　□口述對故事的想法或複述故事

附錄 2-3　單張作品紀錄表

姓名：　　　　日期：　　　　　　　　○期初　○期末　◎學年末

紀錄：

註解：

	語言與文學	藝術	個人與社會	科學思考	數學思考	個人項目
指標	透過各種不同符號表達想法	表現藝術創作的能力	拓展個人與他人的關係	在探究中從事觀察和預測	運用數學思考解決問題	
備註						
指標	展現閱讀興趣並對內容回應	展現對藝術作品的欣賞	表現積極主動的態度	探索時實驗並解決問題	使用分類和規律的技巧	
備註						

附錄 3-1　全班幼兒作品蒐集紀錄表

酷企鵝九十一學年度：幼兒作品蒐集紀錄表									
項目／幼兒姓名	核心項目				個人項目				
	符號表徵		閱讀						
曾O婷									
李O均									
楊O惠									
羅O峰									
邱O宇									
殷O揚									
李O軒									
阮O雁									
朱O瑜									
蔡O馨									
陳O煒									
陳O文									
李O萱									
陳O妤									
周O頡									
熊O翔									
張O倩									
蕭O廷									
許O予									
范O瑜									
盧O妤									
劉O麟									
周O清									
蕭O翰									
童O文									
廖O虹									
劉O聖									
林O君									
吳O瑄									
張O瑜									

附錄 3-2 全班幼兒作品蒐集紀錄表

教師：＿＿＿＿＿＿　　酷企鵝：全班幼兒作品蒐集紀錄表

開　學□ 學期末□ 學年末□	核心項目 語言與文學 1	2	個人項目 體能發展	藝術	社會文化	科學思考	數學思考
曾 O 婷							
李 O 均							
楊 O 惠							
羅 O 峰							
邱 O 宇							
殷 O 揚							
李 O 軒							
阮 O 雁							
朱 O 瑜							
蔡 O 馨							
陳 O 煒							
陳 O 文							
李 O 萱							
陳 O 妤							
周 O 頡							
熊 O 翔							
張 O 倩							
蕭 O 廷							
許 O 予							
范 O 瑜							
盧 O 妤							
劉 O 麟							
周 O 清							
蕭 O 翰							
童 O 文							
廖 O 虹							
劉 O 聖							
林 O 君							
吳 O 瑄							
張 O 瑜							

附錄4　第一學期末時已定型的作品集表格與記錄方式

姓名：劉麟麟　　日期：2002.12.26　　○期初　◎期末　○學年末

記錄：

早上，班上的倩倩說了一個故事給大家聽，說完之後，大家一時興起，臨時起議演了一場故事，麟麟是被倩倩點到要出來演螞蟻角色的，一開始麟麟有點害羞，不太想出來演。但是老師說：「今天被點到出來演戲的小朋友，老師會送他一張貼紙」後，麟麟在獎賞下就願意出來演了！以下就是倩倩說的故事內容，以及小朋友們在演戲時的模樣：

故事：

有一隻螞蟻，牠在路上走啊走啊！一直走，然後牠就看到一隻蠶，那隻蠶在地上爬爬爬，一直爬，然後蠶就變成蝴蝶，然後螞蟻看到了就說我們一起走吧！然後牠們就一起走，往前一直走，然後看到一隻兔子，牠們也一起走，兔子也跳跳跳，兔子用跳的，然後牠們就看到一個箱子，一個很大的箱子，牠們很想要把箱子打開，可是箱子打不開，牠們就很用力，大家一起，然後就把箱子打開了。然後就從箱子裡跳出一個娃娃，牠們通通都嚇了一跳，然後箱子裡面有一顆大的寶石，然後牠們就回家了。

螞蟻是第一個出場的昆蟲，看麟麟頭低低的模樣，可知她其實是有點害羞的！

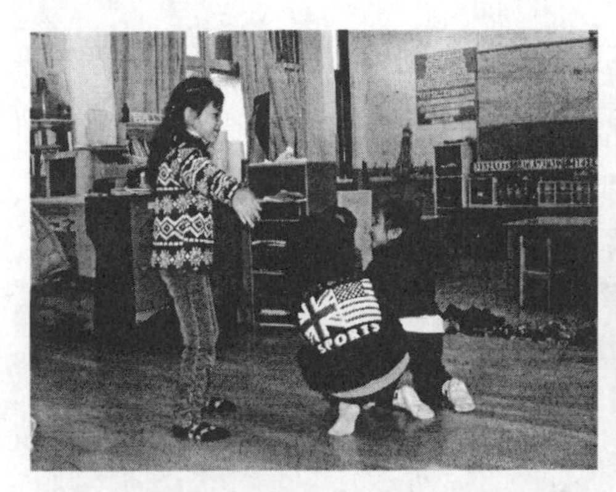

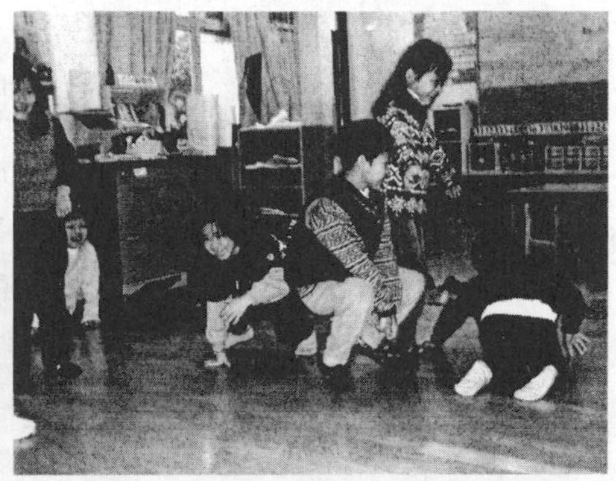

演到後來，麟麟的表情和動作都比一開始自然多了！這時已經會依照導演（倩倩）的旁白，跟著做繞圈圈的動作。

註解：

麟麟一開始演出的意願不高，但在老師的鼓勵下，她還是出來表演！而且表演的動作愈來愈大方、愈自然，從照片可以看得出她從一開始低著頭，到後來笑咪咪的模樣唷！

＊核心項目：

□符號 □使用符號表達想法或經驗
□主動探究或創作符號
□利用語言達到溝通或理解的目的

□文學 □透過符號呈現故事內容
□與他人討論書籍或故事內容
□口述對故事的想法或複述故事

＊個人項目：

□展現個人特殊的學習表現
□特殊的作品表現
□展現數理邏輯或科學探究的行爲
□積極參與團體活動
□其他＿＿＿＿＿＿＿＿

附錄5　「語言與文學」領域的指標要項

各位酷爸酷媽您好：

下表是酷企鵝班的老師期許孩子在本班的學期初、學期中，以及學期末可以達到的能力，酷爸酷媽在看孩子的這本學習檔案時，可以先參考酷師爲孩子定的目標後，再看看我們給與孩子的分析和評語，這樣，您將會更了解爲什麼孩子「已達到期望」，或是爲什麼「需要發展」，請您仔細的看一看孩子的學習表現吧！

另外，酷師也很期望可以聽到酷爸酷媽對孩子這本學習檔案的感想，或是任何的建議，所以，歡迎您上本班留言版寫下您的感想與看法，或是直接告訴老師跟我們分享一起分享。謝謝您！

酷師 2003.1.16

語言——透過各種不同的符號表達

期　初	期　末	學　年　末
◎使用符號概要的表達想法或經驗。 （會使用就好）	◎能使用符號具體的表達想法或經驗。 （會使用且描述較具體）	◎使用符號具體且完整的表達想法或經驗。 （會使用，而描述具體且完整）
◎主動探究符號、創作符號。 （會探究、創作符號）	◎探究與創作的符號愈趨真實且具多樣性。 （會探究與創作各種不同的符號，並愈趨真實）	◎把探究與創作各種不同具像符號賦予行動意義 （探究與創作的符號是有目的的，且會應用它）
◎把看到或聽到的東西用符號表達出來。 （會表達聽聞）	◎把看到或聽到的東西合邏輯的表達出來。 （表達聽聞時能合邏輯性）	◎把看到或聽到的東西，正確且合邏輯的表達出來。 （表達聽聞要合邏輯且要正確）
◎利用語言符號溝通或求理解。 （有溝通或理解的表現）	◎利用語言符號表達溝通或理解的意圖。 （有意圖的展現溝通或理解的表現）	◎利用語言符號達成溝通與理解的目的。 （達成溝通或理解的目的）

文學——展現閱讀的興趣並對內容有所回應

期初	期末	學年末
◎透過語言、肢體或圖畫等呈現故事內容。 （有呈現即可，片段也無所謂）	◎能透過語言、肢體或圖畫等呈現故事情節。 （所呈現的要能看出情節變化）	◎能透過語言、肢體或圖畫等呈現符合故事情節因果邏輯的內容。 （所呈現的情節要符合因果）
◎口述對故事的想法。 （有附議即可）	◎判斷故事情節或角色好壞，以及說出原因。 （能判斷情節或角色的好壞、why）	◎對故事情節的大意或角色的功能。 （能說出故事大意、角色功能）
◎能看圖說故事。 （看圖說）	◎能自編故事。 （自編故事）	◎能自編至少包含一個以上的衝突跟衝突解決的故事。 （自編一個衝突循環以上的故事）

附錄 6-1 綜合報告

個人項目的分析 ◎學期初 ○學期末 ○學年末

酷企鵝班：

獨特的最佳能力	分　　析

總評：

附錄 6-2　綜合報告

核心項目的分析　○學期初 ◎學期末 ○學年末

酷企鵝班：

學習指標	分　析	評量結果
1. 透過符號表達想法		□有進步 □進步不明顯 □不確定 □達到期望 □需要發展 老師評語：
2. 展現閱讀興趣對故事有回應		□有進步 □進步不明顯 □不確定 □達到期望 □需要發展 老師評語：

附錄 6-3　綜合報告

幼兒姓名：范○瑜　　年齡：

教　　師：白玉玲　　日期：2003.6.20

作品取樣系統：期末綜合報告

發展領域和指標概念	作品集		進步		分析報告
	達到期望	未達期望	進步	類似	
個人與社會發展 ◎拓展個人與他人的關係 ◎表現積極主動的態度	v			v	妞妞是個相當成熟的小孩，她清楚的知道自己會什麼或不會什麼，也知道她自己可以給別人什麼樣的幫忙與協助，充分顯示她對自己能力的了解。而她正是善用自己對自己的這份了解去幫助同學、參與同儕的團體活動，並解決自己或他人的問題，也成功的成爲受到團體接納且需要的一份子。
藝術 ◎表現藝術創作的能力 ◎展現對藝術作品的賞析					妞妞可以自動的運用各種不同材料進行藝術創作，且她的作品往往出人意料，因爲她的作品總是非常獨特，並充滿著立體感。老師也發現，她會掌握作品的目的進行創作，或透過藝術來表現她的認知，這可是她特有的專長唷！而她在教室中總可以獨自或和小朋友共同進行藝術創作，而其目的則是爲了要將作品做得更好、更像或更完美。
語言與文學 ◎透過各種符號表達想法 ◎展現閱讀興趣對內容有回應	v		v		在教室的團討當中妞妞會適時發表她自己的想法，這表示她能理解老師和幼兒們的談話內容，也能透過語言表達想法，或在團體中進行兒歌創作，但這不是她唯一的表達方式，她也會用圖畫、中國文字，或她所知的英文來表達意念，更將她所能的種種表達方式集結起來創作故事，或單獨呈現以表達她對文學的興趣。在這方面，點心後聽故事帶、看故事書的活動正是她在教室中常出現的行爲，也是她感興趣的事之一。

數學 ◎運用數學思考解決問題 ◎使用分類和規律的技巧	∨		∨		妞妞能辨識十位數字的寫法與唸法，並在其他小朋友唸錯時即時發現、提出糾正，充分表現她對數字的認識與敏感度。也能運用她對數字跟數量的理解做十以內的數字推論，並了解「很多」+「很多」還是「很多」的概念，這是一種數學邏輯的推理，而妞妞則可以在團體中展現她這方面的能力。
科學 ◎在探究中從事觀察和預測 ◎探索時實驗並解決問題	∨		∨		在「樹」的主題中，妞妞總是喜歡從事各項觀察活動，她會觀察樹葉變化的情形、椰子樹生長的模樣，並將她的觀察畫出來或做出來，有時，班上小朋友提出不同的觀察想法，妞妞也會就自己的觀察提出反駁進行討論，這表示她會利用觀察所得進行探究。而在探究與論證的過程中，也表現出她透過科學觀察來解決問題的能力，例如她做的立體椰子樹等、而製作的過程也展現她能運用觀察所得解決問題的決心與方式。
總評	積極參與團體活動進行學習，並能將各領域學習所得透過過圖畫、肢體、語言等表現出來，而其主動活潑的學習態度怎則反映出她在學者當下所獲得的樂趣！是個乖巧、懂事、聽話、熱心助人的孩子，且在鼓勵之下，其學習的表現會更突出。				

附錄 7　對幼兒檔案之重要性的省思 2003.1.23

<table>
<tr><td></td><td>研究日誌：2003.1.23</td><td>白玉玲</td></tr>
<tr><td>教
師
教
學
省
思</td><td colspan="2">一月十六日將檔案發給家長時，曾爲了能夠得到家長對這本檔案的想法、看過的心情或是對孩子和老師的想法，而在當天的通知上寫著，希望家長可將看過檔案後的感覺留言到班上網路留言版上。但是，第二天，竟然沒有任何人留言，也沒有聽到家長特地跟老師談起這本檔案的問題，只看到了彥文在跟媽媽生氣，因爲，他氣媽媽都沒有仔細看看檔案裡面的內容。當然，一早來（1/17）彥文媽媽面對彥文在老師當前這樣的表現，讓她非常不好意思，她頻頻對著老師說：因爲昨天較忙，所以沒空看！當然，老師也是非常的不好意思，對著媽媽說：沒關係！沒關係！媽媽昨天太忙了沒空看，那今天再帶回去看好了！這樣子，彥文不鬧了、媽媽也拿著檔案速速離開。

那天的這個事件，讓我更想得到家長對這本檔案的想法，他們是認爲根本毫無需要呢？還是認爲是有點意義在的？於是，當天我問了幾位家長（幾個檔案內容較豐富和幾個較少的），是否可以訪問家長她們對於這本檔案的看法，這幾位家長都答應了，於是，我開始想我要問的問題，這幾個問題是我看過陳姿蘭和蕭玉佳的論文之後，再總合我自己所想知道的問題而來。如下所示：
一、當你看到這本孩子的檔案時，是否覺得它具有紀念價值？（**蕭玉佳〔2002〕認為，檔案本身的「紀念」價值遠勝於「做為一種評量方式」的價值。**）
二、你覺得這本檔案的內容是否可以讓你知道孩子學到了什麼？或是孩子學習的狀況？可否舉例說明。（**我們採用的工作取樣系統是目前真實性評量最有系統的方式，而它本真更具有高表現、高真實、高課程相關的立論基礎，因此，倘若老師在施行的過程中都有依其精神來進行的話，那麼，檔案應該要能看出孩子在學習過後所習得的能力、表現，以及可以看出孩子的學習狀況。此外，表現評量是真實性評量、檔案評量的一種，所以它應該也要能評量到孩子將已習得的知識應用的狀況〔真實性〕，以及記錄到孩子各方面的表現〔檔案〕。**）
三、你覺得這本檔案的紀念意義和它本身記載著孩子學習狀況的意義，哪</td></tr>
</table>

教師教學省思	一個比較多或比較重要？爲什麼？ 四、您在看這本檔案時，是否可以看到： 1.每一單份的紀錄，是在記錄孩子什麼樣的表現？（**點：家長是否可以看得出每一單份紀錄的重點，如果不可以的話，老師接下來在做幼兒的紀錄時，才知該如何修改成家長看得懂的方式。**） 2.整本的紀錄當中，是否可以讓你想像到孩子在班級中的學習表現？如果可以的話，您覺得您孩子在班級中的學習表現如何？（**線：整本紀錄是否可以看得出幼兒在班級中整體學習表現的歷程或說是狀況。**） 3.在這本紀錄當中，你是否看得到：（**面**） (1)您是否可約略看出老師跟孩子互動的狀況？如果可以的話，您覺得老師跟孩子互動的狀況是什麼樣的？（**是否看得出老師的教學狀況。**） (2)您覺得這本檔案，是老師用來評估您孩子的學習狀況跟表現的嗎？（**可否知覺到這是評量。**） (3)如果您覺得這本檔案是老師用來評估您孩子的學習狀況跟表現的話，那麼，您覺得這種評估孩子學習狀況的方式，跟一般的紙筆測驗或過去老師使用的打勾等評估方式，是否能讓您更了解到孩子各方面表現的真實能力？如果可以的話，您覺得您看到了孩子的哪些能力？如果不可以話，您覺得老師採用什麼樣的評量方式來評估孩子的學習狀況是比較恰當的？（**是否可看到多元化的評量結果。**） 五、您從老師的紀錄當中，是否看得出幼兒知道：自己是如何知道答案、或如何學習的歷程？（**是否可看到孩子的後設認知。因為，從我實施這份評量的過程當中，我覺得有時孩子是可以表現出他們的後設認知，但我並不是指幼兒挑選作品時，老師問他們：你為什麼選這張的狀況，而是他們在上課團討、分組活動，或跟老師互動對話的過程中，不自覺的表現出來的。**）	

附錄 8-1　泛文化理論與非泛文化理論的省思

	研究日誌（雜感）：2003.3.2	白玉玲
教師教學省思	＊「評量」對我在這個行動研究中而言具，有二個不同的意義，一是透過「評量」來記錄幼兒成長的歷程與軌跡、一是透過「評量」來驗證我教學的學習成效。 一、依「透過『評量』來記錄幼兒成長的歷程與軌跡」而言： 以「工作取樣系統」來看「透過『評量』來記錄幼兒成長的歷程與軌跡」的成效。 (一)作品集： 依「工作取樣系統」的做法是在每學期初、學期末和學年末在核心項目挑選一張可代表幼兒在這段期間的最佳表現的作品。但我認爲這樣的做法並不足以滿足我想要以「評量」來記錄幼兒成長的歷程與軌跡的目的，我認爲只要是孩子的作品和表現，而這件作品和表現（也許我不該再稱爲作品，而是稱爲紀錄）是有意義的，就應該要留下來，而事實上我目前做的也正是如此。 (二)爲了能詳實勾選檢核表所做的觀察紀錄： 依其在作品取樣系統中的目的而言，對我的研究它似乎並沒有存在的必要。此外，我在教室中蒐集孩子的作品（work）時，似乎就已經在對孩子做觀察了，因爲我目前在蒐集幼兒作品時所做的紀錄幾乎都已包括情境、歷程和結果的描述，我想這樣的作品記錄方式已比工作取樣系統要現場老師所做的還要多了（廖老師也認爲這樣的記錄方式「做太多了」），因此，我認爲我所做的作品紀錄可能已包含部分的「觀察紀錄」所要記錄的了。 (三)分析與綜合報告： 目前只作了分析，我認爲分析是有必要的，但是否要依循作品取樣系統的方式來分析，目前尚無較深刻的感	

<table>
<tr><td rowspan="3">教
師
教
學
省
思</td><td>受，因為我並沒有真正試過其他的評量方式與分析方法。這點，值得再續省思。</td><td></td></tr>
<tr><td>二、依「透過『評量』來驗證我教學的學習成效」而言：
以「評量」做為達到此目的之策略的原因，是期望能從評量當中看到孩子的成長。而當初之所以選用工作取樣系統做為本研究一開始在達到記錄幼兒成長歷成與軌跡的目的，並以其做為驗正教學成效之目的的策略，是因為適逢廖教授來園對本園教師做在園輔導，並以幼兒工作取樣系統為輔導重點，因此，在面臨研究問題與解決策略時，就自然而然順勢以此做為解決本研究之問題所歸依的取向。且當時也依作品取樣系統的看法，如San Antonio College Development Center 在實施工作取樣系統三年後所提出的建議，在實施卷宗評量（protfolio assesment）之初，最好從一到二個領域開始著手，再逐步推廣到其他領域，而實施卷宗評量至少需要花上幾年的時間（陳姿蘭，2001）。於是，當時即決定從一個老師較專長、也較感興趣的「語言與文學」這個向度開始進行。但截至目前為止，我檢視以工作取樣系統在此研究中的執行狀況顯示，光是「語言與文學」並不足以驗證幼兒在我教學中的學習成效，因此，當我的另一位夥伴提出是否要以五位幼兒來試作七個向度的表現評量時，我是深表認同的，因為，也許這樣的做法以我對孩子的記錄方式可能可以扣住我的第一個研究目的：記錄幼兒學習的歷成與成長軌跡。但這樣的方式（七個向度都做）以工作取樣系統的方式進行，是否就足以做為我要驗證教學成效的策略？因此，我開始朝光譜計畫（Project Spectrum）的評量方式來檢視我目前所做的評量。</td><td></td></tr>
<tr><td>綜上所言，在作品取樣系統方面整體看來，若我仍要取其做為我以評量來記錄幼兒成長的歷程與軌跡，甚至是以評量來做為我驗證教學成效之依據的話，似乎只需取工作取樣系統中的作品集部分即可，因為，我需要以作品集</td><td>＊認知層面的改變包括：(1)非自發產生的、(2)要透過個體努力的，以及(3)透過外界支持（也就是某種教育方</td></tr>
</table>

	中的資料做爲我檢視二個目的的工具。 另外，我之所以會採光譜計畫來檢視我先前所做之評量並據以修改的原因是：我認同 Vygosky 相互主觀性的辨證學習觀點、語言跟幼兒思維之間的重要性，以及 Brunner 等人基於 Vygosky 理論所提出的鷹架理論（scaffolding），且我個人也認為自己在教學中確實是有注意到教師教學與幼兒學習之間的這些特性，並確實是努力的在扮演鷹架者的角色；另外，既是要驗證教學的學習成效，那麼以認知取向的觀點來看幼兒在各方面的學習表現也是應該的。而光譜計畫的理論依據正是 David Henry Feldman 以與 Piaget 的泛文化理論（universal theory）相對的，並認同 Vygosky 以及 Brunner 的文化觀為基礎的非泛文化理論（nonuniversal theory），以及 Howard Gardner 以認知取向為主的多元智慧理論（multiple intelligences）為主。因此，先深入了解光譜計畫的評量方式之後，再修正目前所採用的評量方式，應是我進一步修正與擬定策略的最佳途徑。且屆時真若需要修改的話，我想應該異動不大，因光譜計畫與工作取樣系統的精神之一，都是真實性評量（authentic assessment）。	式）才能達到的認知改變。我認同在看待孩子的任何一項表現時都以認知的角度來看個體的發展，但個體這樣的表現可以是上述三點所造成的觀點。然而，從我目前蒐集幼兒作品的角度看來，我感同 2、3，但對 1 持疑問的態度。我的問題是，我在蒐集幼兒的作品時一定要是自發的嗎？因爲工作取樣系統強調的三個層面之一是：高表現，我目前的蒐集方式也是依高表現的精神在執行，但光譜計畫則是：非自發產生的！我想它的「包括非自發產生」的意思應該是也有包括自發產生的表現吧！如果是的話，對於幼兒自發和非自發的表現我可能都應該要蒐集，尤其從它非自發的角度來看的話，也許我更能從中看到「教師在教學中究竟帶給孩子什麼」的問題！也就是，它也許更能做爲驗證教師教學成效的佐證資料。

附錄 8-2　泛文化理論與非泛文化理論的省思

研究日誌：2003.3.6，T-meeting reflection	白玉玲
這幾天看了光譜的書，其實對它理論的部分以及光譜的由來和出發點比較了解，但對於光譜所指究竟爲何、如何分析則是一頭霧水，因爲在《因材施教》這本書中並沒有交代。我的疑問是：光譜的課程指的是設計教具讓孩子去玩嗎？光譜是如何分析出孩子的優勢智能的？老師的回答是：沒錯，就是設計教具，例如數學領域中的恐龍遊戲和公車遊戲就是光譜課程，而在分析時，就測量孩子在這些活動中所得到的能力有……。在對光譜的疑問有了這樣的了解之後，我想，就如同老師所說的一般，我確實是不會採光譜的評量方式，因爲，我日常所採用的課程進行方式跟光譜是截然不同的，我不喜歡它那種爲了測得某領域方面的能力，而設計屬於該領域的活動（教具），這樣的感覺就像是爲評量而教，我不認同。 但是，光譜的出發點「重視孩子的個別差異、發現孩子的優劣勢智能，然後給與增強或補救」，其中的「重視孩子的個別差異」是我認同的。但不知在這方面，它跟「從發展的角度來看孩子」有啥不一樣？ 光譜的「重視孩子的個別差異」是指每一個孩子智力剖面圖上的每一個向度各有高低，例如孩子在數學方面也許智力表現不高，但他的語言智能可能表現很好，這是把一個孩子自己跟自己各方面的能力做比較後所得的結果，只是他人得知孩子有這種能力的方式是透過課程（教具）而來；而工作取樣系統呢？它強調的是孩子高真實、高表現、高課程相關的表現，在這三個原則之下，去發現孩子在五個領域方面所能表現出的能力，當然，還有孩子的個人項目！如果，在此把工作取樣的個人項目跟光譜裡的優識智能併列一起看的話，那麼，我所能比較出工作取樣跟光譜的差異也只有三點了：一是他們評量孩子的出發點不同，工作取樣是剔除紙筆評量帶給孩子的壓力與考試在學習表現方面的不足；光譜是發現孩子的優劣勢智能，然	

後給與增強或補強。二是它們蒐集孩子的表現時方式不同，工作取樣是依高表現、高課程相關、高真實的原則來蒐集（這三點，若依廖老師和同班教師在e-mail裡所互動討論的「廣義」方式來定義的話，那我個人覺得工作取樣系統也沒有什麼特別的了！因為：(1)它所代表的意涵將只剩下蒐集的步驟與流程而已，而這三點理論也就沒有什麼好難以理解的了，還多虧我們大家在二〇〇二年八月開學前做了一番討論！(2)它當初的出發點是提供教師取代紙筆評量的另一種方式，所以，它強調高課程相關是有原因的，但以廣義來看的話，它似乎不具原先的出發點了！ps：雖然在此，我對工作取樣系統是這樣的想法，但是，其實我一直以來在班上所進行的都是依照廣義的定義在做，只是先前並未思及這個議題，但我想，之前之所以沒有發現這個議題，也許是因為幼稚園根本就沒有所謂的紙筆測驗，我們做評量也正因為不是取代紙筆測驗，因此，高課程相關對我們在幼稚園中施行似乎就不是那麼的重要，但若是小學或中高學在進行的話，它可能應該還是很重要的。所幸我們是幼稚園，因為不需紙筆評量，所以也就更能透過工作取樣系統的方式來看到孩子真正所表現出的能力，不管這個能力是來自於家庭、學校或二者間的交互所形成）。它是爲教學而評量；而光譜則是爲評量而教學，然後再所測得的評量結果回歸教學，但也還是設計活動。三是它們分析時的訴求不同，工作取樣是分析孩子是否達到教師所認爲可以達到的標的，以及孩子所表現出的能力；而光譜則只看重孩子所表現出的能力。 以我的能力，我只能看到它們有這三點不一樣的地方，而且也不知這樣的看法是否對錯，請老師再給與指點迷津。 ps：這只是我僅以個人對工作取樣系統和對光譜的粗淺了解所做的比較，這個問題跟我做行動研究可能沒啥相關，但它對我何以採「光譜」或「工作取樣系統」的信念堅定度則是有關的，因爲釐清了這個問題可以讓我更清楚爲什麼我要採「工作取樣系統」的方式做我的策略，以及爲什麼我在對光譜摸索了一趟之後，再又走回「工作取樣系統」的做法。因爲，雖然	

<table>
<tr>
<td>我現在因不認同光譜所採的評量方式，但是，在它的理論理有我所認同的部分。因此，如果我清楚了這個問題，那麼除了「光譜的課程跟分析方式」我不喜歡之外（我稱它為外在的），我可以更多一個不採用光譜的理由（我稱它為內在的）。</td>
<td></td>
</tr>
<tr>
<td>另外，今天討論過後的一個決議是，我會以工作取樣的方式做三位幼兒在(1)個人與社會發展、(2)藝術、(3)語言與文學、(4)數學思考與(5)科學思考五個領域的作品集。雖然廖老師建議我只要做一個或二個領域就好，但我認為還是要五個領域都做，原因是：1.我的研究目的之一是要記錄孩子的成長，而孩子的成長絕對不會只朝單一方向發展，而是多個領域同時進行，因此，若要能夠記錄到孩子成長的軌跡，那當然就要五個領域的表現都蒐集。2.我的研究目的是要看看我的教學究竟帶給孩子什麼，雖然，我一直強調我的教學可以帶給孩子問題解決與合作學習的能力，但就如我在二○○三年一月的省思中提及的一般，因為問題解決跟合作學習並非一般教學都可以給與孩子的，而知識概念、技巧是較一般性的，但這並不表示我的教學就只能給孩子合作學習跟問題解決的能力，知識概念技巧也都有。所以，我應該也得五個領域都做，這樣才能看看我的教學究竟帶給孩子什麼。如果，到最後的結果是我只側重問題解決跟合作學習而忽略了其他，或是並非我所想的有合作學習跟問題解決的話，那麼，我才能回過頭來檢視我自己的教學，看看其中的得失。這不也正是教師行動研究的最終目的嗎？因此，我還是會五個領域都做，雖然，我也知道老師是為了要減輕我的工作量才建議我不要五個領域都做，但是，站在研究的立場跟對我自己教學改進的立場，我還是會五個領域都做，真的做不下去時，我一定會大聲說的！</td>
<td>◎2003.3.7
今天是嬰嬰上課，我和同班教師則坐在孩子群裡，當我看到秋娟拿著筆坐在做一旁做孩子的軼事紀錄時，我更堅定我不做這三位孩子的軼事紀錄。因為，秋娟比我留在教室裡的時間已經還要多，都尚且要用到跟孩子上課的時間來做紀錄，那如果是我呢！我進教室的時間已比同班教師少，如果再把這少數的時間拿來做紀錄而不在一旁輔導孩子、跟他們一起互動的話，那真是有失我當一位教師的職責。因此，雖現在採工作取樣系統的方式做為策略，但在研究者與教師的立場，我還是應該以教師為重。</td>
</tr>
</table>

6

尋回天使的笑靨——幼兒行為輔導之行動研究

劉素卿
嘉義縣福樂國小附設幼稚園教師

摘要

本研究採取「行動研究」(action research)的方法進行研究，以一名單(繼)親家庭幼兒爲研究的參與者，首先，從對其家人的深度訪談中，了解參與者家庭的生活背景與其在家庭中所遭遇到的問題；其次，考量其需求並依據參與者在教室中的行爲表現，設計符合其身心特質之輔導行動策略，據以實施並持續地加以檢討、修正直至獲得正面成果爲止。

本研究綜合參與者的需求、文獻探討與研究者的考量，擬定行爲輔導策略，打破傳統「賞善罰惡」的問題處理方式，依參與者的特質而加以變通後，發現實際執行之輔導策略：積極讚美、繪本導讀、賦予任務、角色扮演、互動遊戲、詼諧的對話、寫信等活動確實能有效改善參與者的行爲問題。

關鍵詞：幼兒、偏差行爲、行動研究

壹、緒論

一、研究背景

近年來，在我們的社會中，由於離婚率的增加造成社會結構的改變與社會價值的轉移，單親家庭也已有漸漸增多的現象，根據調查顯示，台灣地區目前為數最多的單親家庭是因離婚所致（吳新華，1996；吳酩，2002），因為離婚而造成單親家庭子女教養的問題已演變成一個嚴重的社會問題。父母離婚對孩子的影響程度遠比成人所能想像的還要來的嚴重，因為離婚不僅代表著夫妻間關係的終止，也代表整個家庭結構的重組，對於孩子來說，是非常特殊且痛苦的生活經驗（吳靜樺，1994；謝品蘭，1992），孩子在這種不健康的教養情境下，對人對事容易感到迷惘，在沒有適當宣洩管道或開導之下，久而久之極容易產生嚴重的內在心理衝突，進而出現外顯的偏差行為，若沒有即時輔導，很有可能在長大成人後變成一顆危害社會的不定時炸彈，怎不令人憂心！

二、研究動機

研究者有感於過去行為改變技術成為矯治偏差行為的主流，雖然效果迅速且明顯可見，但因為行為改變技術實屬一種外控的技術，一旦控制消失，就會有再度恢復原狀的問題產生，因此思考：如果站在關懷的角度去關心幼兒，把他們的偏差行為當成是一種幼兒用來表達其內在需求的語言，不要用圍堵與懲罰的方式去抑制他們的行為，改採引導的方式讓幼兒自己去發現、自己運用正確的行為來滿足心理的需求，是否會自然而然的主動停止表現偏差的行為問題，以及是否在關懷的情境中，能讓行為者也產生自發性的關懷行為是本研究主要的動機。

從關懷倫理學的觀點來看，道德是具體的、是給特定對象的愛、關心與同情，也是較感性的（方能御譯，1993：86-87）。在人與人的相處上，所關心的是特定情境中的道德選擇而不是普遍的原則，重視的是戀結（attachment）、自我犧牲、自私與以人際關係為主的，主要的觀點是「我了解你的處境，我支持你」（引自簡成熙，2000：195）。因此，從關懷倫理的觀點來看幼兒行為輔導，教師應做為一個關懷者，與幼兒建立關懷關係，並視幼兒的偏差行為是一種內在需求的外顯方式，再循著幼兒的成長環境與生活脈絡，引導幼兒學習如何成為一個有回應的被關懷者，並從中去學習如何關懷別人。

三、研究目的

基於研究背景與研究動機的探討，本研究的目的為：

(一)發展疏導幼兒內在需求之行動策略。

(二)探討行動策略對幼兒內在需求的疏導歷程與成效。

(三)提供新策略在輔導幼兒行為課題上的建議。

(四)藉由行動研究促進研究者的專業成長。

基於上述研究目的，本研究主要探討的研究問題為：

(一)如何發展一套疏導幼兒需求的關懷輔導策略？

(二)關懷策略的輔導實施歷程如何？

(三)關懷策略對研究參與者的行為輔導之成效為何？

(四)透過研究發現的關懷輔導新策略為何？

貳、研究方法與設計

一、採取行動研究

本研究採取「行動研究」（action research）的方法進行研究，「行動研究」

乃針對情境下的特別問題，提出解決的方法，使問題有所改善，並且時有所修正，直到滿意爲主。在教育中的行動研究「教師即研究者」，研究者是教師也是行動的介入者，透過行動的介入、參與者的投入與改變，以改善情境中的問題。採取行動研究一方面可以實踐「教師即研究者」的精神，另一方面更可以藉此解決實際所面臨的問題（引自吳美枝，2001）。

行動研究的特色，是由行動與反思二者緊密的交互關係而形成。換句話說經由發展出行動策略來改善實務，是行動研究的精髓。如果教師發現他們的研究預期與真實發生的現象之間有一些差異，這個不一致就會開啓另一個理論與實踐的循環，由這點來看一位實務工作者的實作，就是檢驗他先前所作研究的效度，行動研究者不斷地對他們行動的預期與非預期的結果進行檢驗，此種檢驗的持續性是其他研究所不及的（夏林清等譯，1997）。

二、資料蒐集的策略

本研究採用質的研究之蒐集資料的方法，包括深度訪談、參與觀察、文件分析。在本研究中，教師是研究者也是行動方案的執行者，因此採取有時以參與觀察的方式，有時以深度訪談的方式，有時參考文件檔案，進行資料的蒐集，並徵求研究參與者家長的同意，過程以錄影、錄音的方式爲輔助，便於日後研究者進行資料的分析。

三、研究工具

(一)訪談工具

本研究編擬「訪談問題」（見本文附錄1及附錄2），希望從幼兒家長的觀點了解其家庭背景及行爲問題的表現情形，以發現其問題行爲的原因。

(二)觀察工具

本研究以錄影、錄音、拍照輔以資料的蒐集。在徵得研究參與者家長的同意下進行錄音、錄影、拍照，以爲檢證。

(三)其他研究工具

1.觀察紀錄

包括描述情境脈絡，參與者的行動及互動，對於情境的詮釋，觀察者的省察性分析（見本文附錄3）。

2.參與者的作品、學習單等相關紀錄，進行分析以爲策略評鑑之參考。

四、研究實地

本研究以嘉鄉國小附設幼稚園（化名）爲研究場域，該校在二〇〇三年八月由分校宣布獨立爲新學校，也同時接受教育部補助設立附設幼稚園一班，本研究在新設幼稚班教室中進行。

進行研究的教室裡有四扇門，只有兩扇門供人進出，木質的地板，和設備充足的視聽器材，還有學習區的布置，教室內兩側各有一整排上下兩層的透明窗戶，外面是雙側走廊，右側靠近馬路與住宅區，左側靠近中庭、行政辦公室、會議室與校長室（如圖1）。

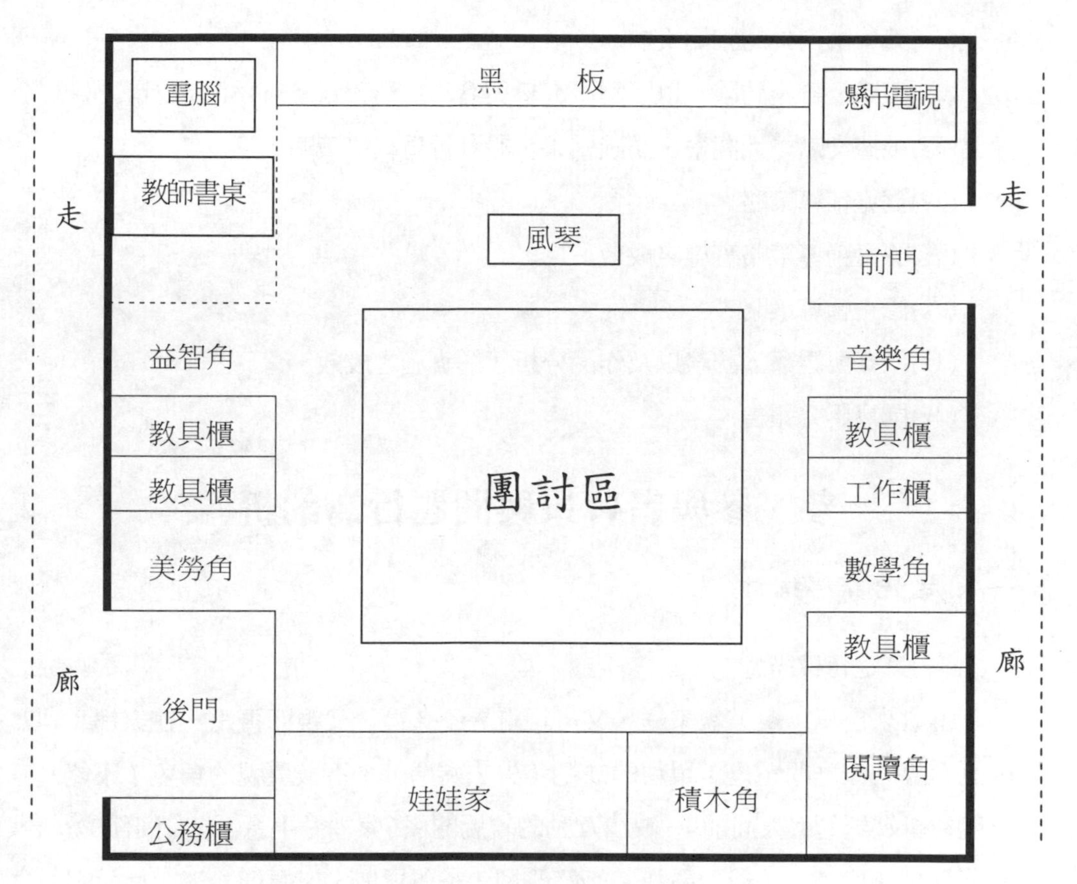

圖1　教室配置圖

五、研究參與者

本研究以嘉鄉國小附設幼稚園的一名繼親家庭幼兒為研究的參與者，班上共有幼兒二十六人，分別為男生十二人、女生十四人，全都為滿五足歲的幼兒，本研究以其中一名繼親男童為研究對象。研究者向其家人說明研究的目的，使其了解研究的進行，在徵得其同意參與本研究後，填寫參與研究的同意書（見本文附錄4）。

六、研究步驟與流程

(一)蒐集國內外的相關文獻。

(二)觀察及實施訪談，以了解研究參與者的生活背景及行為問題因素。

(三)根據文獻以及觀察、訪談結果，設計行為輔導策略。

(四)實施輔導策略。

(五)評量輔導策略實施之成效。

(六)修正輔導策略。

(七)以參與觀察、訪談以及作品分析了解實施之成效。

(八)撰寫研究報告。

參、參與者背景與問題行為剖析

一、起始資料描述

(一)家庭背景描述

小凱來自單（繼）親家庭，父母親離異不久後，父親即再婚，在家裡，小凱面臨的家庭問題是：單親的缺憾（失去媽媽）、不被重視的角色（不能出現在新媽媽的家人面前）、缺少互動的親屬關係（家裡做生意，沒有同伴）、家人管教態度不一（爺爺嚴謹、奶奶悲憫、爸爸鬆散、新媽媽冷淡、姑姑有原則）。因此小凱在家可說是一個孤單的孩子，不但與家人沒有太多互動學習的機會，還有對長輩教養態度無所適從的迷惘。

#他被藏起來……因為他新媽咪的哥哥會過來，所以每次都會把他藏起來。……因為我們沒有讓……我大嫂的家裡面知道，他前妻還有留一個小孩。（訪 SA 2003.12.24）

(二)行爲描述

1.家人表示，小凱在家裡的行爲問題包括：

不喜歡洗澡、愛看電視、不願意上床睡覺、喜歡說謊、很被動、吃飯很慢、玩遊戲時要遵守他訂的遊戲規則，只能他贏不能輸。

#SA：不喜歡洗澡，然後很喜歡看電視，所以小凱很不願意上床睡覺。然後喜歡說謊，然後很被動，然後吃飯很慢，然後房間很亂，……會強迫你跟他玩，那如果你不跟他玩，小凱就很生氣……跟他玩的時候，你要遵守他的遊戲規則……他只可以贏，不可以輸！……然後如果丟球的話，小凱只可以打人家，人家如果打到小凱，小凱就不跟人家玩了。（訪 SA 2003.10.8）

2.小凱在學校的行爲表現包括：

暴力（吵架、打架）、霸道（搶東西）、惡作劇、缺乏互動、容易憂慮沒有自信、不肯分享、不會收拾、專注力不足、不遵守遊戲規則等。

#轉頭看見 S17 拿狗娃娃在玩，便一把搶過來，往空中拋了兩下，就把狗狗丟掉，趴在地上匍匐前進……然後用「刀背」切蔬果，並用刀背往水果模型敲打。……走到益智角，粗魯的用力玩繞珠台，當珠珠卡住時，便用力掰開繞珠鐵圈，把珠珠拉過去。（觀 2003.9.15）

#從女生隊伍中間插入，整個人趴在櫃子上面。把女生的玩具搶過來自己玩，女生一哄而散。……搶過 S9 的夾子……轉身拿起正在旁邊玩木匠敲打組的 S8 手上的榔頭……轉身拿 S12 的汽車拼裝組的扳手敲打。（觀 2003.9.24）

(三)參與者內在需求分析與輔導策略設計

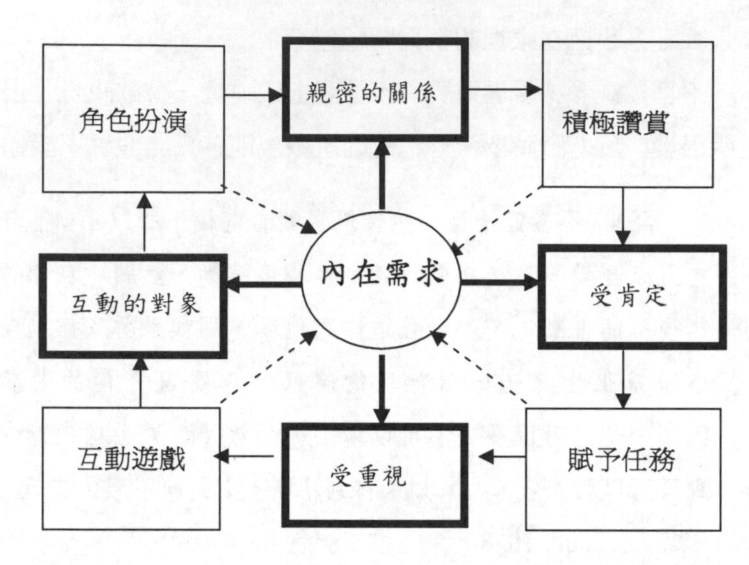

圖 2　參與者內在需求分析與輔導策略設計圖

二、輔導策略的設計

研究者與研究夥伴——愛心媽媽，首先對於參與者的家庭背景進行了解和分享看法，在達成「體諒、關懷」的共識後成立輔導團隊，希望透過互動經驗的累積，與研究參與者建立起互信的關係，並隨時發出關懷的訊息，讓研究參與者感受被關愛、被重視、被認同，在自身有所體會後，期待能自然的激發出正向的行爲回饋與對他人的關懷，進而自然的將偏差行爲導入正軌。

(一)輔導策略發展的考量

本研究在發展行爲輔導策略的過程主要依據參與者的問題與需求，以及研究者的考量、抉擇做爲擬定策略之參考。

1. 依據參與者的心理需求配合關懷策略：

根據訪談的結果發現，本研究參與者的家庭有「單親的缺憾」、

「不被重視」、「缺少互動關係」、「管教不一的教養態度」等問題，行爲問題則以霸道與暴力居首，茲將其問題及處理分述於後：

(1)單親的缺憾——擴展重要他人的功能

藉由邀請小凱的爸爸、姑姑或其他家人來參與學校的各種活動，滿足小凱對於家人關愛的需求。至於難以改變媽媽離開的事實，我希望在教室中能以身作則，扮演一個「像媽媽的老師」一樣的角色來關懷小凱，傾聽他的話語、了解他的需求，讓小凱能把他心裡對媽媽的想念抒發出來。

(2)不被重視——積極的讚賞和鼓勵

透過積極的讚賞和鼓勵，藉由肯定小凱的表現，讓他有被重視的感覺。

(3)缺少互動關係——任務的賦予及合作學習

經由任務的賦予及合作學習的經驗，讓他在服務同學的過程中，獲得較多主動與同儕互動的機會，進而促進他尊重別人、關懷別人的態度。

(4)管教不一的教養態度——透過家人

由於無法介入小凱的家庭去解決家人管教態度不一的問題，我發現從事教育工作的姑姑較能正視小凱的教養問題，因此，希望透過姑姑來處理他在家裡的管教問題。

2. 依據參與者的問題行為

根據訪談與觀察紀錄的綜合分析發現，本研究參與者有下列行爲問題：

(1)暴力行爲：吵架、打架、容易生氣、搶玩具、丟玩具、行爲粗暴、沒有禮貌。

(2)霸道：不肯分享、缺乏互動。

(3)惡作劇：喜歡對同學惡作劇，有時甚至會帶動其他人惡作劇。

(4)專注力不足：好動、散漫、愛玩、馬虎、不懼危險、無法安靜坐好。

(5)缺乏自信：沒有安全感、容易憂慮。

(6)不遵守規則：不遵守遊戲規則、不理會勸告、不愛惜物品。

(7)不收拾：抽屜經常雜亂不堪、沒有耐心收拾。

3. 找尋相關的文獻

現有的文獻中多提及行爲改變技術的應用，對於參與者的這些偏差行爲，研究者希望能奠基在「鼓勵、讚賞，不責備、不處罰」的處理原則之上，讓參與者從良好的互動經驗中發現與學習正向的行爲態度。因此，在眾多的文獻中，除了參酌 Noddings 的關懷倫理學主張之外，也擷取戴晨志先生在《新愛的教育》一書中的教育觀點援爲參考，簡述如下：

(1)關懷倫理學

Nel Noddings 是知名的關懷倫理學者，主張人際脈絡的情境考量有別於正義倫理的「論證」（justification），強調普遍化法則在關懷的網絡中並無法做爲具體的指引，而是應關注於人際間的相互關係（簡成熙，2000：193；簡成熙、侯雅齡，1997：142-143），其中，關懷者的關懷著重於感同身受（feeling with）的態度，是一種毫無選擇的接納與沒有條件限制的「全神貫注」（engrossment）的關懷，也是一種放下自己的需求，關心被關懷者需求的「動機的移置」（motivational displacement）之關懷；而當被關懷者感受到關懷者全神貫注的關懷時，關懷的關係才能算完成，也就是說，關懷行動完成於被關懷者接受關懷者的關懷（引自黃凰慈，2002：21-27）。

Noddings 主張教育的目的在於培養有能力、關懷與有愛心的人，強調教師除了要以身作則之外，還要與學生建立關係，以及協助學生不斷地練習關懷，提出包含楷模（modeling）、對話（dialogue）、實踐（practice）與肯定（confirmation）等四項道德教育的重點，說明如下（引自李奉儒，2002：25-26）：

a.楷模

關懷的能力依賴著適當的被關懷經驗，「楷模」並不是教導學生關懷的原則，而是必須表現出關懷相關的被關懷者。教師應做為一個關懷者和關懷的楷模，在建立關懷關係上向學生表現出關懷，讓學生學習如何成為一個有回應的被關懷者，並從中去學習如何關懷別人。

b.對話

對話不僅只是講話或溝通（conversation）而已，也是為了了解、感同身受或是評論，讓兒童有機會去質疑「為什麼」。在對話的過程中，雙方會產生關懷的關係，因此，當教師關注每一位兒童，傾聽、理解其需求，接納其感受時，學生也相對地能體察關懷自己與他人的重要。

c.實踐

關懷不僅是一種態度，更是一種助人的行為動力，應提供機會使兒童獲得關懷的技巧和發展關懷的態度。在工作分配上不應存在性別差異，也應讓男性有活動的實作經驗，才不致造成偏頗的沙文主義。

d.肯定

在關懷的學習情境中，並非去強調公式和口號，而是將兒童好的一面彰顯出來，並鼓勵別人也如此做。當教師肯定並激勵被關懷者的表現時，也幫助兒童提升了對自己更好的視野。

(2)新愛的教育

戴晨志先生在《新愛的教育》（2001）一書中，強調愛與鼓勵的教育，主要觀點如下：

a.每個孩子都有其「生命的亮點」，應藉此鼓勵他、讚美他、給他有表現的機會，讓他的生命亮點更加明亮。

b.試著做「引導者」，而不要做「強勢指導者」或「命令者」。

c.容許別人有犯錯的空間，不必當眾「羞辱他」或「撕破臉」。

d.懂得以「愛心和耐心」，來提供孩子適溫的環境，並加以開導，讓他慢慢地傾吐心事，「聽他，才能懂他」。

e.每個孩子都希望「被注意」、「被看重」、「被欣賞」，但假如孩子一直「被遺忘在角落」，則他一定會沒有自信心、沒有自我價値感。

研究者綜合上述文獻探討與透過對研究參與者的行爲觀察評估，以及檢視與其家人的訪談資料後，再對研究參與者的內在需求進行考量，擬定的輔導策略是奠基於「不責備」、「不處罰」、「多鼓勵」與「多關懷」的理念，然後依實際視參與者的行爲表現而有所權變。

(二)輔導策略的設計架構

鑑於研究參與者的特質對輔導策略進行的過程具有絕對的影響力，所以，研究者在進行輔導策略的過程中，以研究參與者的需求做主要的考量。在研究初期，考量研究參與者的家庭背景，依其在家庭中遭遇到的問題及需求設計初始策略，如下（參見表1）：

表1　學期初擬定之行爲輔導策略

家庭問題	策略名稱	關懷能力培養	活動內容
缺乏互動	賦予任務	1.建立自信、肯定自己 2.主動與人互動、關懷他人 3.服務的精神和責任感	提供服務同學的機會：發點心、抬牛奶、幫忙整理學習區
不受重視	積極讚賞	1.建立自信，肯定自己 2.對人的信賴與關懷	1.犯錯不予責備 2.讚賞好的行爲表現

在開始進行行爲輔導後，隨著參與者的表現與特質再依行爲問題需要做調整與修正，成爲實際執行之策略，如下（參見表2）：

表2　實際執行之輔導策略

家庭問題	策略名稱	關懷能力培養	活動內容	延伸活動
缺乏互動	繪本導讀	1.與人互動、信賴 2.分享行爲 3.專注力	繪本名稱： 《威力現在在哪裡？》 1.全班導讀 2.自由閱讀	其他繪本導讀 親子共讀
	賦予角色	1.促進隸屬與互賴 2.增進榮譽心 3.幫助良性競爭 4.增進模仿學習 5.培養責任心	指定對象賦予新角色： 1.小智哥哥：小凱弟弟 2.小麗妹妹：小凱哥哥	弟弟的角色 哥哥的角色
不受重視	積極讚賞	1.信賴 2.自信 3.情緒的轉換 4.情緒控制	1.鼓勵、不責備 2.讚賞好的行爲表現	愛的卡片

	互動遊戲	1.與人互動 2.友好關係 3.互賴與隸屬感 4.遵守遊戲規則	團體遊戲： 1.固定分組 2.自由組合 3.全班	伊比壓壓 梅花梅花幾月開 貓捉老鼠
	賦予任務	1.服務他人 2.責任感 3.自信心 4.去自我中心 5.不良行爲轉化	任務指定： 1.單獨的任務 2.夥伴的任務 3.臨時的任務 4.小組的任務 5.全班性的任務	1-1 積木角愛心哥哥 1-2 英文小博士 2-1 點心小老師 3-1 習作小老師 4-1 收拾小組長 5-1 收拾愛心
	詼諧的對話	1.排解紛爭 2.憤怒的情緒轉移	用有趣詼諧的對話和有趣的約定化解紛爭、轉移憤怒的情緒	詼諧的對話 有趣的約定

隨著研究參與者行爲的改善及對策略的反應情況，在輔導的過程中從原始策略逐漸發展或修正出一連串的策略實際執行，爲讓閱讀本文者能對本研究有較清楚的理解，特繪製「策略實施進程圖」附錄於後（請參見圖 3）。

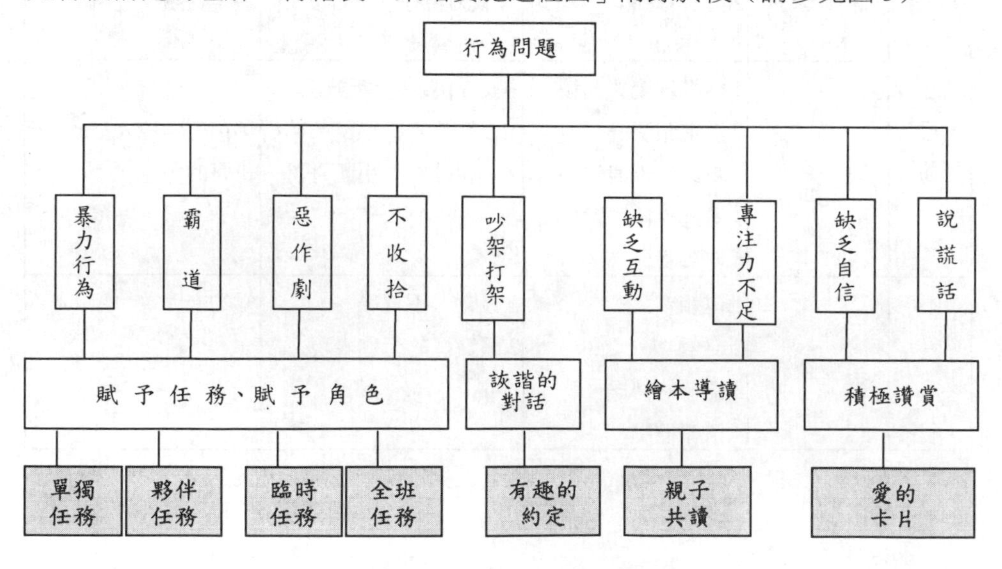

圖 3　實際執行之輔導策略概念圖

肆、研究結果與討論

一、輔導策略實施的過程

研究者將輔導策略發展的過程依據已進行的策略所作的分段，在這些階段裡有些策略具有前後關係，有的則是同時進行，主要是參照參與者的行爲表現而實施，礙於篇幅，在此僅將實施過程重點介紹於後。

(一)師生初體驗——教室裡的新新人類

1.起始點

剛開學的教室裡，大家對新環境裡的每一樣東西都感到好奇，小凱經常一個人在角落間轉來轉去，不是搶人家玩具、丟玩具，不然就是粗暴地玩弄每個被他看中的教具，所到之處總是造成混亂。

2.行動反思

我並沒有大聲制止也沒有嚴厲責備小凱，因爲我想：行爲改善是需要時間來進行的。雖然，「責備和制止」是遏止惡行的快速藥方，但是，那只是一個短暫治標的方法而已。

在關懷關係中，關懷者是對受關懷者開放地接納的，也是全神貫注和設身處地的。我決定製造機會讓他去體會服務同學的樂趣，希望能因此轉化他的問題行爲，並激發他的榮譽心與責任心，以達到真正治本的效能。

(二)踏出分享的第一步——學習等待是好的開始

1.起始點

在學習區探索的時間裡，小凱常遊走各學習區，動手搶、大聲吼，不肯與人一起玩，粗暴的使用工具，有時也會搶別人的玩具，因此所到之處同儕都會走避，等小凱走掉後，才再度回到學習區。

2.策略實施情形——用繪本搭起友誼的橋樑

在《威力現在在哪裡？》繪本導讀時，小凱興致濃厚的舉手主動出來找威力，當他找到威力時，我請同學們為他拍手鼓勵，這時我發現他急於再出來尋找下一個威力，趁著他的興致，我把教室中僅有的兩本《威力現在在哪裡？》拿出來擺在團討區地上，並讓小凱與幾位幼兒一起觀看。小凱和一群人在找到威力後一起發出歡呼聲：「找到了！找到了！」大家都很興奮，尤其是小凱顯得特別高興，還吆喝著大家繼續尋找威力，這時，我發現小凱開始踏出與同學們互動與分享的第一步了。

> #《威利現在在哪裡？》導讀後，……因為圖畫書裡人物很多、很小，……小凱因為看不到，便用力一把搶過書，放在自己的膝蓋自己找了起來！其他人靠過來想一起看書……我告訴小凱：「大家一起找會很有趣哦！而且他們幫忙一起找，很快就可以找到了。」小凱聽了我的話後，願意讓其他人靠過來一起找……一群人發出歡呼聲：「找到了！找到了！」（觀 2003.9.25）

3.行動反思

同儕們對小凱產生排斥現象，沒有人願意與他一起玩，他也拒人於千里之外，因此，總見他孤獨的從事每項活動。在我看來，表面上他的問題是霸道和獨占，其實他是缺乏與人互動的技巧和互賴的基礎，而常常遊走於各角落，無法專注固定停留於某一處與人分享玩具，就是造成他與人互動不足的主因。針對小凱專注力不足又不肯與人分享的情形，我決定以繪本來吸引他的注意力，選擇只有圖畫的《威力現在在哪裡？》做為導讀的教材，希望能讓小凱在與其他人一起尋找威力時，也能同時促進專注力與互動的技巧。

(三)打開心內的門窗——惡作劇也有功能

1.起始點

在期初的日子裡，小凱在教室中與同學幾乎沒有任何良性的互動，這是輔導團隊共同的看法，但我們驚訝的發現小凱與同學們最初的互動竟是從他的惡作劇開始：當一群人刷完牙準備進教室午休之際，他突然「頑」性大發，固執的用手壓住紗門不肯讓其他人進來，當愈來愈多人想進教室時，大家便開始與他互推紗門。正當大家都覺得很好玩時，紗門竟被推得扭曲變形。在這場快樂的互動後，小凱甘願接受老師的要求——把門修好。

2.策略實施情形

(1)伊比壓壓

在全班隨著音樂進行「伊比壓壓」的遊戲時，小凱原本把自己置於隊伍之外，不肯被其他人動手「壓壓」，也不願對別人「壓壓」，於是我特別把他叫到前面，讓他坐在我身邊，並主動先對他「搔癢攻擊」，他笑得倒在我身上一直求饒，隨後，他也舉起雙手用力對我搔癢。音樂告一段落，我鼓勵他回到隊伍中間，他並沒有拒絕，然後我發現他已可以接受小朋友在他身上搔癢並且也會向小朋友搔癢，在他快樂地和其他人一起做遊戲時，我想，他也同時打開了心裡緊閉的窗。

#我發現「伊比壓壓」的遊戲讓小凱突破封閉的心防，對同學的友誼跨出了一大步，我想，日後將再多找些類似活動，增強他互動的行為。（省 2003.9.17 後記）

(2)梅花梅花幾月開花

小凱在「梅花梅花幾月開花」的遊戲中，與其說他是充分發揮出他的霸道本性，我寧願視其爲領袖才能。當幼兒們依著老師的口令，聚集一定數目的人時，有的小組很容易就超出或不足，這時，我看到小凱指揮著每個成員加入或離開。在這個遊戲中，我發現小凱找到了他最好的朋友——兩人始終互擁保持在同一組，有固定的玩伴，讓他獲得與同伴互賴的經驗。

#我發現小凱自此之後一直對小智很友善，已從最會吵嘴打架變成最常一起玩的好朋友、好兄弟。（省 2003.10.30）

(3)貓捉老鼠

我發現小凱除了喜歡惡作劇之外更喜歡與同學們追追跑跑，便決定帶領「貓捉老鼠」的遊戲讓小凱在遊戲中盡情奔跑，小凱興奮的扮演大貓的角色，在同學的面前一展過人的「跑功」。對於好動頑皮的小凱來說，無疑是找到了發洩精力的出口。

小凱的跑功果然受到崇拜，因爲「笑果」十足，引發全班對著他大喊加油，大家都把拉著的手打開協助他抓小老鼠，這時可看到小凱爲獲大家青睞而卯足勁追跑的努力。

#小凱受到大家的歡迎，當他被指定擔任小老鼠或大貓時，都顯得很高興，會遵守遊戲規矩賣力的扮演不同的角色，同學們會幫他加油，也會明顯對他放水，讓他順利逃脫大貓或抓到小老鼠。（省 2003.10.31 後記）

3.行動反思

這場「推紗門」的惡作劇，結果讓人出乎意料，它成了小凱與同學互動的新章，也讓老師和同學看到他勇於負責的一面。讓我從而發現：「惡作劇也有功能」。於是，推翻一板一眼的說教，我引申惡作劇的功能，應用類似惡作劇的有趣遊戲成爲增進互動的跳板，因而拉近了小凱與同學們的距離，讓他不再爲其他人所側目。

(四)尋求家人的關懷——像媽媽一樣的姑姑

1.起始點

隨著學校活動增加，家長要配合的項目也跟著增加，小凱爸爸將小凱全權託付給姑姑，姑姑幾乎完全代替爸爸負擔對小凱的所有教養責任，這讓我原本想在小凱與爸爸的父子關係上使力的初衷破滅。

2.策略實施情形

慶生活動時會邀請家長前來參加活動，小凱是十月份的小壽星，但是慶生會開始，小凱的爸爸並沒有到場，小凱也焦急的在喃喃自語：「我爸怎麼沒來？」看到小凱對爸爸高度的渴望，於是，我馬上與小凱的姑姑聯繫，請她幫忙。

因爲爸爸遲遲沒有到場，我便代替爸爸爲小凱戴上花圈，這時他表現悶悶不樂的樣子，在其他小壽星笑臉的映襯下，我能感受到他的失望與無奈。

爸爸終於在姑姑的催促下趕來，儘管停留的時間很短暫（戴上花圈就離開），但卻讓小凱因此獲得心理滿足而展露甜美的笑顏。更特別的是，當一旁同學唱出「小凱的爸爸好好……」的歌聲時，更加催化小凱的興奮和滿足。這是姑姑的關懷和穿針引線才能讓小凱在重要的一刻擁有對幸福的驕傲。

3.行動反思

「託付事件」的背後反映出一個真實性的問題：當爸爸把教養責任託付給姑姑後，相對的爸爸主動與小凱互動的機會就變少了，在我看來，爸爸這時只是小凱的經濟來源罷了。我發現姑姑就像媽媽一樣的關懷著小凱，因此，我決定強力觸發姑姑與小凱的關愛，在姑姑面前積極的讚美小凱，引導姑姑扮演小凱行為改善的推手。

#小凱是十月份小壽星，……慶生會開始時，爸爸沒有到場。……小凱：（自語）「我爸怎麼沒來？」T：……老師可以幫你戴花圈。小凱：（臉臭臭的，沒答腔）。……爸爸趕來了，小凱看到爸爸來顯得很高興，笑得很害羞、很開心！（觀 2003.10.31）

(五)肩負使命的感覺——賦予任務

1.起始點

Noddings 主張愛和關懷、關係是道德教育的要素，認為道德教育應著重在體現關懷的關係，教師不僅要創造與學生的關懷關係，也有責任去幫助學生發展關懷的能力，在關懷的過程中，因為愛和對話，使師生彼此聯繫並有助於關懷關係的持續維持（李奉儒，2002：14-15，26）。秉持「不責備、多鼓勵」的原則，我對小凱採取適度的約束、積極讚美的態度，並以幼兒的標準來看待小凱，希望先讓他對我產生信賴並藉由賦予任務，將他推到同學的面前服務其他人，期待他在服務的過程中，體會責任、關懷、讚美與自信的價值。

2.策略實施情形

(1)單獨的任務

a.積木角的愛心哥哥

賦予小凱的第一個任務，是讓他在收拾時間擔任「愛心哥哥」負責整理積木角，因爲同學們都對這個頭銜羨慕不已，因此他顯得非常高興。小凱擔任「愛心哥哥」的任務後，我發現他真的很認真的在看待這個任務，非常努力的維護積木角的整齊，因此，很快的我又賦予他下一個新任務。

b.英文小博士

「英文小博士」是一項能讓小凱發揮優勢能力的任務，因爲小凱曾經就讀雙語學校的經驗，因此擁有不錯的英文會話能力。我想藉此讓上課不太專心的小凱，換個身分試著去扮演老師的角色帶領同學們學習英文，並且適時地鼓勵讚美，讓他覺得很有成就感，這讓他變得很有自信，因此，往後的在上課時間他就顯得專心多了。

(2)臨時的任務

a.送東西

小凱已經習慣於擔任許多不同的任務，於是我開始對他臨時賦予一些任務。有一次我要他送一份他做的三明治去給一位關心他的沈老師並說感謝的話，他離開教室後過了許久仍不見回來，我到辦公室去尋找，辦公室的老師對我說：「沈老師不在，我們叫他放著，他說一定要找到沈老師才可以，不肯放在辦公室啊，然後就走了。」後來我發現他真的正在校園裡尋找沈老師。他的堅持讓我非常感動，也讓我省思以後要交付任務時，要做審慎的評估，以免孩子發生危險。

b.貼車碼牌

戶外教學時，由家長們組成車隊，搭載幼兒們到農場參觀。

小凱被分配坐在我的車，同行有八部車子，出發時，我請小凱幫忙把號碼牌貼在車窗外。我發現小凱很仔細的把車碼牌貼在擋風玻璃的前方，並且在車子行進間一直盯著紙張看唯恐被風吹走。到了目的地，車子一停下來，小凱便馬上繞到車前去把紙張重新貼牢。回程時，他也沒有忘記任務，一直在注意車碼牌是否安然，從這裡，可看出他真的很認真在看待老師所賦予的任務。

(3)合作的任務

我發現與小凱最常互動的對象是小智，因此我在賦予小凱許多單獨的任務後，決定讓他與小智共同擔任「點心小老師」的任務。在小智的帶領下，兩人都很認真的在執行任務。小凱也很在意與小智一起擔任小老師的工作，尤其當小智表現好被老師稱讚時，小凱就會更賣力的執行工作並表現出好的行為，我也趁機給與鼓勵與增強。這時，我發現小智成了小凱積極模仿的典範。我相信，小凱在這個任務中慢慢體會到了「與人合作」的樂趣和重要。

接著小凱和小智陸續共同擔任「習作小老師」和「錢幣小銀行」，我發現兩人都很認真在執行任務，並且發現小凱會主動幫忙同學，我想，他已漸漸學會去關懷別人了。小凱擔任的任務持續進行，有時他同時會肩負幾個任務，但我發現在這些任務中，他都能兼顧的很好，也沒有表現出厭煩的樣子。

有時，小凱擔任任務時偶而會出現頑皮的行為，我會評估有沒有確實執行任務，並適時取消他擔任小老師的資格，讓另一位同學接替他的工作，這時，我發現他會顯得懊惱，於是我與小凱約定：如果你不再調皮，老師會再給你機會當小老師。我發現取消任務並告訴他正確的行為會讓他掌握什麼是好，什麼是壞的準則，並且在下一次的任務中表現出正確的行爲來。

(4)全班性的任務

當同學們與小凱不再有明顯的距離時，我開始思索，如何藉助全班的力量讓小凱的榮譽感更極致的發揮出來。於是，我決定賦予全班一致性的任務，讓小凱將英雄式的優越感轉化爲對團體的榮譽感，讓他與同學們一起接受任務。起初，我將全班分爲數組比賽學習區整潔的維護，並讓小凱擔任其中一組的小組長，我發現，小凱不但會督促組員收拾玩具，還會做最後的檢視。在任務小組之後，我也開始對全班一起賦予單獨任務指令，我對著一個平日活潑可愛的小女生比出愛心的手勢，並作勢送給她，請她收拾座位，她高興得接收愛心並笑咪咪的說：謝謝。然後走去收拾自己的座位。其他人見狀，都紛紛的舉手對我說：送給我、送給我……，我便一一的送「收拾愛心」給每一個人，小凱感染這份快樂，也學著大家高興的接受我的收拾愛心，興沖沖的去收拾抽屜。爲了讓小凱能養成收拾的習慣，我常送收拾愛心給全班，讓小凱跟著一起學習收拾的技巧，有時我還會欣喜的發現，小凱與同學一起鑽進桌子底下撿小紙屑，幾個人一邊撿一邊快樂的說笑，那個畫面真是可愛！

(5)主動性的任務

在經過許多的任務之後，我發現小凱不但樂意去接受許多的臨時任務，還會開始主動的去進行某些我並未要求他的工作。他會自動的打掃教室、自動的指導小朋友，甚至放學了，爸爸來接他，他也會堅持把事情做完才跟著爸爸離開學校。

3.行動反思

Margaret Gorman 曾指出：學齡前的幼兒雖然在相互幫助的關係上很表淺且自我中心，但原始的利他主義已經出現（引自方能御譯，1993：372）。從教育的觀點而言，鼓勵幼兒與同儕合作學習，把蘊藏在心中的利他引出來，可以促進幼兒察覺別人的感情和接納別人觀點的能力，也可以幫助幼兒緩衝強烈的自我中心，進而促進相互性的發展。

在發展「賦予任務」的這段時間（請參見圖 4），我發現小凱每次執行任務時的態度都很認真，顯示小凱非常重視老師交付的任務，我想這代表他已接受了我的關懷。尤其，小凱會主動幫忙同學讓我覺得很感動。我想，當初主張不責備、不處罰的輔導，就是希望能讓他自己從生活中學習與建立正確良善的行爲，不會感到「被命令」的壓力。而在這裡，我看到了小凱本性溫柔、細心、耐心的一面；也看到了他開始主動的對其他人發出善意的關懷。

#同時擔任三項任務：英文小博士、積木角愛心哥哥、點心小老師，他都能同時兼顧做得很好。（省 2003.10.13 後記）

#小凱會指導做錯的幼兒，並且很認真很仔細。

小凱：（對小麗說）妳畫得不夠圓。便動手幫忙修圓一點。（觀 2003.11.11）

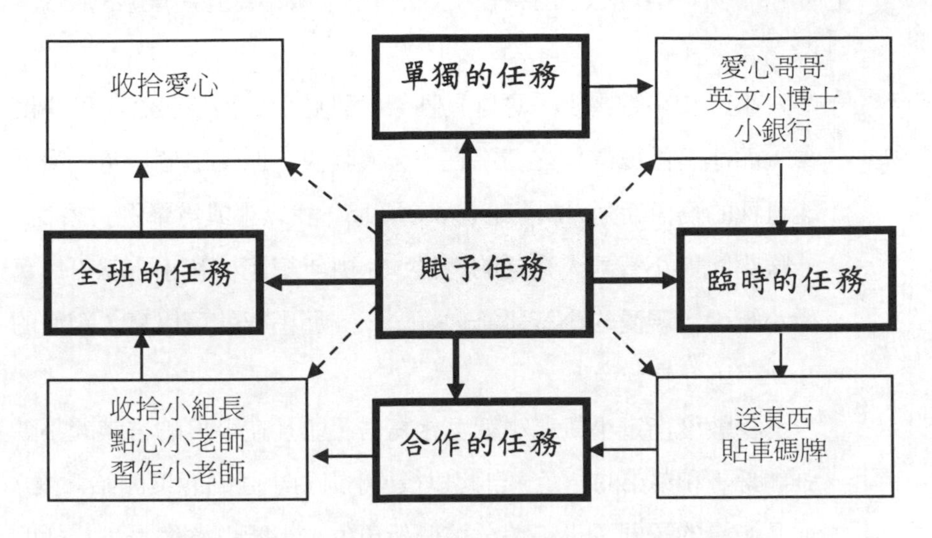

圖 4 「賦予任務」策略發展概念圖

(六)他很棒，他是我的好兄弟！——樹立互信與互賴的典範

1.起始點

對照姑姑的陳述，小凱在家很容易生氣也會出手打人，尤其是不能輸只能贏的個性；期初時，在教室中也輕易可見，雖然經過一些時日，小凱與同學們總算開始互動了，但是他只要稍受干擾還是會馬上粗暴的動手，這讓我很擔心同學們會被他嚇跑。我發現班上的小智雖然常與小凱有些爭執，但還是願意與小凱一起玩，而小凱看起來也並不排斥他。

2.策略實施情形

有一天小凱和小智在操場上賽跑，高壯的小智用力的跑在他前面時，他不肯認輸並立即翻臉，兩個人一路上打打罵罵的來到我面前，在我用詼諧的語言化解了他們的糾紛後，我決定針對小凱的好勝心發展新的輔導策略，希望藉由在他們兩人之間拉上一條線，讓兩人成為生命中的夥件。我決定選擇在另一次紛爭中做爲實施新策略的時機。

(1)學著當弟弟

小凱和小智爲了爭奪玩具吵架，只見小凱獨自坐在一旁生悶氣，而小智面露僥倖之情站在一旁。我決定抓住這個機會，發展全班性的寫信活動。在全班進入討論時，我以小凱爲舉例對象說：「像小凱與小智兩人寫信的時候，小凱年紀比小智小，就可以寫給小智說，親愛的小智哥哥你好……，那小智就可以寫，親愛的小凱弟弟你好……。」

我數度指定小凱和小智互相寫信，並且在平日的言談間不斷強調哥哥和弟弟的角色。自此以後，小凱對小智的態度開始轉變，並且慢慢的認同了「弟弟」這個新角色，小智也會像哥哥一樣的對待小凱，同時，兩人也表現出接受新身份的默契和友愛，這讓我和愛心媽媽們都有所感動，我們也發現：他們兩人的爭執很少再出現了。

> #當小智表現好被老師稱讚時，小凱會更賣力執行工作並表現出好行為。……小智成為小凱積極模仿與仰慕的對象。（省 2003.11.11）

(2)學著當哥哥

我發現讓小凱學著當「弟弟」的進步後，我決定讓小凱也體會擔任「哥哥」的角色任務，班上一名學習情況較爲落後的女生「小麗」常跟在他後面跑，是擔任妹妹角色的好對象，在全班的帶動和我的鼓勵之下，小凱真的接受了「哥哥」的角色，慢慢的他也開始盡責的展現哥哥的風範，有時還會主動的協助或關懷小麗：例如，在萬聖節的闖關遊戲及戶外教學時，我和愛心媽媽們都看到小凱幫著小麗解決困難（協助答題或是拉著小麗的手教她去撿地上的玉米餵白兔），在許多活動中，小凱總是不厭其煩的在教導小麗，有時甚或主動坐到小麗身旁加以指導……，我想，這個任務幫助他進一步的改善霸道、自我中心的行爲，關懷和愛已在他小小的心中滋長。

#主動坐到小麗身旁，順便指導及協助小麗作答……

當我要求小凱坐回原位時，他回答：「可是小麗她不會怎麼辦？」（省 2003.11.20 後記）

(3)行動反思

自從小凱認定小智是哥哥以後，會對小智做出禮讓或容忍的行爲——把玩具讓給小智不與他爭搶，並且在許多遊戲裡會積極的維護小智。小凱的轉變最令我感到高興的是：當他與小智出現爭執時，自己會主動轉換遊戲的玩法、發展新玩法、轉移陣地或轉換玩伴，不但不會產生嚴重爭執，也會容許其他人加入他的遊戲之中。我想「當弟弟」真的有效的轉化了小凱「唯我獨尊」的霸道心態與好勝性格，也讓小凱體會到了謙讓的價值。而「當哥哥」也讓小凱表現出「保護、照顧」的男生特質，讓他有機會展現出溫柔的本質。

在發展「賦予角色」這個策略中，小凱對「哥哥、妹妹」的角色接受度頗高，態度也十分認真。這個策略對於家裡沒有玩伴或兄弟的他來說，實質上提供了他角色練習的機會，並讓他在班級中有隸屬感，也讓他展現了溫柔的本性。

(七)幽默是讓生氣柔軟的良藥——詼諧的對話、有趣的約定

1.起始點

期初小凱在教室裡生氣的場面令人印象深刻，生氣時情緒表現很激烈，固執也常伴隨著出現，情緒常常延續很長的時間無法緩和。愛心媽媽回憶地描述當時的情形，包括：生起氣來會兩手握拳還會全身僵直顫抖，並露出怨恨的眼神；看起來就像隨時會爆炸的樣子，情緒不容易馬上緩和；有時會掉淚，不理會別人的安慰也不回答問話；很可怕，小孩子的脾氣怎麼會這麼大；怕自己的孩子會受到波及。

#生氣起來就是會發抖……兩手還握拳ㄚ……好像很怨很怨，……情緒很不穩定，隨時會爆炸，……有一點恐怖啦！啊，就是送女兒……會有一點擔心，怕受影響……比較擔心啦！（LM1 2003.12.10）

#你就真的是覺得他很可怕這樣，怎麼會有小孩子脾氣會這麼大這樣子。（LM2 2003.12.10））

#小凱生氣起來，很激動，他兩手都握著，都一直發抖，對啊！我看了也是好可怕哦！小孩子怎麼會這樣，有這種行動哦！現在他有……改變很多了，我已經有很久沒看到他打人了。（LM3 2003.12.10）

2.策略實施情形

Noddings 主張對話不但可以用來評估付出關懷的成效，也能夠幫助被關懷者成長，在關懷的過程中，因爲愛和對話，使師生彼此聯繫並有助於關懷關係的持續維持（曾漢塘、林季薇譯，2000：378）。

第一次用詼諧有趣的對話去排解小凱與小智爭著跑第一名的紛爭時，連我自己都覺得想笑出來，由於說的話很粗俗：第一名的人要吃大便。我更覺得有些說不出口，但是，當我說完，兩人不但一起大笑還欣然的接受這種詼諧逗趣式的排解話語，互相和好，這個反應讓我找到做為日後排解許多紛爭的有用模式。

#小智：「他說我不可以跑第一名，可是我先跑到的。」

T：「好，如果以後跑第一名的人要吃大便，你們還要不要跑第一名呀！」

小凱和小智大笑：「哈！哈！哈！……」

小凱：「我才不要吃大便，哈哈哈！」小智：「我也不要吃大便，哈哈哈！」（觀 2003.10.16）

小凱和小智的紛爭依然不斷，有一次，當小凱生氣而用力去捶桌子時，我停下手裡的工作試著用擬人式的詼諧話語勸導他時，能讓他心甘情願的向桌子道歉，這更讓我確定用詼諧的方式與他溝通，會比說教更能有效轉移他的憤怒。

3.行動反思

我曾試著用一般老師們最常用的排解方式（勸導、互相道歉、握手）來處理小凱與同學們的紛爭，結果不但無效，有時還會發現小凱因而表現出沒有心服的樣子或粗暴的表達敲打桌子，這讓我體會到對一個生氣的人說教沒有意義，只會火上加油。因此，開始思考如何先讓他和緩下來再把話說清楚，所以我決定運用他愛玩鬧與惡作劇的性格，以簡單詼諧的話語來化解火藥味十足的場面。我決定在他生氣時，先故意忽略他生氣的情形，改以詼諧有趣的語言逗他開心，讓他放開心胸後，能把心裡的話說出來，以轉化他生氣的情緒來改善他動不動就生氣的習慣。

對於小凱生氣與紛爭的處理，我由「詼諧的對話」策略發展出「有趣的約定」策略：當愛生氣的小凱又在生悶氣的時候，我開始對他說笑搔癢，並讓其他同學也加入「攻擊」，還對他提出「以後不能再生氣了，不然我們就要用鑽子伺候」的約定，小凱高興得與每個人打勾勾，顯然這樣的約定讓他和大家都覺得很有趣。

雖然「有趣的約定」有幾次能派上用場，但是，我發現遇到真正令他委屈而生氣的事時，這個約定並未能發揮效用，有時反而令他更加生氣。許多次都要把他帶到一旁個別安慰，才能讓他的情緒緩和下來，因此，我認爲，孩子對於事情的對錯，心裡會有判斷，並不是嘻鬧可以蒙混過去的，而關愛仍然是化解生氣的良方。

(八)學人說話的小鸚鵡——教師是幼兒學習的典範

1.起始點

小凱有時會留意我對其他人所說的話，並且會將我說過的話模仿應用在類似的狀況或事件之中。這讓我明白的知道：老師是幼兒學習的典範，而且是現場的、立即的、有影響力的模範者。

2.實施情形

當小凱與同伴們正在堆積木城堡時，S5 走過去頑皮的用腳去踩大家排好的積木時，小凱也用腳踢了 S5 一下，並且對著他大叫：「不要踩啦！」我聞言去查看，除了提醒小凱不能打人外，還建議 S5：「你想要踩積木的話，就自己排自己踩！」兩人在我的勸解後各自回到自己的遊戲中。過了一會兒，S5 又走過去想踩小凱他們堆的積木城堡，這次我發現小凱並沒有動手，而是模仿老師建議 S5：「要踩你就自己排自己踩啦！」。

#S5 想動手把城堡推倒，小凱說：「不要啦！」用身體去擋 S5，……小凱：「你自己去排啦！不要撞我們的。」（觀 2003.11.12）

3.行動反思

往後，遇到類似情形，我發現他都是表情認真的建議同伴：「你自己去排，不要擋我們的。」我會對小凱這種表現立即給與讚賞，小凱也都高興得微笑。我想，小凱運用之前曾有類似的經驗解決問題，應該就是「學習的遷移」吧！

(九)讚美是最好聽的歌聲——讚美與擁抱雙效合一

1.起始點

小凱的個性有些散漫，好動愛玩、不喜歡收拾，東西常雜亂得散落一地，對於一些他不感興趣的活動常虛應了事，往往沒有確實完成工作就跑掉，並且在好動之餘，也常會隨興所至從事危險的活動，讓我防不勝防，頭痛之至。

2.策略實施情形

對於他不肯安靜坐好又無法有效收拾的情形，我決定要動用全班的力量來帶動，讓他在各種活動中學習排隊和等待，並給與他特別的關注和積極的讚美，帶動大家認同他的表現，我希望這樣做能讓他逐步沉穩下來。

除了讚美，我也經常以擁抱來表示對幼兒們的關懷與認同，擁抱對小凱非常有效，當我抱著他時，我發現他變得很柔順，也特別容易溝通。

T：小凱在學校很乖哦！現在是我們的小老師，做得很棒。

爸爸：真的哦！謝謝！小凱，跟老師說再見！

小凱：（很高興的樣子）老師再見！（觀 2003.11.21）

3.行動反思

我發現擁抱與讚美都能增強與固著孩子們的正向行為，所以不僅對小凱，對每一個幼兒也都應該「積極讚賞」並「多多擁抱」，讓每個人的愛都被激發出來。

(十)更上一層樓——欣賞自己也欣賞別人

1.起始點

配合「小廚師」的主題活動，班級舉辦了小型的「票選餐廳畫」活動：設計一家屬於自己的餐廳。我與幼兒們約定畫好後要票選出最漂亮的畫。

小凱很賣力的埋首設計他的餐廳。畫好後，他和同伴們一起到展示區欣賞畫作，我發現他很熱切的向大家介紹他的畫作內容，希望大家投他一票。

2.策略實施情形

當票選活動開始，我請大家出來推薦畫作，起初，每個人都是推薦自己的畫，直到 S19 推薦 S13 的畫時，我特別對這個推薦行為讚賞並請大家為她拍手鼓勵。

輪到小凱出來推薦畫作時，只見他在作品前方走來走去，久久無法做出決定。等了很久，他終於決定推薦 S10 的畫，我大大的稱讚他並請大家為他拍手時，他露出愉快的表情，很顯然地，他對於自己的決定感到非常高興。

> #他在作品前方走來走去……他終於決定推薦 S10 的畫。我稱讚他並請大家為他拍手，他顯得很高興。
> (觀 2003.12.12)

3.行動反思

讓孩子從霸道、暴力、只有自我，到學會去推薦、欣賞別人，過程和路途雖然不知有多遠，但是我想這條路應該就是關懷再關懷。

（十一）老師說的話都是真的——信守能確立教室裡的原則

1.起始點

小凱在學校裡說謊的行為並不常見，但因家人十分困擾，所以我決定要利用上課的時候以身作則，讓所有人都知道老師信守承諾，讓小凱學習、遵守教室裡的原則，也希望對改善小凱在家的說謊行為有所幫助。

2.實施情形

我常常在每個活動中跟幼兒們強調：「沒關係」、「慢慢來，老師會等你們」，讓孩子們安下心把每個動作完成。對類似小凱沒有自信與容易緊張的孩子，我希望能營造一個說話算話的安定環境讓他們放下心來，我更希望讓孩子們能把心裡的話勇敢的說出來。因此在我常對著幼兒強調：「老師說的話都是真的！」採取言出必行的態度，對於答應的事說話算話、要求的項目也堅定立場，在積極的履行諾言中，確立教室的規則。

3.行動反思

我試著從小凱的內心出發來看「說謊」這個問題。雖然家人覺得小凱說謊是他的豐富幻想所致，但是我認為其實那是小凱缺乏安全感及怕被責罰的表現：怕不能再與媽媽私下相聚而隱瞞與媽媽的互動情形；怕被發現尿床而裝出一副無辜的表情；或是想買玩具而欺騙家人（洗好澡了）；怕家人爽約……，甚至有些時候，我發現他說謊其實是因為對事情的真相不十分了解甚至誤解所致。

#小凱很喜歡買玩具呀！……那小凱可能不洗澡，可是小凱去換了一套衣服，然後跟爸爸說已經洗好澡了，他要去買玩具！（訪 SA 2003.10.8）

(十二)愛的表白——傾聽孩子的真心話

1.起始點

在確立教室的規則後，從日益穩定的師生關係出發，我開始發展「愛的卡片」策略活動，希望能讓小凱打開封閉的心扉，透過寫信把心裡的話說出來（請參見圖 3）。

2.策略實施情形

在這個活動裡，愛心媽媽擔任幫忙大家寫信的角色。

步驟一：指定寫信對象：我特別指定小凱與小智兩人互相寫給對方。第一天小智在信中主動表示不應該跟小凱吵架，但反觀小凱的信，表現友誼的方法卻顯得很彆扭可笑：「**你可不可以跟我做好朋友，我覺得我的腳會酸酸的，我覺得你的嘴巴比我大一點。**」到了第二天，小凱就學會模仿小智寫信的語氣，生澀的表示友誼了。

步驟二：自己挑選寫信對象：當小智試著寫信給其他人時，我發現小凱表現出很在意的樣子，顯然他希望能與小智一直互相寫信下去；但是當有愈來愈多的人寫信給小凱，表示願意與他做朋友時，小凱開始顯得非常的高興，我覺得寫信活動正在拉近小凱與同學之間的距離。

步驟三：抽籤決定寫信對象：為增加寫信的趣味，我讓大家用抽籤來決定寫信的對象。此步驟進行了很多天，所有的信件內容無法全部列出。但是在這個階段中，因為沒有和小智互相抽到籤，讓小凱很自然的接受了小智寫信給別人的事實，也能接受與其他人互相寫信。

就在聆聽其他人寫給他的信件時，小凱都顯得相當高興。

步驟四：指定寫信給爸爸：小凱把心裡想對爸爸說的話透過信寫了出來：「**爸爸，我好希望你每天都能陪我做功課，我好愛你，我希望你能常常陪我睡覺。**」心願雖然很微薄，卻很真誠的把感覺表達出來。

步驟五：指定寫信給媽媽：小凱一共寫了三封信，分別是給親媽媽、新媽媽和老師媽媽。在給媽媽的信中，他很急切的希望媽媽回到身邊來並在信中透露：「**我會打電話給妳的！**」這是他在家人面前始終不願承認的事實。信末，小凱對著給媽媽與老師的信說道：「**媽媽我愛妳**」，卻不肯在給新媽媽的信中寫上同樣的話語，讓我對小凱的媽媽離開他這個無法改變的事實感到難過。

步驟六：指定全班寫信給小凱：在這個階段中，全班都藉著寫信對小凱釋出善意與友誼，有些小朋友在信中還很直接的要求小凱要改善一些行爲，包括：「**你不要打我；你不要常常大聲叫；你不要那麼愛生氣；你要乖一點……**」當我把這些話唸給小凱聽時，他很認真在聽並沒有露出生氣的表情，當聽到有些小朋友肯定他的進步時：「**你好會幫老師掃地；我覺得你力氣好大；你沒有跟小智打架，我覺得好高興……**」時，表情顯得很高興。

步驟七：指定全班寫信給老師：在寫信活動結束前正好是我的生日，因此我請大家寫信給我。有些幼兒天真的在信中稱我爲「白雪公主老師」，讓我莞爾一笑，喜悅在心裡。小凱也在信上對我表示真誠的好意：「**老師我愛妳、老師妳對我很好！**」讓我感到很欣慰。

3.行動反思

在寫信活動的過程中（請參見圖 5），我要特別再感謝愛心媽媽們對我的協助，因為全班這段時間裡所有的「愛的卡片」都是透過她們辛苦寫出來的。相對地，愛心媽媽們也很認同「愛的卡片」對於小凱和其他人的功效。

#小朋友都很喜歡寫信活動；可以把期望或是根本不敢講的話……寫信活動讓小凱比較能和同學互動；對他幫助很大，讓小朋友對他的觀感改變；……小朋友開始喜歡他了；除了小智以外，他還會想要跟更多的人做朋友。

(訪 LM2 2003.12.10)

雖然我不知道寫信活動是否會讓小凱在家裡停止說謊，但是我能確定的是：在寫信的過程中，小凱學會把心裡的話說出來，不但和小智成了要好的朋友，也獲得了其他人的友誼。

因為學會把心裡的話說出來，在「做麵條」的主題活動中，他甚至放下身段主動與大家商量：「姑姑要結婚，我要去當小花童，可不可以等我回來再做麵條！」和緩的口吻說服了全班，大家都表示願意延後活動日期等他回來後再進行。我想，這應該是透過愛的卡片的發展過程中，所獲得的友誼和勇氣吧！

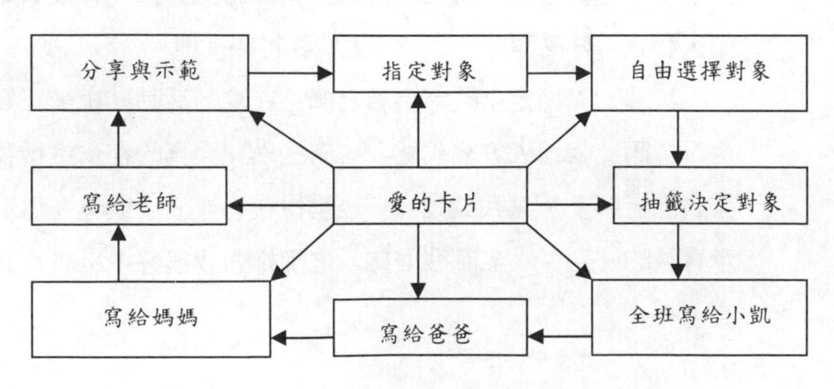

圖 5　「愛的卡片」策略發展概念圖

(十三)跨步向前的師生關係——你可以叫我「老師媽媽」

1.起始點

因為小凱有特別的行為問題，所以成了本研究的參與者。其實，班上有三名單親家庭的幼兒，除了 S12 是留在媽媽的身邊之外，小凱與 S17 都是跟著爸爸。我很能了解當他們看到其他幼兒與媽媽的親密互動，心裡一定很難過。所以在教室裡，我期許自己能扮演一個「像媽媽一樣的老師」。

2.策略實施情形

在每次涉及父母親的討論時，我都會特別對三名單親家庭的幼兒給與特別的語言安慰和肢體的撫慰，三人和我在這樣的互動關係中，也建立出了深厚的情感。因此，不管是與同學發生衝突或是糾正他們應該聽從愛心媽媽的指導，對於我的要求，他們都能柔順聽從。

3.行動反思

關懷倫理學主張道德根植於接納、關係和回應，重視的是關懷者和被關懷者的關係。我發現，在與孩子們建立關懷關係的過程中，我們也同時建立了師生間的互賴。因此，我想，建立關懷信賴的師生關係應該是幼兒行為輔導的最初也是最終的任務吧！

二、輔導過程中的成長

本研究參與者的改變不能說是完全由於輔導策略奏效，但可以肯定的是這樣的成長確實是在這個歷程中所產生的，因此我將之稱為「輔導過程中的成長」。成長與否乃依據研究歷程中所蒐集到的「觀察紀錄」、「訪談紀錄」、「研究日誌」、「實作作品」等紀錄，來追蹤參與者成長的脈絡。

(一)暴力行為降低

小凱的暴力行為漸漸減少，從零星發生到最後他生氣減少了，會控制打人的衝動並且自己會轉移生氣的情緒——轉換遊戲方法或轉換同伴，有時還會對不遵守遊戲規則的同伴提出好的建議；對其他人有要求時他也會使用商量的口吻，更會主動去關心、幫忙同伴，遇到問題時更會主動請求老師的協助。

S5 弄翻了一整桶雪花片，……小凱：（拿過小麗的掃把）我來掃，妳拿畚斗。小麗：好（拿著畚斗跟在小凱旁邊）……小凱：我把它搬開，小心，不要撞到，小麗妳走開！（用力搬櫃子）老師，妳可不可以來幫我們搬櫃子？（觀 2003.11.21）

(二)大方的分享

小凱學會與人分享，有時還表現得很慷慨，也會主動的對同學表示友好或幫忙能力較差的同學解決問題，目前，他已能輕易的融入其他人的活動之中，像看書時，不但不會再把書搶過來，還會與同伴共看一本書或唸書給同學聽，不會只侷限和男生一起玩，也很少再單獨活動。

S3：老師我的紅色沒水了？

T：那你用橘色代替好不好？

小凱：不用啦，我的借你就好了。（觀 2003.11.21）

(三)不再惡作劇

小凱學會溫柔的對待同學們，對於同伴的打擾也會忍耐不會生氣。

#因為玉米已用完，小麗跑來找小凱。……小凱：（拉著小麗的手，指著地上掉落的玉米）妳可以撿地上掉的，

撿起來還可以餵。小麗：（沒有動，看著小凱）……。小凱：我帶妳一起去撿（拉著小麗去撿地上的玉米）。（觀 2003.11.7）

(四)專注的進行活動

小凱在做事或執行任務時都表現的很認真、很盡責；會專心的完成每一個活動（如畫圖、餵小動物），不會到處遊蕩。

#從愛心媽媽手中接過馬鈴薯，非常專心、細心的削皮（並沒有和人說話）。（觀 2003.11.6）

#小凱很專注的在作畫，當小智、S26 湊上前來觀看他的畫時，他會仔細介紹自己的畫作內容，然後低頭又繼續認真作畫。（省 2003.12.12 後記）

(五)很有自信

小凱現在能很有自信的帶著同學朗誦、發表、解決問題，並大方的接受老師和同學的讚美，也會讚美別人、肯定同學。

#由小凱用英文宣布並讓全班跟著大聲唸出……還會很認真的教老師怎麼發音。（省 2003.9.24 後記）

#小凱：老師，妳看這是超人哦！這是他的手槍……
T：哇！畫得真棒！（觀 2003.11.11）

(六)遵守遊戲規則

小凱學會遵守排隊等候的規則，與小朋友一起玩時，也能遵守彼此定下來的規則，不再要求別人照著他的話去做。

小凱拿著做好的卡片來排隊，等候老師為他寫信。（觀 2003.10.28）

#大家輪流餵小牛，小凱依序排隊餵牛奶。輪番排了幾次隊，也餵了幾次牛奶。（觀 2003.11.7）

(七)主動打掃教室

小凱一直都把積木角收拾維護的很好，也會主動督促同學去收拾，更常常主動幫忙打掃教室，熟練得使用掃具。

#自從小凱擔任積木角愛心哥哥以來，積木角一直維護得很整潔，……他一定要把積木收得很整齊才能放心返座。（省 2003.9.26）

#T：小凱，爸爸來接你了！
小凱：哦！好（抬頭看一下爸爸，又繼續低頭掃地）。
（觀 2003.11.21）

(八)獲得大家的讚賞

1.愛心媽媽的讚賞

愛心媽媽都覺得小凱改變很多，在個性上，已從暴躁變得比較平順了，沒看到他打人，跟其他人一起玩時，動作很輕柔，很少再發脾氣了；很會體貼同學，弄壞他的玩具，也不再像以前那麼兇，還會送東西給其他人；很熱心、主動幫別人的忙，變得很有愛心；順從老師的指導，會認真的把事情做得很好，原先在教室裡常常要處理小凱所引發的問題，現在發現他沒有聲音了，好像變成隱形人一樣，叫他只要輕輕的：「小凱，來。」不必像以前要大聲呼叫；吃完飯後，會主動收拾餐袋，有時也會趴在地板撿垃圾，看起來好可愛。從這些小動作中可以觀察到他真的是在進步。

#他沒聲音了，……變得很有愛心……會主動去幫忙別的小朋友，……他也都會趴著在那邊撿垃圾，看起來好可愛，現在叫他都是輕聲細語，……以前都是（語氣加強）小凱！小凱！你在幹什麼！（笑）。（訪 LM1 2003.12.10）

#我發現，他跟小妹妹在玩的時候，竟然會動作很輕柔這樣子，還送她小貼紙。（訪 LM2 2003.12.10）

#進步非常多了……現在跟小朋友相處也都沒什麼問題，……我現在已經很少聽到他在班上有什麼大聲音出來，對。（訪 LM3 2003.12.10）

2.美語老師的讚賞

美語老師覺得剛開始時，小凱在上美語課比較暴力也比較不聽話、不合群，問他問題不見得會回答，總是沒有坐好或是一副想睡覺的樣子。但是，自從小凱當了英文小博士以後改變蠻多的，變得比較主動，而且會很快的回答老師的問題。他很喜歡被老師賦予任務，也會認真執行工作，稱讚他後會顯得很高興、有信心。

ET：小凱變得比較主動……他也很喜歡 Show，……我說：哇！你看，你好厲害咧！難怪你是英文小老師的時候，小凱就看起來很高興，然後也有自信，……也比較踴躍……一直到最後，小凱變成他很主動就自己把名牌收好給我。(ET 2003.11.13)

3.姑姑的讚賞

姑姑覺得小凱在這段時間中暴力的情形有改善，現在比較不會發脾氣了，以前在家裡常常發脾氣，生氣起來會摔東西、捶門，比較暴力一點，但是，現在幾乎沒有再發脾氣的情形。以前去別所幼稚園上學時，回來常規很不好，講他也不會聽，自從來這裡之後比較乖，對他講話大部分都會接受，會服從老師的指示，老師在他的心目中，對他來說是一個比其他都好的形象。

#SA：嗯，比較乖，然後如果有脫序的行為的話，你如果有指正他，他會改……然後比較不會發脾氣，對……比較乖，……會服從老師的指示，因為他以前去別間哦，……回來他常規很不好，就是你跟他講他也不會聽，可是我覺得他自從來這裡之後，……聽老師的話，所以變成只要我講話，他大部分都會接受，他覺得老師對他來講是一個……比別的形象在他心目中都好的。（訪 SA 2003.12.24）

伍、結論與建議

根據研究發現的結果，本研究歸納出八項幼兒行為輔導策略設計，藉以提供幼兒家長與幼教工作者做為在教學與行為輔導上參考，並提出鼓勵基層教師進行行動研究的建議。

一、結論

(一)偏差行為輔導＆建立信賴的師生關係

偏差行為輔導進行的過程，首重建立關懷的師生關係及班級氣氛，其目的在於使兒童對老師產生信賴及營造班級的接納度，立基於此二者，借力使力使參與者會因信賴教師而願意接受過程中每個策略的實施，班級同儕也能在關懷的氛圍中，接納參與者、協助策略進行並跟著策略的進行一起成長。

(二)態度霸道、不肯分享＆賦予任務、榮譽與責任

積極的賦予任務，讓幼兒有機會去體會服務同學的樂趣，激發出他的榮譽感與責任心，達到真正治本的效能。

(三)專注力不足、行爲粗暴＆繪本導讀、互動與分享

以吸引幼兒的注意力爲首要條件，拋開一般被認爲最具教育性的圖文繪本，選擇只有圖畫的繪本，例如：《威力現在在哪裡？》做導讀，因爲類似繪本具有有趣與互動的特質，可成功地促進參與者的專注力和與人互動的效能。

(四)惡作劇，不遵守常規＆趣味式的遊戲

將類似惡作劇的遊戲轉化爲改善行爲的互動遊戲，因爲趣味十足，可藉以學習遵守遊戲規則、發洩精力及拉近參與者與同學們的距離。

(五)好勝、打架＆賦予新的身分、典範與模仿

轉化參與者「只有自我」的心態，讓他也學習擔任「哥哥」和「弟弟」的角色，並讓平時最常與他互動的同伴來扮演相對的角色，藉此降低紛爭、體會退讓，也藉由學習照顧能力較差的同學時，培養參與者關懷與責任的認知。

(六)容易生氣、固執＆詼諧的對話、有趣的約定

對一個生氣的人生氣只會火上加油，尤其對著一個生氣的人說教更沒有積極的意義，若改以詼諧有趣的語言去勸慰，在逗參與者開心之際，能有效的轉化生氣的情緒，改善容易生氣的習慣。

(七)缺乏自信＆積極讚美

仔細觀察參與者所處的周邊情境，在他有一些好的表現時，就予以特別的關注和積極的讚美，讓他逐步對自己產生自信，霸道的行爲也就減少了。

(八)說謊話＆說話算話、愛的卡片

從參與者的內心出發來看行爲問題，營造一個說話算話的安定環境，傾聽孩子的聲音，讓參與者在安全可信賴的環境中，把自己心裡的話透過寫信勇敢、坦白的表達出來。

二、建議

本論文純係教學成果報告之作，研究者有感於教學實務場域是推動學前教育向上的最基層工作，因此，在寫作本篇論文時雖明知無嚴謹的論文寫作架構，可能貽笑大方，但卻仍本著分享教學心得之真誠心意發表，單純希望能做爲幼教工作同仁教學與輔導時的參考。

其實，學術與實務工作本是互爲一體的，實務界也確實有許多優秀的老師擁有寶貴的教學經驗，但「仰望」研究之名時，卻容易有「望而卻步」的現象，因此，建議主辦單位可將論文審查分爲實務組與學術組，將行動研究導向於「行動」與「研究」的分享，除了可以廣開大門使一些寶貴的經驗得以流傳外，也能促進基層教師在教學中實踐行動研究的精神。

致謝

特別感謝教育部九十二年度鼓勵及補助幼稚園行動研究計畫對本研究的補助，使研究者能在經費不虞匱乏之中順利完成本研究。另外，要特別聲明的是，**本研究純係成果報告之寫作格式，因此，並不宜做為學術論文撰寫架構之參照**。

（審查日期：初審：2004年9月15日；

複審：第一次 2005年6月13日、第二次 2005年8月29日）

參考文獻

中文部分

方能御（譯）（1993）。G. F. McLean & R. T. Knowles 主編。**道德發展心理學**。台北市：台灣商務。

吳美枝（2001）。**中輟學生問題與輔導之行動研究**。國立中正大學犯罪防治研究所碩士論文，未出版，嘉義縣。

吳新華（1996）。**兒童適應問題**。台北市：五南。

吳酩（2002，2月20日）。不景氣，結婚率下降，離婚率創新高。**民生報**，4版。

吳靜樺（1994）。**離婚家庭青少年其子女生活適應之分析研究**。私立東吳大學社會工作研究所碩士論文，未出版，台北市。

李奉儒（2002）。**九年一貫課程中的道德教學：尊重與關懷**。論文發表於教育部主辦，國立中正大學教育學研究所承辦之「學校道德教學工作坊」，嘉義縣。

夏林清等（譯）（1997）。H. Altrichter 等著。**行動研究方法導論：教師動手做研究**（Teachers investigate their work）。台北市：遠流。

曾漢塘、林季薇（譯）（2000）。N. Noddings 著。**教育哲學**。台北市：弘智文化。

黃凰慈（2002）。**諾丁絲關懷倫理學及其在德育上的蘊義**。國立中正大學哲學研究所碩士論文，未出版，嘉義縣。

戴晨志（2001）。**新愛的教育**。台北市：時報文化。

戴晨志（2002）。**新愛的教育2**。台北市：時報文化。

謝品蘭（1992）。**單親家庭親子關係與生活適應之分析研究——以離婚分居家庭為例**。私立東吳大學社會工作研究所碩士論文，未出版，台北市。

簡成熙（2000）。正義倫理與關懷倫理的論辯：女性倫理學的積極意義。**教育資料集刊，25**，185-211。

簡成熙、侯雅齡（1997）。關懷倫理學與教育-姬莉根與諾丁思想初探。**屏東師院學報，10**，133-164。

圖畫繪本

馬丁・韓福得（1991）。**威利在哪裡？不可思議的夢幻之旅**。台北市：漢聲。

馬丁・韓福得（1991）。**威利現在在哪裡？**台北市：漢聲。

附錄 1　訪談綱要

一、對家人第一次訪談

(一)家裡有哪些人？

(二)小凱父母親婚姻關係如何？

(三)小凱兄弟姊妹的情形？

(四)小凱和家人的互動情形？

(五)小凱在家裡讓家人覺得困擾的是什麼？

(六)小凱有沒有其他同年的同伴？互動情形如何？

(七)小凱在家裡較特別的行爲問題是什麼？

(八)家裡的成員對小凱的管教態度如何？

(九)對小凱的期望是什麼？

二、對家人第二次訪談

(一)小凱在家情形目前如何？

(二)小凱教養責任託付的情形？

(三)對進行過的輔導策略看法如何？

(四)在家裡面的行爲表現有沒有改善？表現情形如何？

(五)你覺得他的行爲有哪些地方還需要再加強改進的？

三、對愛心媽媽第一次訪談

(一)請分享對小凱印象較深刻的特別的經驗。

(二)剛來的時候小凱的行爲表現如何？

(三)與小凱互動的情形如何？

(四)對於輔導的看法如何？

(五)看見小凱有什麼優點？

三、對美語老師訪談

(一)根據你的觀察，小凱在這個班級上的行爲表現如何？

(二)小凱課堂上的互動情形如何？

(三)賦予任務後小凱的表現如何？

(四)你看到小凱的改變是什麼？

(五)你在其他的班級上有沒有看過類似小凱的個案？

(六)輔導方法是否有效？

四、對愛心媽媽第二次訪談

(一)與小凱前後的互動情形有什麼不同？

(二)對進行過的輔導策略看法如何？覺得效果如何？

(三)輔導策略進行中對其他的小朋友有什麼影響？

(四)對小凱的問題行爲表現印象最深刻的情形如何？

(五)覺得小凱應繼續加強的部分是什麼？

附錄 2　訪談分析

檔案編號：20031008-SA1

次　　數：第一次

時　　間：2003 年 10 月 8 日下午

地　　點：某國小校園涼亭

代號說明：S：參與者　T：研究者　SA：S 的姑姑

研 究 者：劉素卿

編號	訪談內容	研究者分析
SA1_01	● T ：今天是 2003 年 10 月 8 號，現在是下午 2 點 30 分。妳好！ ● SA：妳好！ ● T ：嗯……妳是 S 的什麼人？ ● SA：小姑姑。 ● T ：小姑姑喔！那妳可不可以告訴我，今天我跟你做訪談，**妳同意我把它拿來做研究嗎？** ● SA：**同意**。 ● T ：好！那我現在要進行錄音可以嗎？ ● SA：可以！	● S 的姑姑同意協助研究。
SA1_02	● T ：妳是 S 的小姑姑，那請問跟 S 住在一起的還有哪些人？ ● SA：**他爺爺、奶奶、爸爸、媽媽，還有他的妹妹，還有一個越傭**。 ● T ：家裡有一個越傭，越南籍的！ ● SA：對！ ● T ：那妳可不可以告訴我，因爲在我從他的基本資料裡面看，了解到好像是他的爸爸、媽媽現在沒有在一起。妳可不可以告訴我，他父母親現在的婚姻關係？ ● SA：他的親生媽媽跟現在的父親離異，現在是跟繼母住在一起。	● S 父母離異，父親再娶。 ● 與父親、繼母、妹妹、爺爺、奶奶、姑姑、越傭一起住。 反思：S 的家庭結構是大家庭模式（人口多、關係層級多）。
SA1_03	● T ：**那他媽有沒有常常回來看他？**	● 媽媽很少回來看他。

	● SA：很少！ ● T ：很少；家裡有沒有再跟媽媽聯絡？ ● SA：沒有！ ● T ：沒有！ ● SA：但是小孩會打媽媽的手機跟媽媽聯絡。 ● T ：喔！就是這邊會同意他跟媽媽聯絡是不是？ ● SA：不同意！ ● T ：不同意？ ● SA：小孩子知道電話號碼，會私底下偷偷的打給媽媽。 ● T ：那他怎麼會知道她的號碼？ ● SA：如果媽媽有帶他出去的話，就會讓他背手機號碼。 ● T ：喔！她會回來帶小朋友去玩就對了！ ● SA：會！ ● T ：有……就是她還是會回來跟小朋友互動。 ● SA：兩個月一次吧！ ● T ：你們會讓她帶出去？ ● SA：會。	● 家裡沒有再跟媽媽聯絡。 ● 姑姑說 S 會私下自行打電話給媽媽。 ● S 的家人不同意親生媽媽與他做密切的聯繫。 ● 無法與媽媽自由接觸。 ● 媽媽會偶爾探視帶他去玩（兩個月一次）。
SA1_04	● T ：喔！啊那很冒昧的問妳一句話？那時候爸爸、媽媽怎麼會離婚……是為了什麼事情……？ ● SA：價值觀不同，然後跟夫家相處上有很大的問題，然後女方的想法比較天馬行空，她希望過得很自由，然後豪門一般的生活。 ● T ：那……你說她希望過得很自由的生活，是她本來跟公公婆婆住在一起？ ● SA：嗯！ ● T ：她不想跟他們住？ ● SA：對！ ● T ：喔！啊那……孩子那時候……她離開的時候小朋友是多大了？ ● SA：小朋友大概是……五歲喔！ ● T ：五歲！小朋友現在是六歲，那離開沒多久？	● 姑姑說明 S 的父母離異的原因有三： 1.價值觀不同。 2.母親希望過自由、豪門般的生活。 3.母親不想跟爺爺奶奶一起住。 ● 父母離異時 S 約 5 歲。 反思：父母離異時，S 已稍懂人事，因此可能更容易造成行為的偏差模式(再進行第二次訪談，了解父母離婚前 S 的行為是否與現在有

<table>
<tr><td></td><td>● SA：（停了一下）對！離開沒多久，離婚大概一年多而已。
● T ：那現在爸爸有再結婚嘛！
● SA：對！</td><td>所不同）。</td></tr>
<tr><td>SA1_05</td><td>● T ：目前 S 有沒有兄弟姊妹，親的兄弟姊妹？或有沒有再生……
● SA：生了一個小的妹妹。
● T ：那 S 跟妹妹的互動，會不會有什麼情形？
● SA：嗯……S 基本上回家都一個人在看電視。都－在－看－電－視！然後除了吃完晚飯，會跟爺爺去游泳外，其餘的時間都在看電視。
● T ：所以 S 不太跟妹妹有互動。
● SA：因爲妹妹都是越傭在照顧。
● T ：啊……那新的媽媽跟 S 的互動……？
● SA：嗯……因爲媽媽回來工作蠻晚的，所以回來的時候可能七、八點，洗個澡，然後再看一下自己生的那個小的妹妹，大概也準備要上床睡覺了，所以她也沒空，除非假日啦！假日的話，如果一起出去玩，就大概這個一段時間。</td><td>● S 有一個新妹妹。
● S 在家少與家人互動，大多時間是在看電視。
● S 的新媽媽著重照顧小妹妹。
● 除了假日偶爾會一起去玩外，新媽媽很少與 S 互動。</td></tr>
<tr><td>SA1_06</td><td>● T ：啊……那爸爸跟 S 的互動呢？跟小孩的互動？
● T ：對！對！就是……
● SA：有沒有很好的互動，親密的互動這樣子？
● SA：嗯……，就是要睡的時候吧！睡的時候陪 S 睡，等 S 睡著再回去。
● T ：喔！那沒有跟他住在一起？
● SA：有！但就是房間是分開的，對！
● T ：喔！那等於說……那知道家裡現在是開餐廳的嘛，然後爸爸就在餐廳裡面工作，那是不是等於說，爸爸是用晚上要就寢的時間。
● SA：對！
● T ：這段時間能夠跟 S 互動？
● SA：對！</td><td>● S 的爸爸忙於工作，只有在就寢前能陪他一下子。
反思：親子互動時間太少。</td></tr>
<tr><td>SA1_07</td><td>● T ：所以等於平常 S 的爸爸、媽媽，現在的爸爸、</td><td>● 平常爸爸媽媽跟 S 的互</td></tr>
</table>

	媽媽跟S的互動時間很少！ ● SA：很少！ ● T：啊……那假日呢？ ● SA：假日？ ● T：對！假日！ ● SA：假日媽媽每個禮拜天都會回娘家。 ● T：喔！ ● SA：可是她不會帶S回去，她只會帶那個小的妹妹回去！ ● T：喔！ ● SA：爸爸就會帶著媽媽回去！那等於他留在爺爺、奶奶這裡！ ● SA：對！ ● T：爸爸跟S的互動多不多？ ● SA：不多。	動時間很少。 ● 爸爸陪新媽媽帶小妹妹回娘家時，S沒有同行。 反思：S有時會被排除在爸爸的新家庭組織之外。
SA1_08	● T：那現在就是說爺爺跟奶奶跟S的互動？ ● SA：嗯……爺爺對S比較嚴，奶奶對S很溺愛。因爲她一直認爲說，失去媽媽的小孩是很可憐的，可能基於補償的心態，非常的溺愛！	● S的爺爺奶奶管教態度兩極化。 反思：家人的管教態度不一。
SA1_09	● T：非常的溺愛！那S在家裡面，他會不會有什麼讓你們覺得困擾的地方？ ● SA：不喜歡洗澡，然後很喜歡看電視，所以S很不願意上床睡覺。然後喜歡說謊，然後很被動，然後吃飯很慢，然後房間很亂，然後早上是蠻趕的！ ● T：妳可不可以大概說一下，S有沒有什麼是說…… ● SA：就是說S會強迫你跟他玩，那如果你不跟他玩，S就很生氣，走了不理你。那如果你在跟他玩的時候，你要遵守他的遊戲規則，S只可以……只可以贏，不可以輸！ ● T：喔！就是要照著S的模式？ ● SA：對！然後如果丟球的話，S只可以打人家，人家如果打到S，S就不跟人家玩了。	讓家人困擾的行爲問題有： 1.不喜歡洗澡 2.看電視 3.不願意上床睡覺 4.喜歡說謊 5.很被動 6.吃飯很慢 7.房間很亂 8.要遵守他的遊戲規則 9.會打人、別人不能打他

	● T ：嗯……那這樣子也……只可以打人，不可以被人家打。跟他玩的人，會有時候下一次可能不會再跟 S 玩了。	
SA1_10	● T ：那 S 都找大人玩，還是找小朋友？ ● SA：他之前跟一個那個「美的家具」的小朋友，好像關係不錯！……小孩子好像是在讀○○國小二年級，有來家裡找 S 玩，然後 S 非常高興，然後就成天溺在一起，還會開後門讓他進來喔！對……！甚至還會想要留他過夜，可是後來這個小孩子年紀比較大了，他就會唆使 S 拿取家中的財物。 ● T ：喔！ ● SA：甚至去開……甚至去把那個櫃檯的那個鎖把它撬開，或者是把裡面那個錢拿回去，之後去買玩具。 ● T ：嗯！ ● SA：然後被發現後就不讓他在這裡面玩，所以 S 現在都一個人在看電視、在玩。 ● T ：喔！那 S 好像是蠻……蠻喜歡小朋友的，很喜歡聽他的話這樣子？ ● SA：對。	● S 曾經有一個同伴，感情很好，會聽從同伴的唆使去破壞家中櫥櫃拿取財物。 ● 國小二年級的學生來找 S 玩，S 非常高興，甚至還會想要留他過夜 ● 同伴會唆使 S 拿取家中的財物。甚至把櫃檯的鎖撬開，把裡面的錢拿去買玩具。 ● 家人禁止 S 與鄰居同伴來往。 反思：S 在家很寂寞，很喜歡同伴，會聽從同伴的唆使做出偷竊與破壞的行為
SA1_11	● T ：OK！那麼像剛剛妳在說他那個說謊的那個情形，妳有沒有記得他有說過哪天比較特別的狀況？ ● SA：S 有說謊的習慣是當 S 媽媽跟 S 爸爸離婚的時候，有時候他媽媽帶他出去玩，然後可是因為那時候我們家裡的人禁止他跟他媽媽來往，所以說是由媽媽的妹妹來載他，然後謊稱說是他的阿姨來帶他出去玩，跟他的媽媽沒有關係，然後等到他出去跟他媽媽去了一天，回來之後問 S 說：「S，你去跟誰住呀？」可能是因為媽媽那邊有跟 S 講說，你回去就不要說有跟媽媽在一起怎麼樣的，然後就開始會自己編故事	● S 會說謊。 ● S 會隱瞞與媽媽互動的情形。 ● 家人認為 S 說謊的原因與習慣源自於父母離異。 ● 家人認為 S 說謊是媽媽教導的。 反思：S 年紀小，卻因為大人世界的恩怨，被迫失去母子間的親情。

	說我們去坐火車，明明是坐車，S 講成是坐火車！什麼去個很遠的地方，沒有媽媽，只有奶媽，只有小阿姨，我都沒有跟媽媽在一起。然後 S 明明知道媽媽的電話，可是 S 卻一直說我不知道，我不記得了，諸如此類，就從這方面開始說謊。	● S 的媽媽是否真的教 S 說謊？她對 S 到底說了什麼？做了什麼？ 反思：S 的媽媽對 S 行爲具有重要的影響力嗎？
SA1_12	● T：喔！那他跟爸爸在一起的時候，那會不會有像這種情形發生？然後爸爸的管教態度怎麼樣？ ● SA：譬如說，S 很喜歡買玩具呀！那如果 S 有的時候比如說沒有洗澡，S 爸爸說等你洗完澡，待會就帶你去買玩具！那 S 可能不洗澡，可是 S 去換了一套衣服，然後跟爸爸說 S 已經洗好澡了，他要去買玩具！	● S 會爲了某個目的說謊。 ● S 和爸爸在一起時也會說謊。
SA1_13	● T：那家裡的成員對 S 的管教態度大概是如何？ ● SA：爺爺呢，大部分是用罵的，然後奶奶就是說用勸說的，然後爸爸是採取……剛開始是很溺愛，後來可能發現情況日益嚴重，所以可能後來開始變成是責罵。但是呢……跟一般父親的相比，還是過於溺愛。那至於媽媽也都是好言勸說，因為可能大概是繼母的角色，不方便去責罵小孩！那至於小姑姑呢？就是有時候看到大家管不動了，才會出面制止。 ● T：S 會怕妳這個小姑姑嗎？ ● SA：會。 ● T：喔！那可能家裡面的管教的這個責任，可能妳就要負很大的責任，對不對？ ● SA：對。	● 家人對 S 的管教態度不一，管教責任落在姑姑身上。

SA1_14	● T ：那妳這個小姑姑真的是很辛苦，那我想說可不可以問妳一個，妳覺得S的問題出在哪裡？ ● SA：**我覺得這是父母當初離婚造成的陰影，其實有蠻大的後果！**	反思： ● 家人因 S 失去媽媽而無法正視管教問題。 ● 家人認爲 S 的行爲源自父母離婚的陰影。
SA1_15	● T ：那妳現在希望S改善嗎？ ● SA：對！希望！S的生活常規、S的團隊生活，還有S說謊話，還有養成S自律、自動自發，還有S讀書習慣，還要改掉S看電視……！	● 家人對S的行爲期望： 1.生活常規 2.團隊生活 3.不要說謊 4.自律、自動自發 5.讀書習慣 6.改掉看電視習慣 7.做好自己份內的事情
SA1_16	● T ：那妳希望他做到什麼？ ● SA：我希望 S 自己做到什麼？做好自己份內的事情！學校老師交代的什麼，不要跟其他小朋友落後太多！喔！就是說不要讓老師覺得……我不要求S名列前矛，但是不要掛車尾喔！ ● T ：現在幼稚園是沒有那種排名啦！不過就是像妳說的在日常常規方面，我會給S特別注意！	● 反思： ● 我覺得：S的爸爸媽媽的管教態度趨於放任、姑姑對他高度期望、奶奶近似寵溺、爺爺嚴厲，家人對 S 的管教態度與期望很不一致。 ● 應以幼兒的標準要求S，適度約束、適度容忍偶爾的小頑皮，多予鼓勵。
SA1_17	● T ：謝謝妳今天接受我的訪談，那希望下一次還有機會再跟妳做訪談！ ● SA：沒有問題！ ● T ：謝謝！	

附錄 3　觀察紀錄

觀察紀錄（一）		
時間	活動過程	研究者分析與發現
日期：2003.9.15 地點：教室	◎角落時間	
AM 10：10	S 看到 S12 和 S7 在**數學角**玩陀螺，便走過去從放陀螺的籃子裡拿了 7 個陀螺（籃子裡共有約 20 個陀螺）後，看著 S12 和 S7 的陀螺大喊：「都被你們拿光了！」當 S7 和 S12 不肯把陀螺拿給他時，S 就把陀螺往地上一丟，並且用腳踢開。	◎把陀螺往地上一丟，並且用腳踢開。 ◎態度霸道、不肯分享
AM 10：13	S 走到**積木角**，拿出積木，打開盒蓋看一看，又放回去。	
AM 10：14	S 走到**團討區**，看 S3 和 S10、S8 玩戰車，轉頭看見 S17 拿狗娃娃在玩，便一把搶過來，往空中拋了兩下，就把狗狗丟掉，趴在地上匍匐前進。	◎搶玩具 ◎丟玩具 ◎行爲粗暴沒有禮貌
AM 10：15	匍匐前進爬到**娃娃家**，拿出「切蔬果組」，便在地板上用力切起來，然後用「刀背」切蔬果，並用刀背往水果模型敲打。有一個女生 S15 過來告訴他：「那個不是這樣玩的。」S 不理會 S15，繼續用力切蔬果，然後把木刀往地板丟去。	◎用「刀背」切蔬果，並用刀背往水果模型敲打 ◎不遵守遊戲規則 ◎不理會別人的勸告 ◎不會愛惜物品
	來了兩個小朋友 S8、S9，想和他一起玩切蔬果遊戲，當 S8、S9 動手拿木刀要切時，S 便馬上收起來，不再玩了。	◎不與人分享

AM 10：19	走到**益智角**，粗魯的用力玩繞珠台，當珠珠卡住時，便用力掰開繞珠鐵圈，把珠珠拉過去。	◎粗暴、不遵守規則
	再度跑去**數學角**玩陀螺，隨手拿起 S12 的陀螺玩起來，然後把 S7 **的陀螺統統收歸己有**，S7 和 S12 便走開了。	◎行爲霸道
AM 10：20		專注力不足：短時間內轉了從數學角、積木角、團討區、娃娃家、益智角、數學角**六個角落**。

附錄 4　參與行動研究的同意書

我是＿＿＿＿＿的家長，經研究人員詳細說明研究目的及性質，已經明白這個研究的重要性，因此我同意我的子女參加「尋回天使的笑靨——單親家庭幼兒偏差行爲輔導之行動研究」。我知道這是一項純學術研究，對我個人自身之利益不會有任何損害，研究人員允諾對研究的內容保密，不在任何書面報告或口頭報告中揭露我的姓名及可以分辨我的身分的資料，並且以化名或匿名的方式來處理研究資料，而且研究資料的內容必須經過我的確認。同時爲了方便研究人員記錄及整理資料，我同意在研究中使用錄音、錄影、拍照的方式做紀錄。研究的報告經過我的檢核後，我同意研究者可以以其他的方式出版。

研究參與者家長或監護人簽章：＿＿＿＿＿＿＿＿＿

研　　究　　者　　簽　　章：＿＿＿＿＿＿＿＿＿

二　　〇　　〇　　三　　年　　九　　月　　　　　　　　日

7

實踐因數配對教學方案之研究

黃國勳
嘉義縣南新國小教師
劉祥通
國立嘉義大學數學教育研究所教授

摘要

本研究的目的是實踐一個因數配對教學活動，幫助學生建立周延的因數概念。本研究透過合作行動研究的方式，由研究者、一位數學教育學者和一位合作教師組成研究小組，針對四位六年級學童進行補救教學。研究小組於補救教學課室的現場，經由不斷的討論、反省和辯證，來探討教學活動實踐的效果。因數配對教學活動分為起始、發展和檢驗活動，經實踐發現：(一)起始活動——提供「視覺化」的具體活動與細緻的引導，可協助學生抽象思考因數配對的關係；(二)發展活動——操弄「結構化」教具，可以強化學生因數配對的概念；(三)檢驗活動——藉由找大數的因數評量單，可準確考驗出學生因數配對的概念，也發現了學生求因數的自然解法與障礙。

關鍵字：因數配對、過程概念、創新教學

壹、緒論

長久以來數學都被認定是學科中的「主科」，不管教師、家長甚至學生本身都相當重視數學的成績，但是數學科卻是人們學習失敗的「首要科目」（Gray & Tall, 1993），也是國小學童最容易引起焦慮的科目（詹志禹，1997），而且隨著年齡的增加，討厭數學的比例愈來愈高（陳淑美，1998；黃敏晃，1997；蕭阿全，1984；魏麗敏，1989）。隨著年級的升高，課程的內容愈來愈抽象化，部分學童的認知發展尚不足以應付，因而產生學習的障礙，自然對數學的學習抱持排斥的態度。相信曾任教國小高年級數學課的教育夥伴，對於此一現象應該都有深刻的感觸。

以因數概念來說，相關的研究（林珮如，2002；陳清義，1995；陳標松，2003；蕭金土，1995）指出：學童在學習因數時存有若干迷思概念，無法理解因數概念，以致產生學習上的瓶頸。這是因為因數的概念相當抽象，在學生的生活經驗中也缺乏與因數概念結合的活動。對學生而言，它只是一個獨立於生活之外的數學名詞，比較難透過具體的活動讓學生真正理解因數的意義（黃國勳、劉祥通，2002）。尤其學生升上六年級，隨著以因數概念為先備知識的教材陸續出現，如公因數、約分、等值分數等單元，發現班上程度較差的學童對於比較大的數，有時仍然無法窮盡所有的因數，往往遺漏了較大的因數。例如，找「72」的因數時，找到了較小的因數「3」，卻漏掉了較大的因數「24」。這是因為教學時是以整除的觀點來定義因數的意義，學童找因數是從「1」由小而大逐一的計算。當除數愈來愈大時，程度較差的學童受限於除法概念和計算能力的不足，往往遺漏了較大的因數。

深究其原因，以運算角度而言，這是學童在找因數時發生了乘除法運算概念錯誤（陳標松，2003）。以 Gray 與 Tall（1993）所提出的過程概念（procept）而言，這些學童並未從整除算式中建立過程概念，也就是他們未能彈性思考整除算式中各個數學符號的意義與彼此的關係。Gray 與 Tall（1994）的研究強調：有些數學概念要經由操作程序而獲得，例如經由「數數」的過程獲得「數」的概念，經由「往上數」的過程，獲得「和」（sum）的概念，經由連續「累加」的過程獲得「積」（product）的概念，這種經由操作程序而獲得的概念稱之為「過程概念（pro-cept）」。過程概念是由「過程」（process）、「概念」（concept）與「符號」（symbol）組成。例如，「$\frac{3}{4}$」這個符號，既代表 3 除以 4 的過程，也代表分數 $\frac{3}{4}$ 的概念，而稱此符號「$\frac{3}{4}$」為過程概念。又例如，3+2 代表 3 與 2 兩數的相加，也代表兩數之和的概念（Gray & Tall, 1993）。如此看來，「因數」也是個過程概念，它是經由「因數」除「倍數」的過程，再經整除的確認，因數與倍數都是經由此等過程所得到的概念，所以都具有過程概念的特質（黃國勳、劉祥通，2003）。

過程概念是從過程衍生而來，所以此種概念含有隱藏的知識（tacit knowledge），此隱藏知識往往在教學中未被突顯（朱建正，1997）。舉例來說，3 整除 54，3 是 54 的因數，既然 3 整除 54 得到商數「18」，所以 18 也應整除 54，18 也是 54 的因數。但是，在確認 3 是 54 的因數的過程中，18 和 54 的因倍數關係是隱藏的，往往未被學生注意，在教學中也未被老師突顯出來，所以學生在找尋因數時無法有效節省計算的過程，造成解題的困難。此外，也使得在找尋因數時有所遺漏（未能配對出現），因而學生找某數的因數時未能窮盡所有的因數，以致未能解題成功（黃國勳、劉祥通，2003）。經此探討，研究者自行發展了因數教學活動來進行補救教學，希望幫助學童獲得「因數配對」的隱藏性知識，使學童建立更周延的因數概念。

綜合以上所述，研究者從教學實務發現部分學童缺乏「因數配對」出現的概念，經文獻的探討發現其原因，乃設計因數配對的教學活動進行補救教學，以協助學生建立周延的因數概念。本研究的目的即在探討此教學活動實踐之後，參與學生其因數配對隱藏性知識的學習效果。

貳、研究方法與步驟

本節分為研究方法與流程、參與人員、教學方案設計的內涵與理念、學習效果評估和資料蒐集與分析等五部分，分別敘述如下：

一、研究方法與流程

合作行動研究最能幫助研究者與教育實務工作者投身於教育現象本質的解析，並且能具體有效的發揮「將教育理論應用於實際」、「假實際經驗修正理論」的功能（甄曉蘭，1995）。因此，研究者發現學生因數配對概念產生困難，並試圖發展教學方案後，便採用合作行動研究的方式，由研究者結合數學教育師資培育者、基層教師組成研究小組，來檢驗因數配對的教學活動，在實際教學情境中探討學生的學習效果，最後提出一個適切的建議方案。研究架構如圖 1。

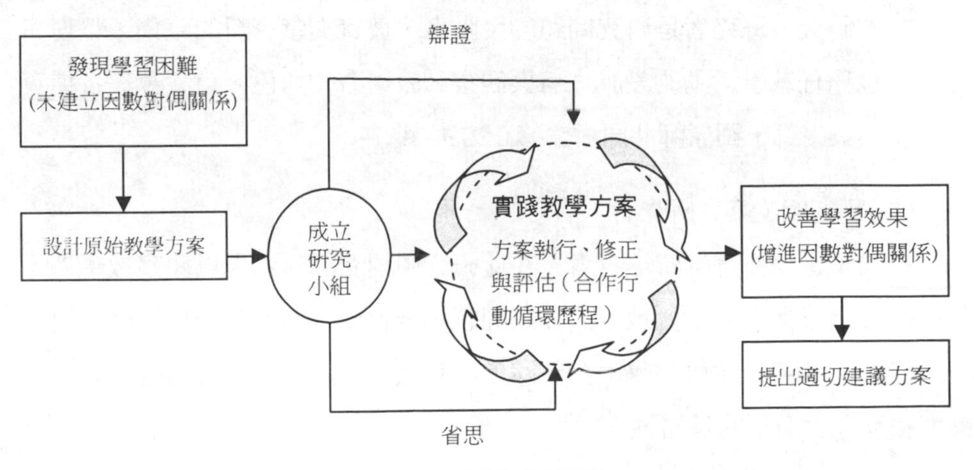

圖 1　研究架構圖

本研究的教學設計分為起始、發展與檢驗活動三部分，是由三個獨立的活動所組成，因此在合作行動研究的循環歷程中，一次只執行一個教學活動，同時進行修正與評估。教學實踐是由研究者擔任教學者的角色，在教學活動結束後，研究小組依據上課的觀察紀錄、錄音與錄影和深度訪談的資料，進行省思及辯證，反省教學活動的效果和需要改進的地方，並共同協商出新的解決方案，做為教學決定的依據。三個教學活動執行完畢之後，參與研究人員以學生的學習效果爲重心，來評估教學活動的可行性。

本教學方案實踐的時間爲二〇〇三年四月中旬至六月初旬，起始活動與發展活動實施的時間間隔一週，檢驗活動考量學習成效的保留效果，因此與發展活動間隔約一個月實施，以確認學習效果。

二、參與人員

參與此研究成員包括黃老師（第一研究者）、劉老師（第二研究者）、吳老師（合作教師）和四個六年級的學生，分別介紹如下：

(一)黃老師（第一研究者）

在本研究中研究者是研究問題的發動者，負責文獻資料的蒐集、整理與分析。也擔任教學活動的設計、參與觀察和教學者的角色，負責蒐集各種資料，並與吳老師、劉老師共同討論修正方案。

(二)劉老師（第二研究者）

目前是數學教育師資培育者，在此研究中劉老師除到現場觀察教學外，並與研究者及吳老師討論教學的實際問題，針對學生的學習過程與結果提出他的見解與假設，並檢驗學生對整除與因數概念的認識。在資料分析時，也參與檢驗原案分析的適當性。

(三)吳老師（合作教師）

吳老師在本研究中參與教學的觀察，並與其他二位研究者共同討論教學現場的問題，和學生的學習成效。

(四)參與學生

研究者（黃老師）透過平時上課的觀察，預測班上中等以下的學生可能未具備因數配對的知識，因此先進行補救教學前的測試與診斷：黃老師先讓學生們因數配對的除法計算練習：78÷3、60÷4、57÷3、78÷26、57÷19、60÷15，發現有些學童雖已先算出前三題，後三題卻還要再重新算一次（例如 78÷3 等於 26，卻不知 78÷26 會等於 3）。再經過個別訪談，他們也無法說出其中的理由。考量學童配合參與補救教學的時間，以及教學效果的評估，因此研究者從中挑選出中等與中下程度學生各二名，做爲補救教學的對象，四位學童的背景資料如表 1。其中程度最差的小成，是研究者在教學活動進行中特別觀察的對象，做爲是否結束教學和學習效果評估的指標。

表 1　參與補救教學學生背景資料一覽表

學童代號	數學成就	性別	學生特質
小庭	50%	女生	上數學課反應尙可，喜歡發表自己的意見。
小雯	50%	女生	上數學課時需有把握才會勇於發表自己的意見。
小亮	後 30% 範圍	男生	雖然數學程度中下，但勇於表達自己的想法，但常出現詞不達意，或數學概念不周延之處。
小成	後 10% 範圍	男生	參加補救教學四位成員中數學的程度最差。由於語文能力很差，經常無法理解語意，且數學基礎欠佳，乘除法計算能力尙可，對於文字題則經常因無法理解語意而出現錯誤。

三、因數配對教學方案設計的內涵與理念

本研究教學活動設計主要是透過教學活動來突顯因數的隱藏性知識，幫助學童理解因數以配對出現的關係，以建立周延的因數概念。它由三個活動所組成（如圖 2）：起始活動——「分」天倒地，發展活動——因數對對碰，檢驗活動——因數戳戳樂，詳細教學活動設計如本文附錄一。

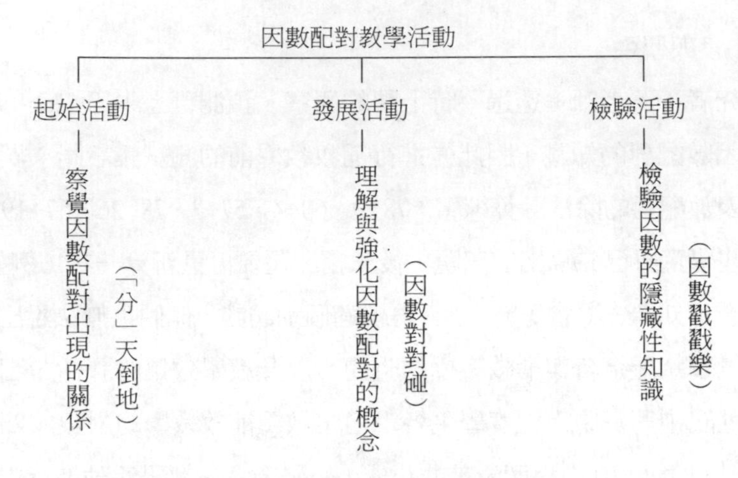

圖 2　因數配對教學的活動設計

起始活動（「分」天倒地）的設計先讓四個學童玩比大小的象棋遊戲，做爲暖身與溫習的活動，目的是引起學童的學習動機，也藉由真實的活動讓學童理解整除情境中，「單位數」與「單位量」之間可以互換的關係（即三十二顆象棋平分給四個人，每個人可以得到八顆棋子；也可轉換爲：三十二顆象棋每個人分八顆象棋，可以平分給四個人）。使學童獲得單位數與單位量都可整除總量的概念，進而理解單位數與單位量（除數與商數）都是總量之因數的概念。再經由乘除法轉換的原理來介紹「因數分解」的算式和意義，以獲得「因數配對」出現的經驗。

發展活動（因數對對碰）則特別強調因數是以配對的方式出現，將撲克牌「撿紅點」遊戲中「湊十」的規則予以修改，應用於「因數配對」概念的發展，期使學童因數的隱藏性知識能再度被強化，使學習效果更爲穩固。此外，爲避免學生只會玩撲克牌，而不知其數學學習的知識爲何。因此，遊戲後必須再透過訪談學生，來了解他們對「打牌」意義的了解，同時使他們有機會再度去釐清、複習因數配對的概念與簡化的技巧。

檢驗活動（因數戳戳樂）是以嚴謹的指標做爲考驗的原則，期使真正檢驗出學生是否獲得因數配對這個隱藏性知識。測試的內容是以學生平常不曾練習過的大數（96 和 165）做爲評量的題目，並配合深度訪談來了解學生真正的想法，做爲學生因數配對出現的知識是否完備的檢驗機制。期透過不一樣的評量方式讓學童在輕鬆自然的情境下接受評量，以免產生有重大的壓力或心生厭煩。總而言之，此活動就是希望摒除傳統紙筆測驗枯燥與壓迫的評量情境，使學童在遊戲的歡樂氣氛中進行因數的練習與評量，以達到「寓評量於遊戲」的境地。

蓋聶（Gagn'e, 1968）提出心智技能階層是由四種不同的心理能力所組成，它們由簡單到複雜依次是區辨學習、概念學習（具體的與定義的）、規則學習和問題解決（高層次規則學習）。本研究因數配對教學活動的設計正是符應這個原則，希望學生能漸進的獲得各種心智技能（如表 2）。

表 2　因數配對教學活動設計的心智技能階層

技能的類型	學習目標
區辨學習	分辨三十二顆象棋可以平分完的情形。
概念學習	
具體的概念	透過「『分』天倒地」的活動將三十二顆象棋剛好分完的情形，然後再寫成除法算式來定義「整除」。
定義的概念	透過平分具體物（象棋或撲克牌）的活動窮盡所有單位量或單位數的除法算式，找出可以剛好分完的情形即爲整除，再由能整除的數定名爲「因數」。然後藉由乘除法的轉換原理來定名「因數分解」。
規則的學習	透過理解「單位量與單位數都是總量的因數」和「因數分解」的意義，指出因數是以「配對」出現的。
高層次規則的學習(問題解決)	透過「因數對對碰」（撲克牌遊戲）認識「72」所有的因數兩兩「配對」的關係，並能正確找出每一個因數的對應數。學生進一步運用此規則於玩撲克牌的情境中，善用因數的知識和玩牌的策略以獲得勝利。此外，也透過「因數戳戳樂」的遊戲讓學生進行測驗與訪談，從中反思整除、因數、因數分解、因數配對的意義以及因數的運算技巧。

四、學習效果評估

本研究教學方案於實際教學場景執行時，學習效果的評估乃透過以下三個方式：檢驗學生的學習表現、觀察學生上課的反應情形和評閱學生數學日誌的內容。由於參與學生數少且程度差異明顯，教學時比較容易掌握學生的學習狀況。因此學習效果的評估，主要以程度最差學生（小成）的反應做為指標，輔以數學日誌來了解學生的學習狀況。

五、資料蒐集與分析

本研究採取參與觀察（觀）、座談（座）、討論（討）、深度訪談（訪）、學生數學日誌（誌）及研究者省思筆記（省）和隨堂札記（札）等方式來蒐集資料，資料內容包括上課的觀察紀錄、上課錄音、錄影等轉譯資料，教學活動前後研究小組的座談與討論紀錄，兒童的數學日誌，以及研究者的省思札記等。資料分析採用重複情節比較法和三角校正來考驗學生的學習成效。教學方案效果的評估包括檢閱學生的學習表現、觀察學生的上課反應，和評閱數學日誌，是為資料來源的三角校正。此外，再藉由參與研究人員的共同討論辯證，以避免研究者個人主觀的認定，則為參與研究人員的三角校正。

各種原案資料編碼的意義舉例如下：（20030508 黃討）代表二〇〇三年五月八日黃老師的討論紀錄；（20030508 札）代表二〇〇三年五月八日隨堂札記；（20030508 小庭誌）代表二〇〇三年五月八日小庭的數學日誌；（20030508 觀）代表二〇〇三年五月八日觀察紀錄；（20030602 黃座）代表二〇〇三年六月二日黃老師的座談紀錄。

參、研究結果與討論

本研究教學活動設計共有三個子活動，主要教學目標是讓學生理解因數配對出現的概念，以獲得簡化因數計算的能力。三個活動實踐的情形分述如下：

一、「『分』天倒地」活動的實踐——理解因數配對出現的關係

在實踐「『分』天倒地」教學活動的過程中，小雯和小庭的數學基本能力較高，很快便能達到教學目標，反觀小成和小亮因程度較差，還無法完全達成研究者所設定的目標。因此經過研究小組的討論，決定於執行發展活動前，再給與小成和小亮二位男生加強教學的機會，希望能幫助他們達成起始活動的目標。加強教學時，黃老師採用更具體、更詳細的引導來幫助小亮和小成理解「同一情境下單位數（除數）與單位量（商數）可以互換的關係」，進而有意義的了解因數配對出現的理由。經過一節課的加強教學，小亮和小成學習的情形良好，達到了起始活動的教學目標：

(一)透過視覺化的情境與具體細微的引導，小成可以在「去情境化」的情況下，抽象思考整除時單位數（除數）與單位量（商數）是可互換的，並理解因數配對出現的關係。

教學剛開始，黃老師要求小亮和小成將三十顆象棋棋子平分成二份，然後要求他們將自己手中的十五顆棋子放到桌子中央，形成二個長排。首先，黃老師還是提問：「現在桌上這些棋子是怎麼分的？」經過一番引導和追問，程度好一點的小亮看著桌上並排的棋子，終於可以完整說明在同一情境下，單位量與單位數互換的情形。小亮的學習在一開始便有所進展，黃老師於是將焦點關注在小成身上。經過一番更具體、更細部化的引導說明，小成也能逐漸說明同一情境下單位量與單位數互換的情形：「有三十顆棋子，分給二個人，每個人得到十五顆棋子。」和「有三十顆棋子，一個人得十五顆棋子，可以分給二個人。」

這一個段落的教學活動，視覺化（visualization）的運用與具體而微的引導是黃老師採用的二個主要策略。Nelson（1983）認爲視覺化是一種能幫助學生

解題的技巧，而具體模型（concrete model）亦是視覺化的方式之一。黃老師要求學生將象棋棋子排放於中央，使學生可以清楚的看見（視覺化）棋子排列的情形，也就是提供一個具體物的情境來幫助他們抽象思考。而程度較低的學生，受限於語言表達能力較差和認知能力發展較爲緩慢，因此在教學剛開始時，需要老師更具體、更仔細的引導。

接著，黃老師想要乘勝追擊，讓小成的學習更穩固，因此再度進行個別化的教學。並且希望小成可以跳脫藉助具體物的思考，來抽象思考同一情境下單位數與單位量互換的情形。黃老師先請小成說明「三十六顆象棋分成四份的分法？」小成原本起身要分象棋，此時，黃老師先行阻止並請他直接說明就好了：

原案一　2003.5.8

105 黃老師：「現在象棋是怎麼分的？」

106 小成：「有三十六顆棋子分給四個人，一個人得到九顆棋子。」（沈默）

107 小成：「36＝4×9。」（黃老師將算式寫在黑板上）

108 黃老師：「好！剛剛說三十六顆棋子分給四個人，一個人得到九顆棋子。那還可以怎麼說呢？」

109 小成：「三十六個人。」

110 黃老師：「三十六顆棋子。」

111 小成：「せ！三十六顆棋子，一個人得到九顆，可以分給四個人。」

112 黃老師：「對哦！這次很厲害！那你說說看 36＝4×9，是什麼意思？」

113 小成：「36 可以被 4 和 9 整除。」

114 黃老師：「很好！」

115 小成：「4 和 9 是 36 的因數。」

116 黃老師：「很好！那在這裡找到幾個因數？」（指著黑板 36 ＝4×9 的算式）

117 小成：「二個。」

118 黃老師：「哪二個？」

119 小成：「4 和 9。」（20030508 觀）

從以上的原案可以知道：小成在黃老師個別化的教學下，已經可以不用透過具體物（象棋）來思考「分」東西的情形。也可以說，在沒有提供「視覺化」情境的協助下，他仍然可以想像同一情境下單位量與單位數互換的情形。在此，小成的進步是顯而易見的，相較剛開始的教學，黃老師提供的鷹架減少了，小成也比較能說得完整了。此外，他也能將「分」東西的情境連結到因數分解，並進一步理解因數配對出現的關係。情境學習理論強調學習不能抽離情境脈絡，必須提供真實情境或虛擬情境讓學生對知識有感覺，才能產生有意義的學習，因此「情境化」是學習重要的過程。然而，從「學以致用」的角度而言，「去情境化」也是非常重要的歷程，因爲學習的目的就是要將知識抽象化，在沒有情境的情形下也能夠遷移，以達到問題解決的目標（陳慧娟，1998）。也可以說，唯有學生將所學得的知識或經驗「去情境化」，才能提升學生認知思考的層次，也將所學得知識的能廣泛應用。黃老師即是希望小成最後能在「去情境化」的情況下來進行學習，逐漸脫離真實的情境，來進行抽象思考並獲得概念，這才是數學學習的本質。

(二)小亮和小成能以簡化的方式窮盡較大數「42」的所有因數，且能說明簡化的理由。

在這個教學活動告一段落後，黃老師請阿亮和小成寫出 42 的所有因數，並進行訪談，以檢驗這一節的學習效果。二位學生都知道使用簡化的方式來找 42 的因數，並且予以窮盡了，以下便是小成的原案：

42÷1=42
42÷2=21
42÷3=14
42÷6=7
A：1、2、3、6、7、14、21、42

從以上的原案可以知道小成以簡約的方法窮盡了 42 所有的因數。之後，黃老師便訪談小成爲何只算到 42÷6＝7 之後就不再計算，而能寫出 7 以後的因數：

原案二　2003. 5. 8

131 黃老師：「你為什麼只算到 42÷6＝7，再來就沒有算了？」

132 小成：「因為再來就重複了！」

133 黃老師：「什麼重複了？」

134 小成：「7 重複了。」

135 黃老師：「為什麼？」

136 小成：「因為 42 除以 6 等於 7，42 除以 7 會等於 6 啊！」

137 黃老師：「這樣是什麼意思？」

138 小成：「6 是 42 的因數，7 也是 42 的因數。」

139 黃老師：「せ！沒錯！但是老師的意思是說為什麼 42 除以 6 等於 7，42 除以 7 會等於 6？」

140 小成：「因為……」（一時答不出來）

141 黃老師：「你舉一個生活的例子來說好了？」

142 小成：「嗯！有 42 顆蘋果分給 6 個人，每人得 7 顆。」

143 黃老師：「對，很好啊！再來呢？」（黃老師馬上給他加油打氣）

144 小成：「42 顆蘋果一個人得 7 顆，會分給……可以分給 6 個人。」（20030508 訪）

行號 132 的意思是在 42÷6＝7 的算式中，已經找到 6 是 42 的因數，7 也是 42 的因數。而 42 繼續往下除以 7 也會等於 6，又找到 6 和 7 這二個因數，所以「重複」了！也就是說，小成從一個整除的算式中，同時找到二個因數。黃老師再引導他以舉例的方式來說明（行號 141），結果發現他對於同一情境中單位量與單位數的互換的說法，也已經有長足的進步（行號 142 和行號 144）。顯示他對於一個整除的算式，不僅察覺到除數和商數是可以交換的關係，也理解了其中的意義。

二、「因數對對碰」活動的實踐——理解與強化因數配對的概念

「因數對對碰」教學活動設計修改自撲克牌「撿紅點」遊戲，希望藉由此活動來突顯「因數配對」的特性，使學童學習的效果更為穩固。遊戲規則的修改是將原本需「湊十」才能吃牌，改成二個數相乘必須等於 72 時才能吃牌。例如，8 和 9 可以互吃牌，18 和 4 也可以互吃牌。黃老師特別以 72 這個數來設計「因數對對碰」教學方案的理由是：一是在 100 以內的數中，72 的因數有十二個之多。其二，72 這個數相較於以往學生所練習找因數的數字，還是大了些。因此用此數來考驗學生找因數是否會有遺漏的情形，也用來強化因數配對的概念。

經過實踐的結果發現，學童在此活動過程中可以流暢的「玩牌」，不致

發生中斷或吃錯牌的情形。而在後續的訪談中也可以發現學生不僅知道「因數配對」的理由，還抽象思考同一情境下的「單位量」與「單位數」是可以互換的，並完整流利的賦予整除算式的意義。此外，也藉由撲克牌遊戲激發學生求勝的動機，進而引發高層次的數學思考。

(一)從玩「因數對對碰」的遊戲中再度強化與檢驗「72」的因數配對關係

進行「因數對對碰」的撲克牌遊戲之前，黃老師先讓學生們找出72的因數，以做爲遊戲的先備活動。四個學生都能以簡便的方式找出72的所有因數，程度最差的小成雖然計算較慢，但仍然可以以配對的方式求出72所有的因數。

首先，黃老師介紹「因數對對碰」的遊戲規則，說明這個遊戲跟「撿紅點」一樣，只是原本是「湊十」的規則，改成是以72的因數來配對而已，興致勃勃的學生們馬上便能了解這個新的規則。

果然，學生們很快就進入狀況，對於剛剛說明的規則都能理解清楚，第一回合玩遊戲時就能順暢完成，沒有遭遇阻礙。例如，小成在第一回合時，手上拿到的六張牌分別是黑桃5、梅花9、黑桃4、方塊2、方塊A（1）和紅心18，他能辨別「多少配多少」的關係，因此在「因數對對碰」的遊戲活動中沒有發生「吃錯牌」的情形。以下是他玩牌的過程：

原案三　2003.5.8

（第一次）出紅心18吃方塊4，機會牌翻到黑桃12沒得吃。

（第二次）出方塊A吃黑桃72，機會牌翻到梅花5沒得吃。

（第三次）出方塊2吃梅花36，機會牌翻到紅心9沒得吃。

（第四次）出黑桃4沒得吃，機會牌翻到紅心2吃黑桃36。

（第五次）出黑桃5沒得吃，機會牌翻到梅花8沒得吃。

（第六次）出梅花9吃到梅花8，機會牌翻到紅心36吃黑桃2。

（20030508 觀）

在玩牌的過程中，學生們必須先辨認 72 因數分解時各因數的配對關係，才不會有「吃錯牌」的情形發生（如以紅心 24 吃方塊 4）。雖然小成在第二次和第三次出牌時，很快就將可以吃到高分的方塊 A 和方塊 2 去吃沒有分數的黑桃 72 和梅花 36，這樣的「玩法」其實很不高明，完全沒有「致勝」的考量——沒有等待「最佳」的時機才出牌（等紅色的 72 和 36 出現再吃）。從這個觀察可以知道小成心中有因數配對的關係，但還沒有產生獲勝的策略。也許還需要多一些的「練習」，他才能慢慢體會箇中的訣竅吧！

從學生們一輪到自己出牌時，便能很快打出牌且沒有吃錯牌的情形看來，他們對於 72 各因數的配對關係顯然已經建立得相當穩固。此外，他們打牌時那種全神貫注且胸有成竹的神情，是學生進行數學學習時所罕見的。NCTM（2000）強調有效的數學教學必須要有一個挑戰和支持的課室學習環境，所以在學習的過程中，不應只是在上課剛開始來引起學生的學習動機，而是讓他們都能處於刺激、挑戰與腦力激盪的情境中，一直保有學習的「續航力」，才是學習成功的基礎。「因數對對碰」就是透過遊戲來提升學生的學習興趣，使他們全神貫注、積極參與教學活動。撲克牌遊戲的高度娛樂效果讓學生忘情於此，而不覺是在上數學課！這似乎是一種可以減少數學學習挫折的處方呢！（20030508 省）

打完第一回合，劉老師提出一個建議：學生們打牌的時候，每打出一張牌或翻開機會牌時，可以請他們喊出「多少吃多少」（例如 18 吃 4），這樣可以了解學生的想法是否正確，也可以方便觀察。於是，第二回合開始，學生打牌時，除了一邊打牌、翻牌外，還要將所要吃的牌喊出來，這樣確實更能發揮「因數對對碰」的功能——強化了學生因數配對的概念，並使心中的想法透過語言表徵出來——「學

生們打牌時都能正確喊出他們所要吃的牌，顯示學生都知道 72 的因數配對的情形！」（20030508 劉討）

在「因數對對碰」的活動裡，「1」和「72」、「2」和「36」、「3」和「24」、「4」和「18」、「6」和「12」以及「8」和「9」這些牌彼此之間也因為特意的設計，而產生結構上的對應關係，運用此撲克牌於教學時，撲克牌儼然也成為一種結構化的教具（structured materials）（Miles, 1992），可以強化學生的「因數配對」的觀念。

在「因數對對碰」的活動結束後，黃老師訪談小成，以再次確認這個教學活動是否有效。訪談結果發現他能以因數分解的方式來窮盡 72 所有的因數，和理解因數的意義，並且可以很完整流利的說出單位量與單位數互換的情形。綜觀教學實踐的過程，至此階段可以說已達到原先設定的教學目標。

(二)學生為了獲勝，引發致勝的策略，展現較高層次的能力

本研究教學活動的設計，融入了競賽式的遊戲，來激發學生參與學習的動機與持續力。在競爭類型的遊戲中，學生往往為了獲勝，引發了致勝的策略或技巧。這些致勝的策略或技巧，起源並非來自教師或同學的直接教導，而是在競爭的情境中促發而成的。同時，所謂「致勝」的策略也必須是有深度的，且能彈性靈活的運用數學知識。例如：

在「因數對對碰」教學之後，為了讓學生有機會重新思考，反思之前所學得的知識，黃老師布了二個題目：「你希望拿到哪些牌？為什麼？」和「什麼情況下你就可以成為超級大贏家？」

針對第一個問題，小庭寫下的是：

拿到四張「1」和二張紅「72」。因為如果拿四張「1」和二張紅「72」，就先出紅「72」一張，而四張「1」在我這裡，所以他們就

不能吃紅「72」。

紅「72」在「因數對對碰」中是最高的分數，吃到二張紅「72」就得到144 分了，早已贏了許多分了。解析小庭的想法——拿到四張「1」和二張紅「72」，其實是想吃到二張紅「72」，這個的想法寶貴之處在於不只是拿到紅「72」而已，她還理解到如何運用「配套」的策略來使自己可以穩穩的吃到紅「72」。她的想法是：已經拿到四張「1」和二張紅「72」，自己就先出紅「72」一張，因爲四張「1」在自己手上，所以別人就沒有機會吃到紅「72」了。換句話說，小庭已經認知到紅「72」對於致勝的重要性，她也能周延的思考讓自己如何吃到，這樣的思考也是從真實的活動中建構出來的，而且超脫了單純數的計算。

至於第二個問題，小雯的回答則更詳細、更具體的說出三個想法：

1. 拿到四張「1」和二張紅「72」。因為大家都有牌，就算我第一張打紅「72」也不會被吃。這樣二張合起來是144，再加上其他的，就可以變成超級大贏家。

2. 還有一種是全部的「72」都在我手上，加上二張「1」，因為四張「72」都在我這裡，就算我放「1」，也不會有人吃。如果我放黑的「72」，別人吃了也不會算分，所以也可以當超級大贏家。

3. 兩張「72」黑紅各一張，一張黑的「1」，一張「36」和「6」。因為我們可以先把「36」和「6」打出去，等每個人剩四張牌時，可以先打一張黑的「72」。如果對手有一張紅「1」，大約不會吃，最後打到對手逼不得已打了一張紅「1」或「72」，我就可以吃掉，穩變成超級大贏家。

小雯的第一個想法與小庭的想法相同，拿到四張「1」就可以穩穩的吃到二張紅「72」。第二個想法則與第一個想法類似，這次是拿到四張「72」和二張「1」，她先把「1」打出去，四張「72」在自己手上，就可以一定吃到紅「72」。她還進一步考慮到：就算她打的黑「72」被別人吃去，也不會增加別人的分數，因此可以成為超級大贏家。小雯第三個想法中只拿到一張紅「72」和一張「1」，並不一定可以吃到二張紅「72」，而變成超級大贏家。雖然不像第一和第二個想法來得周延，但是在這個想法裡有自己形成的假設：等每個人剩四張牌時，可以先打一張黑的「72」。如果對手有一張紅「1」，大約不會吃，最後打到對手逼不得已打了一張紅「1」或「72」，我就可以吃掉，穩變成超級大贏家。就實際情形來看，除了像第一和第二個想法是能掌握吃到紅「72」的之外，想吃到高分的牌，還牽涉到別人拿到什麼牌？別人翻到什麼牌？以及自己翻到什麼牌？所以第三個想法（推測）是一個不圓熟和不成功的「假設」，但透過這個布題讓學生有機會去反思學習的內容，更能整合所學。而在反思的歷程中，為了想出「致勝」的策略也是一種較高層次的思考。

總之，這些學習表現也都是「致勝」這個誘因所引發的，帶給學生們不一樣的刺激。Sobel 與 Maletsky（1988）就認為學生在競賽式的數學遊戲中形成假設並考驗假設，進而發現致勝策略的思考型式，便是問題解決最重要的要素。本教學活動透過競爭遊戲促使學生產生致勝的策略，提供學生深度思考與運用數學知識的機會，對於這些學生因數概念的學習是有助益的。

三、「因數戳戳樂」活動的實踐——檢驗因數的隱藏性知識

檢驗活動一開始，黃老師先讓學生「玩」「因數戳戳樂」的遊戲單，找出 96 的所有因數，之後再以口頭布題的方式請學生們找出 165 的因數。這樣處理的目的是希望以再次布題的方式來進行持續比較，以確認學生學習的成效。由於這二個數比他們先前所練習的數還大出許多，所以花了比較多的時間在計算上。透過這個檢驗活動，除了評量出本研究教學活動的成效之外，

也發現學生找因數的自然解法，以及因為除法概念不夠周延，以致找因數時發生計算的障礙。檢驗的結果與發現如下：

(一)程度較好學童能以「配對」的簡化策略窮盡因數，並理解其原因，唯有程度最低學童未達成此目標

雖然學生在「因數戳戳樂」評量單與口頭布題這二個不同的題型中，找尋因數計算的形式有所不同，但是小雯、小庭和小亮都能完全窮盡 96 和 165 這二個數的因數。在找 96 的因數時，學生從 1 開始由小而大直接以直式算式來計算，算到整除 96 的因數時隨即將它劃掉，而不是條列出橫式算式。但要特別提出說明的是，小雯、小庭和小亮三人的計算過程中，並沒有將後面較大的因數（16、24、32、48 和 96）再重新計算一次，而能直接將它們劃掉。（20030602 觀）例如，小雯的計算紙上寫出 96 除以 3 等於 32，96 除以 4 等於 24 等直式算式，後來並沒有發現她又再寫出 96 除以 32 或 96 除以 24 的算式。也就是說，他們能以配對簡化的方式來找尋因數。

在口頭布題而不提供數字的情形下，學生採用之前規格化的方式找出 165 的因數，他們計算的過程如下：

165÷1＝165

165÷3＝55

165÷5＝33

165÷11＝15

165÷15＝11

165 的因數有 1、3、5、11、15、33、55、165。

學生從 1 開始由小而大先將能整除 165 的算式列出來，算到已經重複了（165 除以 11 和 165 除以 15），再逐一將 165 的因數寫出來。在先前的學習過程中，黃老師示範了這個方式來找因數，他們也是一直以列出橫式的方法

來找因數，對他們而言已經形成規格化的算式了。

此外，不管何種計算的形式，在評量活動結束後的訪談他們也能完整流暢的說明因數配對出現的原因。例如，訪談小庭時，她便能說出 165 除以 3 等於 55，而 165 除以 55 會等於 3，並以生活情境的例子來說明：

原案四　2003.6.2

021 黃老師：「那妳要不要用 165 除以 55？」

022 小庭：「也可以啊！」

023 黃老師：「妳剛剛算的時候有沒有算到 55？」

024 小庭：「不用。」

025 黃老師：「為什麼不用？」

026 小庭：「因為 165 除以 55 會是 3，會是跟前面一樣。」（前面指的是 165 除以 3 等於 55）

027 黃老師：「那妳舉一個例子說一說為什麼 165 除以 3 等於 55，165 除以 55 等於 3？」

028 小庭：「165 顆蘋果分給 3 個人，每個人得到 55 顆。165 顆蘋果每 55 顆蘋果裝成一盒，可以裝成 3 盒。」（20030602 訪）

從以上小庭的訪談（行號 026），知道她理解在整除的算式中，除數和商數可以同時整除被除數，所以因數是以配對的方式出現。此外，也能以抽象思考來說明同一情境下單位量與單位數的互換情形，正確的賦予整除算式的意義（行號 028）。由此證明她已清楚因數配對出現的理由。

但是，仔細檢視小成找 96 和 165 二個數的因數的過程，不僅因為計算能力較差，花了最多的時間，更關鍵的因素在於他並沒有利用因數配對出現的簡化法來找因數，以致於花了很多的時間。（20030602 觀）例如，他在「因數戳戳樂」的計算紙上先寫出 96 除以 3 等於 32，後來又寫出 96 除以 32 等於

3 這二個直式算式。又如，在找 165 的因數時，計算過程除了 165 除以 5 等於 33 之外，也出現了 165 除以 33 等於 5 這二個直式算式。再進一步的訪談，更確認了他找因數時沒有利用配對的簡化方式。

原案五　2003.6.2

401 黃老師：「你剛剛 96 的因數是怎麼找的？」

402 小成：「先用除的。」

403 黃老師：「怎麼除？」

404 小成：「96 除以 1，96 除以 2，96 除以 3，96 除以 4……。」

405 黃老師：「你每個數都有去除對不對？」

406 小成：「嗯！有的沒有除到。」

407 黃老師：「哪些沒有除到？」

408 小成：「20、37、45、57。」

409 黃老師：「為什麼這些沒有除？」

410 小成：「一看就知道除不盡。」

411 黃老師：「怎麼說呢？」

412 小成：「從後面的數來算的。」

413 黃老師：「從個位數？」

414 小成：「是。」

415 黃老師：「比如 20 呢？」

416 小成：「20 乘以 1，20 乘以 2，20 乘以 3 不會等於 96。」

417 黃老師：「哪些你有試看看？」

418 小成：「22、23、24、32、33、39、……」

419 黃老師：「為什麼試？」

420 小成：「因為有可能會等於 96。」（20030602 訪）

從行號 417 和行號 418 可以了解：小成雖然前面已經算過 96 整除 3 和整除 4 這二個算式，但並未從中察覺到 24 和 32 這二個數也是 96 的因數，因此他又重新「試」了一次。綜合以上的觀察紀錄和訪談顯示出小成還是不會以因數配對出現的簡化方法來找因數。雖然他學習的情形漸入佳境，但之前所學得也可能只是暫時的模仿成功而已。整體而言，限於認知能力的發展，他並無法真正從活動中抽離出概念，導致之前所學無法有效保留。

(二)學生先以「尾數」的乘積來判斷，再進一步確認是否爲指定數的因數

這個教學活動主要的目的是讓學生理解因數配對出現的關係，至於計算的策略並沒有刻意強調。但經由檢驗活動的觀察與深度訪談，才發覺學生對於找因數有其自然的解法，並非只是先前所教給他們——「整除」這樣的原則而已。他們辨識因數的共同方法是先以直觀的方式——判斷二數的「尾數」之乘積是否符合指定數的「尾數」，若不符合則淘汰不再計算，若是符合則進一步計算。（20030602 觀）例如，原案五訪談小成時（行號 407 到 420），他便是採用這種方法。訪談程度較好的小雯也是先以「尾數」來判斷，她找 165 的因數就是如此：

原案六　2003.6.2（找 165 的因數）

311 黃老師：「妳剛說是先用 1……」

312 小雯：「再用 3、5、11、15。」

313 黃老師：「妳剛有算 9 嗎？」

314 小雯：「沒有。只是先用 9 試一下。」

315 黃老師：「你怎麼知道其他的數，比如 8 不行呢？」

316 小雯：「因為 8 乘以 5 是 40 啊！就是後面沒有 5 啊！那 8 乘以其他的數也不會等於 5。」

317 黃老師：「妳現在是說你找二個數相乘個位會等於 5 的？」

318 小雯：「對啊！」

319 黃老師：「那 6 有沒有呢？」

320 小雯：「沒有。」

321 黃老師：「為什麼沒有？」

322 小雯：「因為 6 跟 5 相乘沒有 5 啊！6 跟其他數相乘也不會等於 5 呀！」

323 黃老師：「所以妳有嘗試 9 囉？」

324 小雯：「有啊！9 乘以 5 等於 45，有 5。」

328 黃老師:「妳是用一個一個去除？還是先看乘起來有沒有5？」

329 小雯：「先看乘起來有沒有 5。」（20030602 訪）

行號 313 到行號 329 表示小雯找 165 的因數是從 1 開始，再由小而大判斷「尾數」相乘後會等於 5 的數（行號 329），然後計算看看是否能整除 165？例如 9 乘以 5 等於 45，「尾數」是 5 有可能整除 165（行號 324），因此實際算算看。她在計算紙上寫下了 165÷9＝18 餘 3 的直式算式，計算的結果不整除，所以她只是先用 9「試」一下（行號 314），如果整除的話，就直接確認是因數而不是試一下了。由以上的觀察和訪談可以知道：學生是以指定數的「尾數」做爲找因數的基準，也就是說，他們找因數時是先判斷某一個數的「尾數」或它的乘積可不可能是指定數的「尾數」，然後決定是否淘汰或繼續計算。對於這樣的情形，吳老師也以其多年的教學經驗來談她的看法：

因為乘法本身就比較簡單，所以我班上的學生也同樣會用誰乘以誰的方式來找因數。（20010602 吳討）

總之，學生的解題策略是先以「尾數」相乘來判斷，再進一步來確認因數。

儘管在訪談中學生們表示在找因數的過程中，他們並沒有每個數去計算，而是採用「跳著算」的方式。但是實際上找因數應該是從 1 開始由小而大逐一去確認的，只是他們以「尾數」相乘所得之積來篩選，如果遇到符合指定數「尾數」的數，便進一步在計算紙上實際算算看，而遇到被淘汰的數時，他們雖然沒有在計算紙上計算，但其實是以心算的方式來處理的（行號 316 和 322），所以「跳著算」真正的意思是指學生認爲以「尾數」相乘，不可能符合指定數的「尾數」時，便跳過不用實際去計算。

(三)找尋因數時計算該停而未停

觀察學生們在找 165 的因數時，學生們計算到 165÷15＝11，已經和 165÷11＝15 重複了，就應該停止計算，但在計算紙上留下了 165 除以 25、39 等數字的痕跡。同樣的，在找尋 96 的因數時，學生們計算到 96÷12＝8，就不必再找了。但沒想到他們還繼續找下去，如 13、14、17、18、26、28、29、33、43 等數，甚至還出現 53、63 和 68 三個數字。仔細分析這些數字，並沒有與 96 的較大因數（如 16、24、32、48）重複，表示學生已有因數配對出現的概念，只是對於較大數字的計算沒有把握或不夠熟悉。例如，小亮以規格化的方式計算到 96÷12＝8 之後就不再列出規格化的橫式算式，而在旁邊繼續計算，留下了「96÷14」、「53×」的直式算式。進一步的訪談之後，才了解其原因是對於大數的計算沒有把握所致：

原案七　2003. 6. 2

321 黃老師：「小亮你為什麼算完以後還在旁邊的紙上繼續算？」
（小亮是以規格化的方式來找 96 的因數）

322 小亮：「因為……」（小亮答不出來）

323 黃老師：「你是不是算到 12 以後，它的後面還有很多的數，你沒有去算覺得不安心？」

324 小亮：「是。」（20030602 訪）

從小亮的訪談可以知道他對於大數的計算顯得沒有把握，不知道在找因數的過程中，當重複算出因數時，就可以停止計算不需要再繼續找了。通常找因數是由 1 開始找起，當除數等於或大於商數時，如果繼續找下去除數就會變大，商數反而變小了，那麼就會重複出現前面所找到的因數。更具體的說，剛開始因數是以「小配大」（偶而是二數相等）出現的（如 36÷4＝9），當計算到除數與商數相等（如 36÷6＝6）時，繼續算下去的結果是除數愈來愈大，商數會愈來愈小，因數反而以「大配小」出現了（如 36÷9＝4），所以在找因數時計算到除數等於或大於商數時，就可以停止計算了。由以上的資料顯示出學生在求 96 和 165 的因數的計算過程中，多試了一些不應該再試的數字（如 18、25 等），而非以簡單的幾個橫式算式完成，表示他們其實對於除法的概念並不純熟。只不過先前的練習數字比較小，學生大多以心算就能算出來，現在數字變大了，已無法全部以心算算出來，反而讓計算的過程透明化了。針對這個發現，劉老師也提出了他的看法：

> 求較大數的因數並且列出全部的數字，可以檢視學生找因數時運思的情形，讓我們察覺到過去學生們找因數時做了很多的練習（規格化的計算方式），只是模仿老師的計算過程而已，對於除數愈大，商數愈小的除法知識還未完全建立，所以不明白計算到除數等於或大於商數時就不用再去算的道理。因此黃老師這個活動（因數戳戳樂）反而建立了檢驗學生找因數時一個較高的鑑定指標。（20030602 劉討）

另一個值得探討的問題是：學生在找 96 的因數時，竟也嘗試找超過「48」（96 的一半）的數，如 53、63、68 等。例如，在找 96 的因數的計算紙上，小雯也寫著「63 乘以 2 等於 126」和「68 乘以 2 等於 136」這二個直式算式。後來進行訪談時，她卻已經察覺 48 到 96 之間不存在 96 的因數，因此不用再去「試」這些數了。

原案八　2003.6.2

371 黃老師：「老師問妳一個問題，在 48 的後面，96 的前面有沒有其他的因數？」（指著評量單問）

372 小雯：「沒有！」

373 黃老師：「為什麼？」

374 小雯：「因為如果 66 去乘以 2 會比 96 大，48 後面 96 前面的數去乘以 2 都會比 96 大，所以不用再找。」（20030602 訪）

由行號 372 到行號 374 可以知道小雯已經察覺 48 到 96 之間是不可能存在 96 的因數。同樣的，小亮在計算紙上也寫著「53×」的直式算式，表示他曾用 53 來試算了一下，結果發現只乘以 2 就超過 96 了。進行訪談時訪問他 49 到 95 之間的數他有沒有試，他表示這些數不可能會存在 96 的因數，因為它們乘以 2 就會比 96 大或是 100 多了。由以上可知小雯和小亮在先前進行測驗時，其實是曾嘗試找 48 和 96 之間的因數，透過測驗練習他們已經經驗這二數之間沒有 96 的因數了，再加上訪談的追問，讓他們有機會反思這個問題，進而獲得 48 到 96 之間沒有 96 的因數的道理。（20030602 劉討）只是要求學生具體說明 96 除以 2 等於 48，然後 49 到 95 之間不用再去算，其實是很高級的數學知識，以他們的程度（參加補救教學的學生）很難說出完整的理由。（20030602 吳討）因為能夠理解這個原理，學生對於數字合成分解的概念要很清楚，整除的概念也要融會貫通，所以對他們而言，無法理解是可以接受的。（20030602 黃討）

這個問題除了可以以前述除數愈大商數愈小的原理來說明之外，也能以另一種方式來解釋：在整數除法中，被除數（96）除以前一半較小的數時，其商會是大於 2 倍，直到除以一半的數（48）才會剛好等於 2 倍。再除以之後的數（49 到 95）時，商則會逐漸變小而不可能整除了。也就是說，如果商數以 2 倍為基準，則後半較大的數也不需要計算了。這又是一個計算該停而未停的例子，也是除法概念不周延的實例，為此，造成學生找因數時的障礙。

整體來看，學生該停而未停的解題表現低於黃老師的預期，使得黃老師感到相當的訝異。但劉老師則提出澄清的看法：

> 雖然學生解題的表現並非遵循著黃老師的教學軌跡而走，但二者之間沒有衝突。黃老師前面的教學仍然是有效的，現在用 96 和 165 這麼大而且沒有練習過的題目來算，所以他們埋頭去算。而在找 165 的因數時學生試 12 到 15 是合理的，因為以他們所學得的知識，不知道這些數字也不用試了。至於找到某個數一半的因數以後就沒有了，對小學中低程度學童而言，更是一個滿難的概念，學生真正理解根號 165 以後不用再試的概念，需到高中才能發展完成，所以他們甚至試到 33 也都合理！……況且這次的教學目標只是要他們學會因數配對的概念，而不是埋解所有的除法原理。
> （20030602 劉討）

劉老師提到「根號 165 以後不用再試的概念」，意思是指大於根號 165 以後的數就不需要再找了。因為透過因數分解（即二數相乘）來找尋 165 的因數時，尋找到被乘數與乘數二數相同時（例如 16＝4×4），若仍然繼續分解的結果就會有因數重複出現的現象（大數乘以小數），也就是說，就不需要繼續計算了。而理解這樣的概念對國小學童而言，確實是有困難的。

雖然劉老師最後提到：「這次的教學目標只是要他們學會因數配對的概念，而不是理解所有的除法原理。」來為檢驗活動出現的「意外」尋求一個「出路」。但總讓黃老師感到有些微的缺憾：

但是現在又出現了新的因數的隱藏性知識。怎樣才能把他們的隱藏性知識教會啊！？（20030602 黃討）

你教一步，他才會一步。對於認知能力較差的學生而言，真的是如此啊！（20030602 劉討）

劉老師爲補救教學活動下了註解，也爲本教學方案的實踐畫下一個句號。因爲新發現的問題，其概念之深奧，恐怕不是他們現在的年齡所能理解的了。

肆、結論與建議

本研究因數配對教學活動設計於補救教學現場實踐，藉由理論與實踐的辯證，反映了教學設計的理想面（課程假設）與實際執行面的落差，使本教學設計能適當補強活動的內容。在進行合作行動研究的歷程中，也經由研究小組成員之間專業與實際的對話，協商出各種修正意見，有些是學習效果的討論，有些則是具體可行的策略。總之，本研究教學活動付諸實踐的結果，有值得教育夥伴參考之處，當然對於學童後續相關概念的擴展也有相當大的空間。以下將先說明本研究之結論，其次再提出本研究之建議：

一、結論

(一)起始活動方面：提供「視覺化」的具體活動與細緻的引導，可協助學生抽象思考「因數配對」的關係。

「『分』天倒地」是以分具體物（象棋）的活動，先喚起學生整除和因數的舊經驗。透過呈現具體物的「視覺化」效果，做爲學生思考「同一情境下單位量與單位數是可互換」的憑藉。起初的教學尚未能幫助程度最差的學生理解這樣的關係，於是藉由更具體、更詳細的教學引導，來協助他們學習。

當具體與細緻的引導達成學習目標之後再逐步撤除，讓學生在「去情境化」的情形下進行抽象思考。結果學生都能轉換同一情境下的單位量與單位數，並且賦予算式意義，真正理解了因數配對出現的概念。

(二)在發展活動方面：操弄「結構化」教具，可以強化學生「因數配對」的概念。

「因數對對碰」是將撲克牌遊戲「撿紅點」，轉化爲學習因數配對的教學活動。這樣的文化活動深受學生的歡迎，很能引起他們強烈的學習動機。透過打牌的過程，不斷的讓學生經驗 72 因數分解的情形，同時強化了學生「因數配對」的概念，使他們保留這個概念更爲穩固。此外，從活動後訪談程度最差的學生發現，他能以簡化的方式窮盡 72 的所有因數，並理解因數配對的意義。此外，也透過布題促進了學生深度的思考，引發生產性的數學解題策略，使形式的與非形式數學知識產生連結，並培養數字推理思考的能力。

(三)在檢驗活動方面：透過找大數的因數之評量，可準確考驗出學生因數配對的概念，也發現了學生求因數的自然解法與障礙。

「因數戳戳樂」摒除傳統紙筆測驗枯燥與壓迫的評量情境，使學童在競賽遊戲的氣氛中進行因數配對概念的評量。檢驗的題目是學生不曾練習過的大數（96 和 165），以較高難度的評量做爲學生是否獲得因數配對的隱藏性知識，建立周延過程概念的指標。檢驗的結果發現四位參與補救教學的學生，除了程度最差的小成無法有效保留因數配對的概念之外，其餘三位學生都能理解因數配對出現的原因。此外，觀察學生尋找這二個大數的因數的過程，和配合評量後的深度訪談，新發現了學生求因數的計算方式：是先以二尾數的乘積來辨識是否爲指定數的因數，再進一步計算來確認。例如，找 96 的因數時，以 96 的尾數「6」爲檢驗基準，再以二尾數的乘積是否爲「6」來決定該排除或再計算，因此出現了「18×7」、「26×2」、「28×2」、「33×2」等算式。另一個新的發現是學生尋找因數時計算上的障礙：計算該停而未停。在找 96 的因數時，已經計算到 96÷12＝8 這個算式，重複找到 8 和 12 這二個因數時，還繼續計算下去，如 13、14、17、18、26、28 等數。這些數字並沒有與 96 的因數重複，例如 96÷4＝24 或 4×24 中的「24」就沒有出現，表示學生有因數配對出現的概念，卻因爲對於較大數字的計算沒有把握或不夠熟悉，以及尚未發展平方根（開根號）的概念，所以出現尋找因數時計算該停而未停的障礙。

總結來說，本研究的教學設計是先喚起與複習舊經驗（整除、除法和因數的概念）之後，再連結到新概念（因數分解和因數配對）的學習。在此過程之中，透過具體化、生活化和遊戲化的活動來引發學生學習的動機，並將相關的經驗和數學知識結合起來（學生分東西的經驗與除法算式連結起來）。最後，也提供活動（撲克牌遊戲和「因數戳戳樂」）讓學生有機會應用新知識，同時做爲學習成功與否的檢驗依據。這符應了 Steffe 與 Tzur（1994）所強調的，學生進行有意義的數學學習時，必然具備一些基本的基模；當已具有的基模受到激發並牽引到相關連的經驗上，新的知識才會建立起來，並在適當的情境下衍生（generating）與應用。

二、建議

對於本研究教學活動實際實施的結果，提出以下五點建議：

(一)乘除法是因數教材的先備知識，也是因數教學是否成功的最重要關鍵。教師不僅在乘除法的計算能力上須留意學童是否完備，同時也需注意學童對於乘除法算式的意義是否了解，如此才能順遂銜接因數教材的教學。所以教師在因數教學前可以先複習乘除法的知識，除可喚起學童的舊經驗，也能爲因數的教學奠定良好基礎。

(二)教學時應包含小數與大數，並給與充分的練習機會，使習得的概念更牢固。先從較小的數開始做為教學和評量的基準，再逐漸加入較大的數，可使學生的學習更為穩固紮實。有鑑於本研究發現學生面對較大的數時，因計算不夠熟悉而對結果沒有把握。因此，對於因數字較大所產生的障礙，教師也必須多加注意。故建議教師在學生學習過程中，除了先以較小的數來讓學童學習，較易於理解基本的概念，還需適時提供較大的數讓學生練習與評量，使其因數概念的學習更為紮實，計算的能力更為精熟。

(三)本研究利用結構化的教具教導學童因數相關概念，確實獲得不錯的效果。但如何設計結構化的教具來幫助學生獲得因／倍數、公因／倍數，以及其他數學概念，使學生在學習數學時更輕鬆愉快不再恐懼，就有待未來的研究者繼續努力。

(四)本研究「因數戳戳樂」檢驗活動，透過尋找大數的因數來檢驗學習的保留效果，發現學童在計算過程中出現「該停而未停」的現象。建議未來研究可進一步針對此學習困難設計教學活動，以幫助學生克服之。

(五)本研究發現學生習慣以尾數相乘的積來判斷是否為指定數的因數，即學生都以乘法的方式來進行因數分解。因此建議因數教材的設計先以整除來定義因數的意義之後，還應該介紹因數分解法，以符合學童運算的型態，和凸顯因數配對出現的特性，並為往後因式分解奠立基礎。

致謝

本研究是國科會專題計畫「九年一貫數學教學模組的開發與實踐(91-NSC-2521-S-415-002)」的研究成果，感謝國科會的經費補助。嘉義縣陳福來校長對於本研究全力的支持，及合作夥伴吳佳玲老師用心的投入，使本研究得以順遂進行，在此一併致謝。再者，也感謝匿名審查教授的寶貴意見。

（審查日期：初審：2004年9月15日；複審：2005年5月6日）

參考文獻

中文部分

朱建正（1997）。**國小數學課程的數學理論基礎**。一九九六年行政院國家科學委員會成果報告。台北市：國立台灣大學。

林珮如（2002）。**國小學童因數解題與迷思概念之研究**。國立屏東師範學院數理教育研究所碩士論文，未出版，屏東縣。

陳清義（1995）。**國小五年級學童因數、倍數問題學習瓶頸之研究**。台北市立師範學院初等教育學系碩士論文，未出版，台北市。

陳淑美（1998）。數學焦慮症新解。**光華，23**（7），84-92。

陳標松（2003）。**國小六年級數學學習困難學生因數倍數問題解題之研究**。國立彰化師範大學特殊教育系碩士論文，未出版，彰化縣。

陳慧娟（1998）。情境學習理論的理想與現實。**教育資料與研究，25**，47-53。

黃國勳、劉祥通（2002）。歡樂滿堂的數學課——因數教材創新教學之實踐。**科學教育研究與發展季刊，26**，52-64。

黃國勳、劉祥通（2003）。五年級學童學習因數教材困難之探討。**科學教育研究與發展季刊，30**，52-70。

黃敏晃（1997）。國小數學新課程下評量改革的一些想法。載於國立嘉義師範學院主編，**國立嘉義師範學院八十四學年度數學教育研討會論文暨會議實錄彙編**。嘉義縣：國立嘉義師範學院。

詹志禹（1997）：全方位對話。**教育研究雙月刊，17**，6-7。

甄曉蘭（1995）。合作行動研究——進行教育研究的另一種方式。**嘉義師院學報，9**，297-318。

蕭金土（1995）。**國小數學學習障礙學生的鑑定、學習問題診斷及學習策略教學效果之研究**。國立政治大學教育研究所博士論文，未出版，台北市。

蕭阿全（1984）。國小學童智能、學習成就、學習態度、人際關係諸因素之研究。**輔導月刊，20**（2），26-28。

魏麗敏（1989）。**國小學生數學焦慮、數學態度與數學成就之關係暨數學學習團體諮商之效果研究**。國立台灣師範大學碩士論文，未出版，台北市。

英文部分

Gagn'e, R. M. (1968). Learning hierarchies. *Educational Psychologist, 6*, 1-9.

Gray, E., & Tall, D. (1993). Success and failure in mathematics: The flexible meaning of symbols as process and concept. *Mathematics Teaching, 142,* 6-10.

Gray, E., & Tall, D. (1994). Duality, ambiguity, and flexibility: A " proceptual" view of simple arithmetic. *Journal for Research in Mathematics Education, 25*(2), 116-140.

Miles, T. R. (1992). The use of structured materials with older pupils. In T. R. Mile & E. Miles (Eds.), *Dyslexia and Mathematics.* London: Routledge.

National Council of Teachers of Mathematics (2000). *Principle and Standards for School Mathematics.* Reston, VA: NCTM.

Nelson, D. W. (1983). Math is not a problem: When you know how to visualize it. *Instructor, 93*(4), 54-55.

Sobel, M. A., & Maletsky, E. M. (1988). *Teaching Mathematics.* New Jersey:Prentice-Hall.

Steffe, L. P., & Tzur, R. (1994). Interaction and children's mathematics. In P. Ernest (Ed.), *Constructing mathematical knowledge: Epistemology and mathematical education.* London: The Falmer Press.

附錄一　因數配對教學活動設計

起始活動

活動名稱：「分」天倒地	
教學目標	理解單位數與單位量都是總量之因數的概念。
活動說明	透過平分具體物（象棋和撲克牌）的活動，理解整除情境中「單位數」與「單位量」之間的關係，使學童獲得單位數與單位量都可整除總量的概念，進而理解單位數與單位量都是總量之因數的概念。
教學時間	四十分鐘
教學準備	一、教具或媒體：象棋和撲克牌各一副，搶答計分表。 二、教室布置：桌子圍成方形，方便玩象棋和撲克牌。
活動內容	一、活動中能完整正確回答問題者得 2 分，回答不完整者得 1 分，回答錯誤則得 0 分。累積到教學活動結束，得最多分者冠軍，其次亞軍，老師給與適當的獎勵。 二、拿出一副象棋（三十二顆棋子），請小朋友平分給四家，分完之後，請小朋友說出三十二顆棋子的分法。 三、老師引導學生說出「三十二顆棋子平分給四個人，每個人可以得到八顆棋子」，並寫出除法算式 32÷4＝8……0。 四、再引導學生轉換為「三十二顆棋子，每人分八顆棋子，可以分給四個人」，並寫出除法算式 32÷8＝4……0。（包含除與等分除情境的轉換） 五、繼續引導學生轉換為「三十二顆棋子也可以平分給八個人，每個人可以得到四顆棋子」，並寫出除法算式 32÷8＝4……0。 六、接著，引導學生理解 4 和 8 都能整除 32，所以 4 和 8 都是 32 的因數。 七、介紹因數分解的形式：32＝4×8，讓學生理解因數是以配對的方式呈現。 八、小朋友理解此概念後，再繼續進行平分給二家的情形，並引導學生說出除法算式的意義、因數分解的形式和因數配對出現的原因。 九、請小朋友寫出三十二顆棋子其它的分法，並如前述逐一說明其意義。

	十、讓小朋友玩撲克牌的遊戲，拿出一副撲克牌（五十二張牌），請小朋友平分給四家，分完之後，請小朋友說出五十二張牌的分法。並如同分象棋棋子的方式，引導學生寫出所有五十二的因數分解的式子，並說明其意義。 十一、統計每個人得分，分出冠軍與亞軍。 備註： 1.對於程度較差的學生應以更具體、更細步的引導。 2.再多提供學生練習的機會，以精熟這個概念。
布　　題	通常一個整除算式中，可以找到幾個因數？為什麼？

發展活動

活動名稱：因數對對碰	
教學目標	強化學生的因數隱藏性知識，以完備因數概念。
活動說明	透過玩撲克牌（撿紅點）的遊戲，讓學生做因數的「配對」練習，使其能簡化計算程序，窮盡所有的因數。
教學時間	四十分鐘
教學準備	一、教具或媒體：撲克牌一副，並修改撲克牌的數字：（A—1），（2—2），（3—3），（4—4），（5—5），（6—6），（7—18），（8—8），（9—9），（10—24），（J—36），（Q—12），（K—72）。 二、教室布置：桌子圍成方形，方便玩象棋和撲克牌。
活動內容	修改自「撲克牌撿紅點」的玩法。 一、每四人為一競賽單位。 二、一副撲克牌分給四家，每家分六張後，再現出四牌張做為「被吃牌」，其餘的牌置於中間當作「機會牌」，供放牌者掀開吃牌。由頭家開始放牌，每放一張牌可掀起「機會牌」一張，最後所有牌都放完，各自計算紅點的分數，吃最多分者為優勝者。 三、原來「撿紅點」的遊戲規則主要是以「湊十配對」做為吃牌的條件。此活動遊戲規則改為「因數配對」的方式，若非指定數的因數時，則為「自己成對」。例如：指定以 72 的因數進行配對時，「1 配 72（K

	牌）」、「2 配 36（J 牌）」、「3 配 24（10 牌）」、「4 配 18（7 牌）」、「6 配 12（Q 牌）」、「8 配 9」、「5 配 5」。 四、要吃牌時，必須先喊所出的牌乘以所要吃的牌等於 72，一方面確定學生是否真的了解，還是隨便打出去而已。另一方面也可強化「因數配對」的概念。
布　　題	一、你喜歡拿到哪些牌？爲什麼？ 二、手中握有哪些牌比較可以穩操勝券？

檢驗活動

活動名稱：因數戳戳樂	
教學目標	做爲檢驗因數隱藏性知識的活動。
活動說明	將 1～100 這些數字以「戳戳樂」的形式設計在一張紙上，要求學生找出 96 的因數。隨後並進行個別訪談，以檢視學生是否能以簡便的方式找因數。
教學時間	四十分鐘
教學準備	一、教具或媒體：「戳戳樂」專用紙、空白紙 二、教室布置：學生各自坐在自己的位置進行評量。
活動內容	一、百分之百完全命中得 100 分。 二、遺漏或戳錯時，每一個洞扣 10 分，直到扣完 100 分爲止。 三、得分相同時，再比較速度快慢以分出勝負。 備註： 1.學生先進行「因數戳戳樂」的測驗。 2.視學生在「因數戳戳樂」測驗的解題情形進行個別訪談，以了解學生找因數的想法，確認其是否具備因數是以配對的方式出現的知識。 3.「因數戳戳樂」檢驗 96 的因數後，可再測驗另一個較大的數，做爲持續比較。

因數戳戳樂

請將下列數字是 96 的因數戳破（打×）：

1	2	3	4	5	6	7	8	9	10
11	12	13	14	15	16	17	18	19	20
21	22	23	24	25	26	27	28	29	30
31	32	33	34	35	36	37	38	39	40
41	42	43	44	45	46	47	48	49	50
51	52	53	54	55	56	57	58	59	60
61	62	63	64	65	66	67	68	69	70
71	72	73	74	75	76	77	78	79	80
81	82	83	84	85	86	87	88	89	90
91	92	93	94	95	96	97	98	99	100

計時：　　分　　秒

8

小學高年級教師實施討論式數學教學之行動研究

房昔梅
國立台北教育大學附設實驗國民小學教師
鍾　靜
國立台北教育大學數學教育研究所教授

摘要

本研究在呈現一位具有多年實施討論式數學教學經驗的教師，在一個新組成的五年級班級中實施討論式數學教學，卻因爲多數學生不願主動發表且表達未能切題，因而面臨課堂討論活動無法順利進行的窘境時，所採用的各項行動策略及學生們的改變歷程。研究場域爲研究者任教之新組成的五年級班級，以行動研究的方式，實施爲期一學期的研究教學。研究者透過觀察，並配合訪談及問卷等資料的蒐集，呈現教師透過各項策略改變學生課堂表現之具體歷程，以提供欲從事討論式數學教學之教師們參考。

研究中發現，學生們在學期中的不同階段會有不同的學習表現，研究者的重點策略以建立學生心理上的安全感爲起點，多方鼓勵學生以刺激發表；其次擬訂社會規範，促進教室中的社會互動；並培養學生們質疑、辯證的能力，幫助學生澄清數學概念；希望學生們能夠透過與師生及同儕理性溝通的過程，提升自己的數學解題技巧及計算能力。

研究結果顯示，學生們於學期初的課堂表現爲師生及同儕間互不相識、毫無默契，多數學生對發表缺乏信心和勇氣、不願參與課堂活動，以致於課堂討論不能聚焦。在經歷教師一學期的課堂引導後，逐漸建立起班級討論文化，教學現場明顯轉變爲師生默契十足，大多數學生都能夠在班級共同的社會規範下積極主動的參與討論，同儕間也能夠相互提出質疑與辯證，學生們有主導討論的能力，並且能夠使用數學語言與教師及同儕溝通數學想法，進行深入數學內涵的討論，顯示教師的各項引導策略對於經營討論式數學教學具有一定的成效。

關鍵詞：小學數學、討論式數學教學

壹、研究動機與目的

早在二十世紀初，知名教育家杜威（Dewey）便主張教育應採「兒童中心」法，他在一九一三年曾經說過：兒童並不是經由坐在事情發生的教室中而使其性格、知識和技能重新建構的，事情必須發生在他身上……（引自林清山譯，2000），顯然知識由兒童自我建構的想法在西方出現甚早，然而這個理念在當時並沒有受到很大的重視。就在同一時期，行為主義興起，風雲教育界達半世紀之久，直到二十世紀中期，建構理念再度萌芽，使教育界重現一股新氣象。

這股教學革新的熱潮，源自於對傳統教學的質疑。行為學派認為學習是消極的，因狀況設定而造成行為改變的過程，因此在教學策略上主張提供不斷的練習與回饋，直到精熟為止。認知學派則認為學習過程是積極的，是學習者內在心智與外在環境互動的過程，因此建議規畫並運用適合人類語意結構的認知學習策略來輔助教學活動。建構學派重視個人的探索和內省，認為學習必須由學習者主動探索、自我建構才能完成，主張教師必須提供能激發學習者積極主動、深思反省的學習環境。隨著學習心理學派的演進，帶動了一股課程革新的風潮。

八十二年版的數學課程是以社會建構主義為理念，主張學生在社會溝通活動中建構數學知識，而教室中主要的教學活動就是在進行溝通（游麗卿，1999），證明兒童的數學溝通能力與數學學習有很大的相關。在數學教室中，數學語言是學習數學知識的重要媒介，教師透過數學語言與兒童溝通數學知識，兒童也以數學語言與老師或其他同學溝通其解題想法、思考過程和結果等等，顯然兒童的數學溝通對數學學習有直接的影響。

教育部於二〇〇〇年公布的九年一貫課程暫行綱要，強調培養學生表達、溝通與分享的能力，二〇〇三年公布的九年一貫課程數學領域綱要的基本內涵也主張應培養學生獨立思考、與人溝通的民主素養。然而許多教師對於教學中的討論活動，仍感到心有餘而力不足，即使願意開放學習空間給學生們發表、討論，也因爲不得要領，往往延誤了教學進度，也難以帶動課堂討論氣氛，提升學生的數學學習，因而回歸傳統的講述式教學。面對這樣的窘境，研究者於是就個人多年經營討論式數學教學的經驗，以個人任教的班級爲研究場域，真實呈現學生在這種教學型態下，發表討論能力的發展歷程，希望能與教育界先進共同切磋，收到拋磚引玉的效果。

基於上述動機，本研究探究教師在一個新組成的五年級班級，透過各項行動策略落實討論式數學教學之情形，包含教師的引導、師生及同儕間的發表、討論過程。由教室中的社會互動情形，探討學生發表討論能力的發展歷程，及對學生的學習意願、學習態度和學習行爲所造成的影響，希望能夠提出具體的建議供一般現場的小學教師做爲實施討論式數學教學之參考。因此，本研究的目的在探討討論式數學教學中，教師與學生在不同學習階段的互動情形；以及教師對於討論的引導對學生的數學學習態度和學習成就表現所產生的影響。

貳、文獻探討

新興的討論式教學，是一種建構導向的學習，而建構理念的興起，起源於認知學派。研究認知學習的學者們，均有一個共同的假設，即人類的認知是一種複雜的歷程，人對外界事物的認知是主動的，而非被動的接受（梁恒正，1979）。在這個觀點之下，無論是學習環境、教師及學生角色，都與傳統相去甚遠。在傳統的教學中，教師是裁決者，擁有不容挑戰的權威；在討論式教學裡，教師卻是學習活動的引導者及促進者，是一個具備民主風範的人。傳統教學中，學生是被動的聽講者，在討論式教學裡，學生是學習的主角，具備影響教學活動進行的關鍵地位。教學觀點上的顯著不同，淵源於學習理論的演變所牽動之國內外教育潮流，因此，研究者首先將探討有關數學學習的主要理論，其次由討論式教學法的實施探討發表討論對學生數學學習的影響，期能對討論式教學的面貌作出較為完整的描述。

一、學習理論

十九世紀以降，教育界歷經了行為學派至認知學派的重大轉折。行為學派學者關心學習者外在的行為表現，認知學派學者重視學習者獲取知識的過程和內在的知識結構（梁朝雲，1995）。行為學派認為個體的學習是不斷「刺激」與「反應」的結果，強調應訂定明確的教學目標與教學程序，並用增強或獎勵的方式來「塑造」環境預期的反應。認知心理學者卻主張個體對環境中事物的認識與了解是學習的必要條件。

Piaget 認為個體的內在運思與外在互動是一體兩面，鼓勵思考與討論有助於發展較高層次的認知（劉錫麒，1994）。Bruner 強調有意義的學習需要真正的發現，學生經由自己的探討而發現的事實和關係比強行記憶而來的知識更容易記住和使用。因此主張教師應引導學生自行發現，讓學生在解決問題的過程中培養探索能力（張愛卿，2001）。

Bandura 主張人類可透過觀察而學習，不需重製示範者的反應，亦無須接受增強物（林建平，1997）。這個理論，肯定討論活動是可以經營的，這是對於教師們的重要啓發。

Vygotsky 發現人際互動對認知發展有深遠的影響，藉著成人或能力較高的同儕之助，兒童能夠處理一些比較複雜而不能單獨處理的問題（陳淑敏，1995）。這個理論是很好的啓發，在教學過程中，教師的任務便是為學童築起鷹架，扮演較高層次的同儕，透過語言的交流，引導學童向上攀升，這也是討論式數學教學的精神所在。

建構學派學者則認爲個體在知識的形成過程裡，是居於主動的地位（楊龍立，1997），因而主張在教學情境中要尊重學生的主體性，讓學生成爲教學情境中的主角，才能夠更主動、積極的參與教學的過程（林生傳，1998）。

一九八九年全美數學教師協會（National Council of Teachers of Mathematics，以下簡稱 NCTM）在其課程目標中明訂要「學生學習使用數學語言來溝通」（NCTM, 1989）。我國國民小學數學科課程標準中明訂以「培養兒童以數學語言溝通、討論、講道理和批判事物的精神」爲其總目標之一（教育部，1993）；在九年一貫課程綱要中也載明要以「培養表達、溝通和分享的知能」爲目標（教育部，2003）。顯見，國內外共同的教育趨勢皆認爲數學科的教學不應只偏重於學生個人在知識、技能方面的學習，數學教學的重點逐漸由「教」轉向「學」，對於藉由師生之間或同儕之間透過溝通、討論、質疑、辯證的過程來獲得有關數學知識的部分，已逐漸受到重視。

二、數學教學與社會互動

學習是互動的社會化過程，言談、討論及教室中的互動文化，都在數學教學中扮演重要的角色。而討論的品質，將是學生能否建構數學知識的重要關鍵，以下分別就數學的學科內涵和教學中的師生互動作說明：

(一)數學的學科特性

就學科特性而言，數學較其他學科更需要思考，更重視理解的過程，單憑記憶很難達成學習效果。國內傳統的數學教學，向來重視「經驗」（experience），也就是實際的練習活動，較少關注於「語言」的重要性。國外許多數學教育者和研究者視數學指導是一種社會互動的過程，Cobb、Wood 與 Yackel（1991）指出：當給機會給小朋友，讓他們說說他們對數學的了解時，這就是自然的學習數學。NCTM（1991）定義數學教室內的對話和討論，是一種表達想法、說法、同意和不同意的過程，數學的對話幫助學生建立他們自己的知識。因此，營造一個讓每個人的想法都被尊重、數學的解釋與疑問被接受的環境，老師投入的心力才是值得的。

(二)教學中的師生互動

教與學本是一體的兩面，古人說「教學相長」，說明了在教學的過程中，教師及學生皆同時扮演教學者及學習者的角色，而良好的師生互動則是影響教學活動的重要因素。Vygotsky 視老師爲學習社群中的一員，他認爲在班級中，教學的主要目標之一，是在創造出彼此對話及有所聯結的班級社群（蔡敏玲、彭海燕譯，2001）。林清江（1996）認爲：一個教師若兼具教學者及學習者的角色，不但可提供學生適當的知識，也可以培養學生獲得知識的方法。這提醒著教師們，必須與學生們密切互動，時時關照學生的學習反應，才能據以調整教學的步調。

三、討論式數學教學

近年來，建構導向的教學在國內喊得震天價響，許多教師以爲放任學生在課堂中無限制的發言、教導學生多樣的解題策略便是所謂的建構，如此誤解建構的想法，一味盲目實施「標籤式建構」卻不能有效經營討論文化的結果，往往形成教學的阻礙，以下分別就討論式教學的內涵、教師角色及常見困難作說明：

(一)討論式教學的內涵

討論式教學最重要的基礎便是「發表」，教師及同儕經由學生發表的內容，幫助其澄清數學概念；學生們則透過質疑辯證的互動過程，學習多元解題策略，提升自我的數學解題能力。國內學者鍾靜、朱建正（2002）認爲課堂中學生的發表討論是教師教學的泉源，它至少具有三項功能：(1)學生發表的內容是教師教學的素材，也是進行形成性評量的依據；(2)討論活動可以刺激師生互動，是教師塑造學生思考的最佳途徑；(3)發表討論是促使師生反省思考的方式，教師據以控制教學節奏，學生則藉由教師及同儕的發言，澄清自我的學習概念。

儘管眾多學者同意教室討論對兒童數學學習的幫助，然而「發表」及「討論」的目的並不在「說話」本身，倘若只是放任學生自由交談，而沒有明確的引導方向，學生依然無法得到學習。發表只是一個過程，一個溝通想法的管道，教師們必須藉由學生發表的內容給與適當引導，幫助學生澄清數學概念，才是鼓勵學生發表的最終目的。

發表是單向的溝通，教學活動中要有互動，除了發表之外，必定要經過充分的意見交換，這是質疑辯證在教學活動中的必要性。學生經由傾聽了解他人的想法，再透過與同儕質疑辯證的過程，建構出自己的數學概念，提升數學解題能力；教師則必須引導學生將話題聚焦，同時關注學生們對話的內容、專注力及情緒反應，讓質疑辯證的過程成為一種理性的溝通，才能夠真正幫助學生學習數學。

(二)教師在討論式教學中的角色

教學是雙向交流的活動，師生互動的方式雖多，其目的都是：教師據以掌握學生的學習狀況，適時調整教學步調；學生依循教師的指導，建構出自我知識。**缺乏教師的引導，討論活動很難在教學情境中自然發生**；教師的引導及協助，關係著學生的數學學習。

除了引導學生發表，為了促進同儕之間的互動，教師們會希望由學生主導討論及進行質疑辯證，而漸漸由對談中隱身，這時候教師便化身為較高層次的同儕，適時提問，暗中主導討論的方向。可見在討論式數學教學中，教師至少扮演了「教學活動的促進者」及「較高層次的同儕」兩種不同的角色。

(三)經營討論式教學常見的困難

許多教師抱怨討論活動使得教室秩序大亂，教學進度嚴重落後，學生不會說，或是學生的學習成就未見提升。以個人實施討論式數學教學的經驗，最困難的有下列幾點：(1)使學生願意主動發表；(2)掌握介入的時機，提出關鍵問話；(3)兼顧不同程度學生的學習；(4)理解之外，同時幫助學生熟練；(5)彈性安排討論型態，緩和進度的壓力。

至於應如何解決這些問題，由於學生的素質不同，學習背景也不同，實在不宜一概而論。因此本研究僅透過自我的教學策略及反省，提供欲嘗試討論式數學教學的教師做為參考。

參、研究方法與實施

本研究擬解決學生們無法在數學課中進行教室討論的困境，研究者係依據學生在學期中不同階段的課堂表現，逐步調整行動策略，因此採用「行動研究」的方式進行研究。主要以質化方式描述教師在五年級教室中**實施討論式數學教學的一連串行動策略及反思**，研究場域爲研究者任教的班級，**在各研究階段中，均依前一階段學生的學習表現調整策略，如此反覆循環**，探討討論式數學教學實施的情形及對於學生數學學習的幫助。研究的實施流程大致如下：(1)蒐集相關國內外文獻、閱讀學生基本資料、擬定期初訪談問題並規畫研究進行之方式；(2)依擬定的教學策略實施教學，現場錄影、錄音，研究者作省思札記，配合學生的數學日記，同步進行蒐集及整理資料的工作；(3)透過分析錄影帶、錄音帶、問卷、測驗、訪談、研究者札記及教學日誌、學生學習日記等資料，反覆交叉比較，進行資料的綜合分析；(4)整理資料，撰寫論文。

由於研究者身兼教學者，在進行教學時，可能對許多偏頗的習慣習焉不察，因而商請校內具有討論式數學教學經驗的資深教師擔任研究諍友，定期邀請其進入教學現場觀察並進行訪談，同時與師院教授及其他任課老師作討論，希望還原最真實的教學場景於研究中，增加研究的參考價值。

一、研究場域

研究者任教的班級包括十九名男生，十六名女生，共三十五名學生。學生們想法單純，課堂紀律稍差，常有上課喝水、擅自走動及愛打小報告等行爲。學生素質呈現兩極化分布，程度稍弱需要轉介至資源班輔導數學科者，有三女一男，共四名學生。學習成就高的學生，口語表達能力較佳，較願意主動發言，但人數不及全班的四分之一；而始終沈默，似乎難以融入教學活動的學生，也占了三分之一。兩極化的課堂表現，令所有科目的任課老師上起課來都倍感吃力。

爲了方便觀察學生們學習表現上的轉變，研究者依據學生們四年級的學業總成績將全班學生分組，學業總平均在九十三分以上者歸爲 H 組；學業總成績在八十六分以上，未滿九十三分者，歸爲 M 組；學業總成績未滿八十六分者，歸爲L組，各組男女生人數分布如表1：

表1　五年乙班學生學業成就分布表

	L組	M組	H組	合計
男生	4人	9人	6人	19人
女生	7人	3人	6人	16人

教室座位採小組方式安排，全班分爲六組，其中一至五組每組六人，第六組五人。開學之初，即於家長座談會上告知全體家長及學生作這項研究的目的及需要學生配合之事項，徵得全班學生家長同意後，研究因此順利展開。

本班每週有五堂數學課，原則上每一節數學課都錄影，數位 DV 由專人架設在教室後方，以不影響學生上課動線為主；錄音機置於講桌上，避免因為學生發表的音量太小，聽不清楚。由於學生在一至四年級的學習過程中有許多參與教學觀摩的經驗，因此只有第一週上課時對攝影機稍有顧忌，接下來就完全不受影響。

二、資料的蒐集與分析

研究者於二〇〇二年九月至二〇〇三年一月蒐集現場教學資料，教學內容為國小五年級上學期國編版數學教材第九冊的所有單元，觀察的內容重點以全班性的討論活動為主及偶爾參酌小組內的運作情形，觀察紀錄除了師生的語言及解題策略外，也包括教室內社會互動的情形及當時的教室氣氛等等。

本研究採用兩類訪談，一為正式訪談，一為非正式訪談。正式訪談包含學生及研究諍友林老師、陳老師，對學生的訪談於學期初及學期末各實施一次，內容包括對數學課堂發表的看法、課堂感受，及對自己數學課堂表現的描述等等（詳見本文附錄 1 及附錄 2）。對林老師及陳老師的訪談重點則就他們的角度看來，本班學生在學期的各個階段中，課堂表現的變化。非正式訪談係指研究者於課餘時間與研究諍友的閒談內容作成的紀錄。所有訪談內容，都在徵得受訪者的同意之後錄音，事後進行轉譯及分析。

研究中使用兩種自編問卷。一種是**數學學習情形問卷**（詳見本文附錄 3），在開學第二週施測，目的在了解學生四年級時上數學課的情形及對數學課的看法，包括單選題、複選題及開放式問題，選擇題的量化統計部分，僅計算各選項所占百分比。另一種是**數學學習態度問卷**（詳見本文附錄 4），於學期中實施，希望了解學生課餘學習數學的情形，及學生們對數學學習的態度和期望，屬開放式問題，因此不做量化統計。本研究蒐集的文件或紀錄包括：功課表、數學科教學進度表、學年教學計畫、數學課本、習作及教師手冊、學生的數學日記等等，以做為對照及檢核資料的參考。

此外，研究者在研究進行期間，隨時將教學處理及課堂的突發狀況整理成研究者札記，以增加研究資料的完整性。

爲使資料的整理有效率，且利於比對，本研究將所蒐集的資料，包括觀察、訪談、問卷、文件紀錄、研究者札記等均依活動類型及時間加以編碼（coding）整理，經由反覆重新組合，逐步描繪出學生於各階段的學習表現情形。本研究使用的原始資料編碼的方式及意義如表 2：

表 2　各種原始資料編碼的意義

編碼	意義
觀 020903	表示 2002 年 9 月 3 日現場錄影錄音之轉譯資料。
訪林 020914	表示 2002 年 9 月 14 日對研究諍友林老師進行的正式訪談。若「林」改爲「陳」，代表訪談對象爲科任陳老師。
札 020923	表示研究者於 2002 年 9 月 23 日進行數學課教學後，針對當日的教學情形所作之反省及詮釋，或是對學生、研究諍友進行訪談後所記錄的札記。
記 S○○ 020913	表示座號○○號的學生於 2002 年 9 月 13 日所記錄之數學日記。
訪 S○○ 020913	表示座號○○號的學生於 2002 年 9 月 13 日接受訪談後，研究者所作之紀錄。
T	指研究者。
S	指某位學生，若是很多學生則標示爲「多數 S」。

研究者在研究過程中隨時整理資料，以了解各階段實施討論式數學教學的現場狀況，並於各階段結束時作成分析，以做爲下一階段調整行動策略之依據。

肆、研究結果

學期初，課堂中沈默的學生多，主動發表的學生少，發表內容也顯得鬆散，無法深入問題核心。課堂秩序不佳，聊天、走動者眾，使得討論活動進行困難，研究者將這一階段訂爲「初始期」，行動的重點策略是營造安全的教室氣氛、刺激學生發表，同時訂定教室規範，促進同儕互動。

開學一個多月後，課堂中主動發表的學生略爲增加，學生們多能遵守教室內的社會規範，發言前先舉手，並且傾聽同學們發表。此時課堂中卻經常出現討論不能聚焦，徒然浪費時間的狀況。研究者將此一階段訂爲「調整期」，行動的重點策略爲刺激學生思考，促使討論聚焦，並培養學生提問的能力。採用多變化的教學吸引學生的注意，同時調整教室座位，使各組素質平均，便於小組合作，鼓勵同儕交互指導學習；並培養學生以數學語言表達及溝通的能力。

開學三個月後，學生們的課堂表現漸趨穩定，研究者因此將此後的學習階段稱爲「穩定期」。此時期的焦點策略在提升討論的深度，及關注不同程度學生的學習。除了持續鼓勵學生發表，促進同儕之間的互動外，並依實際需要彈性安排討論的型態，培養學生主導討論及做結論的能力，建立學生反思的習慣。以下分別就各階段的具體行動策略和省思及對學生數學學習的影響作說明：

一、教師實施討論式數學教學之行動歷程

(一)初始期之行動策略及反思

學期初，我的行動著重於心理層面的經營：和學生建立良好的關係，讓學生產生安全感，不怕被責罵，並以加分的方式積極鼓勵學生發表。其次與學生共同訂定教室規範，鼓勵學生表達自己的想法，並欣賞同學的做法，同時示範提問，引導學生練習發問，加強學生的理解能力。

這個階段中，爲了引導學生發表並維持教室常規，課堂中較多我的發言，以及教師與全班學生的對話，目的在使學生熟悉發表的內容並建立起課堂討論的社會規範。由於學生們並不習慣作深入思考，提出的回答和題目的相關

性並不強，也較爲簡短。我會適時「複述」學生發表的內容並針對全班發問，避免學生分心。

此外，仔細研讀教材分析，掌握學生的認知發展層次及學習線索，幫助我更精確的主導教室討論的方向及深度，更靈活的掌握教學節奏。盡量使布題活潑，引發學生的興趣，課堂中請口語表達較佳的學生示範發表，適當制止與課程無關的閒聊，希望學生們的對話能夠聚焦，進一步澄清數學概念。針對學生的發表，我會適時追問，配合其他同學的補充，希望全班學生都能理解每一個算式的意義，進行有意義的學習。

課堂中，我會依學生的認知發展及前置經驗來安排學生發表的順序。在進行新概念的教學時，學生的解題類型較多樣而粗糙，我會讓比較低階的策略先發表，使學生容易了解；等學生的概念穩固之後，再出現比較簡潔有效率的策略，同時進行算則的整理。此外，錯誤類型在新教材中應較晚出現，以免干擾學習。處理相同概念的重複布題時，我會直接請算則簡潔的學生發表，或以錯誤解題策略幫助學生澄清概念。例如：【布題：一盒玻璃珠有 400 個，小房子老師有 8.13 盒，送給發傳（學生名）5.55 盒，請問老師剩下幾盒玻璃珠？請用直式計算。】

T：寫這種算式有一點很重要的是什麼？

S_{14}-H：小數點。

T：小數點，一定要對齊哦！在做加減法的時候都是一樣的，個位一定要對齊個位，十分位要對齊十分位，百分位要對齊百分位，也不能亂跑，不能想要點在哪裡就點在哪裡，在減的時候一定要注意哦！你的「位值」應該要對齊，詠欽，五年級了，不要再寫這種長長的東西，練習寫短一點的算式。

S_{14}-H 的做法

```
  8.13
－5.55
  3
－0.55
  2.45
＋0.13
  2.58
```

同學的做法
8.13 −5.55 2.58

S_{14}-H：短短的哦？

T：對！像他們這樣短短的。可以嗎？詠欽？

S_{14}-H：（點點頭）（觀 020927）

上例說明並不是只有程度較弱的學生會出現低階策略，面對充滿自信的優等生，首先我會肯定他的解題策略，再勸導他整理解題視窗，希望他的解題更有效率。

(二)調整期之行動策略及反思

針對第一階段結束時學生們的表現：發言較踴躍、主動發表的意願提高，也願意傾聽同學的發表。我將調整期的行動重點定在：促進同儕互動頻率、提升發表的品質，持續激勵策略。配合學生的座位調整，希望小組成員素質平均，能充分合作。新概念的教學，由於難度較高，我會安排小組討論，希望透過同儕合作的方式降低學生的焦慮，讓學習較慢的學生也能夠順利學習。以下是若干訪談資料：

以前小組討論的時候，我們那組都由一個人很快的講完就不管其他的事了，所以我可能都不會參與到討論，可是後來到了另外一組，我們那組都會互相討論，讓每個人說一說意見。

（訪 S_{25}-M 030116）

小組討論時，我覺得我有專心聽別人的意見，因為這樣別人才會聽我的意見……（訪 S_{20}-L 030117）

今天看你們班學生上課，很讓我意外的一點是所有學生都非常專心，沒有看見聊天或玩耍的同學，真讓人感到意外，特別是有些組別上台解說的同學說得並不流暢，可是同學們還是給與很熱烈的掌聲，看得出來他們並不是各組最優秀的同學，雖然還沒有能力接受同學的質疑及辯證，但是至少他們都參與了學習，非常難得。（訪林 021104）

期初課堂中，我常逐句指導學生發言，一個多月後，多數學生都能夠順利表達自己的解題想法。然而單純的發表，只是單向的溝通，並不足以促成教室內的互動，因此在第二階段的教學中，我特別把重點放在引發學生質疑並練習提問，希望能夠引導學生由「發表者」轉為「質疑辯證者」，更有效促進教室內的社會互動。

鼓勵學生發問的主要目的是達成想法的溝通，次要目的則是抓住學生的注意力。剛開始，同學們的提問都比較偏向形式，無法提出深入數學內涵的問題，必須由我出面提問以引發討論。這種示範，漸漸帶動了學生發問的風氣，甚至在同學質疑辯證的過程中，都可以看見學生踴躍舉手，顯示學生更專注於討論活動，也更能夠包容同學們不同的思考路徑。例如：

S_{33}-H：我的做法是先把 35 位同學除以$\frac{1}{5}$，等於括號（解釋算式填充題），我先把 35 除以 5，$\frac{1}{5}$的 5……然後再把 $7\times\frac{1}{5}$ 的 1，所以我的答案是 7。（對於她的作法，顯然大部分同學都有意見，因此紛紛舉手，映蓉作出手勢請宛萱發表意見）

映蓉的做法
$35\div\frac{1}{5}=（7）$
$35\div5=7$
$7\times1=（7）$
A：7人

S_{22}-H：為什麼 35 要除以 5？

S_{33}-H：因為$\frac{1}{5}$就是要把 35 份分成 5 份其中的一份。（仍然有半數學生舉手，映蓉持續請同學發言）儷穎！

S_{24}-H：為什麼兩個要分開算？（觀 021112）

上段對話，由於沒有偏離主題，因此老師直到學生間的質疑和辯證告一段落才介入引導澄清，這種熱絡的教室場景，在開學兩個月之後逐漸出現，顯示在教師的指導和帶領下，同學們的討論的能力已經獲得提升。

高年級的學生已經有能力作深入數學內涵的討論，但若只是任由學生發表，卻不對發表的內容作整理或歸納，那麼教師的角色將明顯被弱化，教學內容也缺乏主軸。因此當學生們的討論能力漸漸提升，我開始訓練學生們主導整個討論的過程，我則在旁邊擔任協助者的角色，引導學生總結討論的結果，希望能夠幫助學生提升數學解題能力。

(三)穩定期之行動策略及反思

到了學期的後半段，同學們大多願意在課堂中發表，此時多數的課堂發言來自於學生，我的介入只是適時讓討論聚焦，或是引發更深入數學內涵的思考及辯證，學生明顯的成為課堂的主角。由於學生有能力主導討論，進行質疑辯證，和數學相關的科學性對話增加了，討論離題的機會也相對減少了。這時候，我會配合不同解題策略，指導學生觀察、比較或歸納，以搭建起學習鷹架，幫助學生提升解題能力。例如：

一包餅乾有20片，一個盤子可以裝 $1\frac{2}{10}$ 包，請問3個盤子可以裝幾包餅乾？

S_{17}-L 的做法：

$1\frac{2}{10}\times 3=(\quad)$

$1\frac{2}{10}\times 2=2\frac{4}{10}$

$1\frac{2}{10}\times 3=3\frac{6}{10}$　　答：$3\frac{6}{10}$ 包

S_{34}-L 的做法：

$1\frac{2}{10}\times 3=(\quad)$

$1\times 3=3$，　$\frac{2}{10}\times 3=\frac{6}{10}$

$3+\frac{6}{10}=3\frac{6}{10}$　　答：$3\frac{6}{10}$ 包

T：誰看到了，他們兩人的做法哪裡不同？儷穎，請妳說說看！

S_{24}-H：巧微是從個位開始算，她把個位和十分位分開算，她先算個位，德坤是個位和十分位一起乘以3！（觀 020927）

上例是由成就高的學生指出兩種策略的不同之處，爲同儕搭建學習鷹架的實例。由於學生已經有能力進行較深入數學內涵的質疑和辯證，因此除了關注發表的同學有沒有偏離教學目標之外，我也會同時關照教室裡不同程度學生的學習，避免出現教室中的「陪客」。

鍾靜和朱建正（2002）指出：在小學數學教室中師生的溝通歷程，至少包含心理、社會及科學等三種層面，教師必須能夠確實掌握、靈活運用各種不同層面的討論活動，才能有效的建立群體討論文化。其大致主張爲：低年級著重心理層面的經營、中年級強調社會層面的運作、高年級則以科學性的探討爲主。這三個層面並非截然畫分，而是具有某種程度的重疊，通常這三種層面會混合出現在各階段的教學過程中，只是所占的比重不同。因此，以下謹將各研究階段分別實施關於心理性、社會性及科學性三個層面的重點策略及反思扼要整理成表3及表4，並作具體說明。

表3　實施討論式數學教學之行動

	心理性層面	社會性層面	科學性層面
初始期	1.營造安全的教室氣氛 2.刺激學生的發表意願	1.師生共同訂定教室規範 2.積極促進同儕間的互動	1.教師示範提問，引導學生發表 2.重視學生理解並熟練計算技巧 3.指導學生以數學日記反思學習
調整期	1.鼓勵發表傾聽並掌握討論的重點 2.多變化的教學抓住學生的注意力	1.適當調整學生座位，使各小組素質平均 2.促進小組合作，鼓勵同儕交互指導學習	1.教師扮演較高層次的同儕，引導學生發問 2.善用認知衝突，幫助學生澄清數學概念 3.培養學生以數學語言表達及溝通的能力
穩定期	1.關注不同程度學生的學習 2.安撫學生們的情緒性反應	1.刺激學生多樣思考並使討論聚焦 2.依實際需要彈性安排討論的型態	1.培養學生主導討論及作結論的能力 2.引導學生進行深入數學內涵的質疑辯證 3.透過討論活動建立學生反思的習慣

表 4　經營討論式數學教學時各階段的行動策略及反思

	社會互動中的發表及討論	深入數學內涵的討論與澄清	有助於澄清數學概念的質疑和辯證
初始期	1.教師發言多於學生，目的在引發討論 2.掌握學生的認知發展有助於教學引導	1.教師充分備課可確實掌握教材脈絡 2.初期由教師及程度較佳的學生示範發表	1.教師適時介入可以凝聚討論的焦點 2.引導學生比較不同解題策略之層次
調整期	1.小組討論可以平衡學習的時間差 2.同儕合作能有效降低學生的焦慮	1.鼓勵學生發問，並包容學生不同的思考路徑 2.引導學生由「發表者」轉為「質疑辯證者」	1.指導學生主導討論並作成結論 2.教師對新舊教材應作不同的教學處理
穩定期	1.學生的發表討論多於教師的引導語 2.心理性對話減少，科學性對話增加	1.以數學語言溝通有助於數概念的澄清 2.討論不同的解題策略幫助學生搭建學習鷹架	1.引導學生深入數學內涵並進行理性的溝通 2.學生經由質疑辯證的過程提升數學思考能力

初始期，最重要的工作是建立學生的發表信心並刺激發表意願，所以我的激勵策略貫穿整學期。調整期，進一步希望同學的發表有條理、有秩序。課堂互動情形穩定後，再進行科學性層面的深入引導，這是三個層面在各階段的不同重點。

各階段的行動策略都包含「發表－澄清－質疑辯證」，然而初始期多著重在鼓勵發表，調整期進一步引導澄清，穩定期則引導學生進行深入數學內涵的質疑辯證。三個面向雖同時出現，但在各階段有不同的行動重點，呈螺旋式發展。

二、討論活動對於學生數學學習的影響

實施討論式數學教學一個學期之後，學生們的學習態度由原先的冷漠、退縮轉趨積極熱情、樂於分享；課堂討論活絡且理性平和；學生不但能主導討論，透過質疑辯證的過程，數學概念也更加穩固；使得喜歡上數學課的同

學愈來愈多。

另一方面，由於兼重課堂中的理解溝通與課後的計算練習，學生們不但數學評量成績進步，在面對非例行性問題時，也有更靈活、精確的解題表現。以下就解題表現及學習態度兩方面作說明：

(一)解題表現

期初學生們的解題表現較退縮，遇到非例行性問題便等著老師提供做法。經過鼓勵和練習，學生們的解題信心增強了，勇於挑戰各類數學問題，不但能作深入淺出的說明，也能欣賞不同的解題策略，如同研究諍友陳老師所說：**很多學生的發表能力都很有進步，可以說出關鍵點，也能提出很好的問題。**（訪陳 030108）透過分享的過程，學生們更具有成就感：**我覺得自己的發表能力有進步，能使別人懂，讓別人也能了解我的解題方式和算法。不但別人知道我說什麼，自己也更了解算法的意思。**（訪 S_{35}-H 030116）這份成就感，讓學生更有信心學習：**我的發表能力愈來愈進步，因為我學習了每個人的方法，思考能力和解難題時都能夠很快解決，了解的能力也愈來愈好了。**（訪 S_{29}-M 030115）討論活動不僅鞏固學生的數學概念，也提升其反思能力，以往學生多只在意答案是否正確，經由討論、質疑和辯證過程，學生能夠重新檢視自己的想法，監控自我的學習。例如學生的數學日記：

> 今天老師出了一個題目：【一包貢丸有 100 個，老師家原有 3.19 包，吃了 0.36 包之後，還剩下多少包貢丸？】我是用橫式的算法：

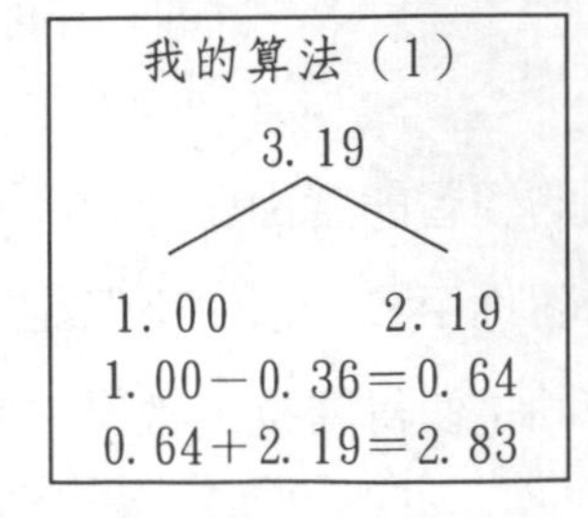

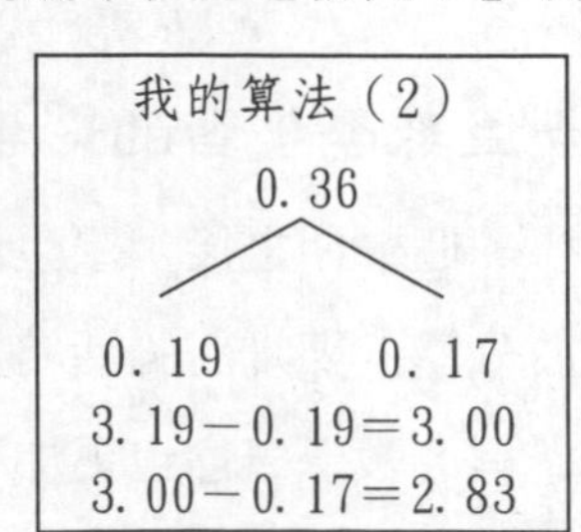

同學的算法

$$\begin{array}{r} 3.19 \\ -\ 0.36 \\ \hline 2.83 \end{array}$$

上課時有同學是用直式，我拿兩種比較，發現直式比較快算好，而橫式比較慢，可是卻比直式清楚。（記 S_{14}-H 020916）

透過對解題過程的解說，學生可以自我反思解題想法是否合理，即便犯了錯，也能夠自我察覺而立即改正。由期初到期末，研究者發現不同程度的學生，在解題表現上有不同的進步（見表 5）：

表 5　學生期初學習成就及期末解題表現對照表

		期末解題表現							
		數學成就高 解題表現強		數學成就高 解題表現稍弱		數學成就稍低 解題表現強		數學成就稍低 解題表現稍弱	
期初學習成就	H	S_{06}-H、S_{07}-H S_{14}-H、S_{16}-H S_{19}-H、S_{22}-H S_{24}-H、S_{27}-H S_{33}-H	9 人	S_{10}-H、S_{29}-H S_{35}-H	3 人				
	M	S_{01}-M、S_{09}-M S_{03}-M、S_{08}-M	4 人	S_{11}-M、S_{13}-M S_{25}-M、S_{26}-M	4 人	S_{04}-M、S_{15}-M S_{18}-M、S_{30}-M	4 人		
	L					S_{02}-L、S_{17}-L S_{05}-L、S_{20}-L S_{31}-L、S_{34}-L	6 人	S_{12}-L、S_{21}-L S_{23}-L、S_{28}-L S_{32}-L	5 人

表 5 中的期初學習成就係依據學生們四年級的學業總成績分組，經過一個學期之後，原先學習成就屬於中低程度的學生，其解題表現的進步並不亞於學習程就高的學生，顯示課堂討論活動對於提升所有程度學生的解題能力都有幫助。

(二)學習態度

期初學生們表現被動，小組討論常是有分工沒有合作，經過再三鼓勵，同學們的參與度明顯提高，解題信心及挫折容忍度也顯著提升，勇於接受挑戰，對於非例行性問題也能夠積極主動的思考，與期初相比，有如天壤之別。學生的訪談及日記可以充分作說明：

剛升上五年級時，由於大家不太認識，所以不太發表討論，怕被反駁。不過反駁很少發生，贊成的比較多，所以我們就在討論發表時了解對方。（訪 S_{14}-H 030117）

剛升上五年級時，大家都有點怕怕的，尤其是在討論時，大家都沒人提出意見，必須靠老師的幫助。（訪 S_{03}-M 030115）

經過不斷的鼓勵和指導，同學們漸漸習慣了這種以討論爲主的上課方式，表現有大幅進步，教室裡不再只有老師的聲音，學生們踴躍發表，且樂於與同學合作討論，進行想法的溝通，發表的內容也更有深度，使課堂討論更有品質，更能幫助數學學習。

現在跟以前的狀態可以說是判若兩人呢！現在有不懂的地方或對同學的方法有疑問時，我就會問；相反的，同學對我的方法有問題時，我也會盡我所能的回答，並接受建議……許多同學會在上課中發表各種解題的方法……以前都是靠老師的方法，可是現在，每個人都有自己獨特的方式。（訪 S_{03}-M 030115）

現在的數學課，每個人都有自己的想法，老師叫不同解題方法的同學，當那位同學說完時，老師會讓我們發問，有好多同學都問了問題，但有些問題是我沒想到的，那些同學真是專心。有些同學的解題方式很深奧，房老師都會再解說一遍……（訪 S_{15}-M030115）

現在的數學課，大家都很喜歡上，我們討論得很認真，許多人都舉手發表加分，發表也很大聲……（訪 S_{30}-M030117）

現在的數學愈來愈難，我也得愈來愈專心，也開始慢慢覺得我可以試著發表看看，會的我就試著舉手，不會的只好聽別人的做法。現在我發表時愈來愈不會覺得緊張了，我現在上數學課的心情非常好，因為我的能力一直上升中。（訪 S_{09}-M 030117）

相較於傳統講述式教學，在討論式數學教學的課堂中，偏後段的學生能夠得到更多來自於老師及同儕的幫助，學習的壓力減輕了，課堂參與意願更高，學習成績也有大幅的進步。以本班爲例，無論學習態度或解題表現，成長幅度最大的都是屬於 L 層次的學生，顯示只要能夠彈性運用討論模式，全面關照所有學生，討論式數學教學絕對能夠讓所有層次的學生都快樂學習。這也可以由學生的訪談資料中得到證明：

現在我可以給小組一些意見了，並且他們也同意我的想法，我有專心聽講，上台發表也有大大大大的進步，也不害怕了……（訪 S_{23}-L 030117）

我上台發表的次數慢慢的變多了，我在小組討論的方面也有進步，因為我在上課的時候很少在玩，所以我有進步，全班討論時我也有加入。（訪 S_{02}-L 030115）

實施討論式數學教學一學期之後，我做了一次期末訪談，很高興的發現全班三十五位同學當中，有二十位同學表示「非常喜歡」上數學課，表示「喜歡」的同學也有十一位，原因多半是認爲數學課很好玩，喜歡和同學討論想法，解題也很有成就感。即使數學學習成就並不是很好的同學，也肯定數學課能夠讓自己學習到數學知識，我想，這種發自內心的學習意願，應該是往後學習的最大動力，我也相信，面對往後的學習，學生們將會更有信心，更愉快的面對！

伍、結論與建議

歷經一個學期的時間，本班學生在教師的引導下展現了全然不同的課堂樣貌，以下就研究結果作說明並提出若干建議：

一、結論

(一)討論式數學教學中教師對社會互動的引導

1.經營討論式數學教學時，教師引導社會互動的歷程依序為心理性、社會性及科學性

本班學生剛經歷編班的過程，且面對新的老師，因而**我選擇由心理性層面著手**，建立學生們的自信心及安全感，由於本校學生或多或少都有過課堂討論的經驗，要融入課堂討論活動並不難。假設教師們面對的是一個從來沒有經驗過課堂討論的班級，可能花費的時間會更長，但是，過程卻是清楚的：學生必須願意說，討論才可能發生，也才能進一步要求說得好，說得精準，所以教師引導的層面依序為心理性、社會性至科學性。

2.彈性布題，能帶動活潑的教室氣氛

課堂布題，主導學生的學習方向，太難的題目，容易造成學生的挫折感，帶給學生壓力；太簡單的題目，又難免讓學生感覺無趣。本行動中，教師嘗試針對教學目標設計適合學生能力的生活化問題，成功帶動了活潑的課堂氣氛。

3.同儕交互指導學習，有效平衡學習的時間差

課堂討論對學習能力較強的學生而言，經常是一種無趣的等待；對於學習進度落後的弱勢學生來說，卻是一種痛苦的煎熬，這兩類學生經常形成課堂中的「陪客」。全班討論很難顧及所有程度學生的需

求，針對本班學生兩極化的素質分布，研究者嘗試以小組合作的方式，讓程度好的學生帶領學習較慢的學生學習，有效彌補了全班討論之不足。

4.關注所有學生的互動，包容不同的思考路徑

學生並非天生會發表，和許多技能一樣，發表能力是需要培養的。在課堂中，善於發表的學生通常會得到老師較多的關注，使課堂討論淪爲部分學生與老師間的「對談」。學習成就較低的學生很可能因爲聽不懂同學發表的內容，難以參與討論；在本研究中，教師盡量掌握複述、回應、挑戰，及追問學生的時機，關注全體學生的學習，才使得全班學生能夠同步學習。

(二)討論式數學教學中教師對學生發表討論能力的培養

1.幫助學生澄清概念，並指導學生欣賞他人的做法

發表是分享的開始，學生發表的內容，經常會成爲課堂的教學主軸，教師必須清楚學生面臨的認知衝突，掌握學生的迷思概念，有效提問，才能幫助學生學習。

本研究中，研究者努力扮演討論的「引導者」及「催化劑」，鼓勵學生提出想法，並將眾多學生的發表內容整理出清楚的脈絡，使學生們能透過同儕的做法澄清數學概念。

2.教師應彈性安排討論型態，幫助不同程度的學生學習

教學不是一成不變的流程，常因教材特性、班級氣氛、學生特質及教師個性的不同，呈現出不同的風貌。研究者常依教材類型及學生反應作不同的教學處理，例如：舊教材的加深或學生情緒較激動時，採用全班討論；新的概念或課程比較趕的時候，則進行小組討論，擔任小組發表的同學，有時由小組成員推派，有時由教師指定；使學生

在短時間內達到最好的學習效果。

3.透過質疑辯證的過程，使多元解題策略成為學習的助力

課堂中學生所提出內容豐富的多元解題策略，是討論活動的最佳素材，然而如果未經引導，便很可能形成學生學習的阻力，特別是對於概念尚未穩固的學生而言，多元解題策略很可能會阻礙他們學習，擾亂既有的認知，引發迷思概念。在研究過程中，當課堂中出現多元解題類型時，研究者首先判斷該解題類型的層次，再決定該加強說明或淡化處理，透過適當的指導，使多元解題策略有效成為數學學習的助力。證明教師正確的判斷和適當的指導，加上學生之間充分的質疑辯證，才能夠使學生理解多元解題策略背後的意義，讓多樣思考幫助數學學習。

(三)學生在討論式數學教學中學習數學的情形

1.課堂發表討論的歷程，使學生的思考更靈活

傳統「老師講，學生聽」的上課方式，學生們對於教材內容只是單向的輸入，鮮少提出質疑，因而缺乏思考的習慣。本研究中，多由學生自發解題再進行討論，學生們因此養成了思考的習慣，遇到問題會主動求解，即使面對非例行性問題，也會努力思考，勇敢嘗試解題。同時利用課後時間加強熟練，有效降低學生在計算速度上的挫折感。

2.教師的鼓勵及同儕的幫助，使學生更積極更有自信學習數學

數學的學習興趣來自於信心及成就感，研究者對學生的肯定及鼓勵，不但更有效的刺激學習，也培養學生更高的民主素養：發言前先舉手，同學發表時不插嘴，發表的內容也更有條理。經由同儕的示範及帶領，教室內的學習生態日趨平衡，發表討論呈現出民主的氣象，課堂的氣氛也更加和諧。

3.理性溝通的過程，使學生的解題能力及學習成就獲得提升

研究者實施課堂討論的結果，使學生習慣思考，並不依賴課本或教師的解答。例行的發表討論過程，讓學生更重視解題過程的了解並獲得成就感。面對不同的解題策略，只要過程合理，學生都能夠接受，也顯示出較大的包容性。

4.課堂質疑辯證的過程，加強學生的反思能力，使數學概念更加穩固

學生們參與發表、討論的過程，實際上就是內在省思的過程。研究中，學生們經由多元解題策略的比較，觀摩不同的解題想法，再透過質疑辯證的過程，主動思考不同解題策略的合理性，不僅使自己的數學概念更加穩固，也有效幫助了其它同學學習。這種反思能力的培養，不但能夠幫助學生們監控自己的學習，也讓研究者更了解學生個別的學習狀況。

5.發表討論活動能夠幫助所有程度的學生學習

研究顯示，所有程度的學生，在實施討論式數學教學之後，數學表現及學習意願都有顯著的進步，並且無論低、中、高程度的學生，在老師適當的引導下，都有能力進行發表討論的活動，顯示發表討論活動能夠幫助所有程度的學生學習。

二、建議

(一)對欲實施討論式數學教學者的建議

1.相信學生的能力，多方觀摩、勇於嘗試

發表和討論的能力並非與生俱來，遵守社會規範的態度需要在團體中培養，無論任何地域、任何生活背景的學生，都必須經過教師的適當引導，才能使不同程度的學生順利展開課堂討論活動。教師們應該肯定學生具有發表討論的能力，面對不同的學生，採取不同的指導

重點。討論式數學教學並沒有一定的模式可供依循，教師的引導是隨著學生發表的內容進行，因此，建議教師們多觀摩不同教學者的引導技巧，多方嘗試並且時時檢討修正，必能收致最好的功效。

2.進行課堂討論之前應熟悉教材脈絡及學生能力

「討論」是一種過程、一種方法，而不是目的。討論的目的在於促進學生的數學學習，如果一味讓學生說卻不加以引導，很可能會偏離教材的脈絡，形成教室中的漫談，不僅教師的角色被弱化，也無法傳遞給學生系統性的知識。因此，本研究建議教師們在嘗試開放教室空間給學生討論前，先深入研讀教材，務求充分了解教材脈絡同時掌握學生的能力。唯有熟悉教材脈絡，掌握教學目標，並依據學生認知發展，調整教學節奏、有次序地呈現學生不同的解題策略，適時提問引發討論或澄清概念，以達成深入的教學處理，才能使高、低成就的學生都能在課堂上獲得成就感，數學的概念與能力得以攀升。

3.多元的討論型態，使高低程度不同的學生都能獲得學習

討論式數學教學中，學生是課堂活動的主角。因此在上課之前，教師必須充分了解學生的個性、能力和需求。了解學生的認知發展，可以幫助教師精確掌握提問的深度及討論的方向。熟悉學生的個性及需求，可以確保教室內的氣氛和諧。每個班級中，都有不同類型的學生，在主導討論之前，如果可以了解每位學生的個性，在課堂中，就可以提供每位學生不同的協助，這是所謂的因材施教。關照教室內不同程度學生的學習，是教師的職責，也是使課程順利進行的最大動力。

4.討論式數學教學宜與其他教學法搭配實施

由於數學領域包含多種不同特性的教材，諸如數與計算、量與實測、幾何、時間、統計及機率等等，教學活動自然也應該富有彈性，以因應多元化的教材，同時視各單元教材的特性，適當搭配傳統講

述、實作、問答等教學法，進行最有效的教學。沒有任何教學法適用於所有類型的教材，各類教學法皆有其適用的教材單元，因應教材的多元化，教師的教學方法也應該多樣化，依據教材特性及學生需求作彈性的調整及搭配，才能幫助學生達到最好的學習效果。

(二)對已實施討論式數學教學者的建議

1.討論的過程及內容重於討論的形式

無論個別發表、全班討論或是小組對談，只要能夠針對教學目標，達成溝通想法的目的，都是有效的討論。討論的型態應該視教材的不同需求、學生的學習情緒及課程的難易程度作彈性的安排，而不應拘泥於討論的形式，或者認爲每一節課當中都必須安排各種形態的討論，更不能單純的認爲只要讓學生發表，交換意見就能夠達成教學目標。討論的方向及深度是決定學生是否真正學習的最重要因素，討論活動能不能有效的幫助學生學習，教師扮演了關鍵性的角色。教師必須要準確切入學生的關鍵對話，引發思考，或作適當的提問，幫助學生澄清概念，最後引導學生作出有效的結論，討論活動才算畫下句點。

2.彈性調整上課的內容及節奏，能有效避免時間與進度的壓力

沈重的教材份量、有限的教學時間及緊湊的教學進度常是教師揮之不去的巨大壓力，因而冗長的課堂討論是否適宜在有限的教學時數內實施，也受到許多質疑。雖然「布題－解題－發表－討論」是討論式數學教學的基本上課流程，然而真正掌握教學流程及課程進度的卻是學生的反應。當學生對概念的掌握還不十分精確時，教師可以重新布題，再次檢驗學生的理解程度；如果多數學生的概念都已經很清楚，解題策略也漸趨一致，就可以進行另一個概念的布題。重點在：

所有的討論都必須確實，務必使所有學生都建立正確的數學概念，若因時間因素草草結束，將影響教學效果。

3.兼顧理解與計算，使學生的數學能力得到全面的提升

如上所述，進行課堂討論的最主要目的在幫助學生理解數學知識，建立正確的數學概念，然而重視理解，並不代表計算能力就應該被忽略。由於上課時數有限，在課堂中，教師首先應該幫助學生理解「概念性知識」及「程序性知識」，讓學生了解每一個解題步驟的意義，在學生建立起正確的數學概念之後，再幫助學生將所學知識自動化，給與多樣的課後練習，達到熟練計算的目的，使學生在解決問題時能夠更快速而正確。

（審查日期：初審：2004年9月15日；

複審：第一次 2005年6月27日、第二次 2005年9月29日）

參考文獻

中文部分

林生傳（1998）。建構主義的教學評析。**課程與教學季刊，1**（3），1-14。

林清山（譯）（2000）。R. E. Mayer 著。**教育心理學——認知取向**（Educational Psychology）。台北市：遠流。

林清江（1996）。**教育社會學新論**。台北市：五南。

林建平（1997）。**學習輔導——理論與實務**。台北市：五南。

梁恒正（1979）。認知心理學在課程設計上的應用。**教育文粹，8**，18-23。

梁朝雲（1995）。學習心理學派的演進。**視聽教育，36**（4），24-27。

陳淑敏（1995）。社會性互動對認知發展的影響。載於**八十四學年度屏東師範學院教育學術發表會論文集**，第四集，118-122。

教育部（1993）。**國民小學課程標準**。台北市：教育部。

教育部（2003）。**國民中小學九年一貫課程綱要**。台北市：教育部。

張愛卿（2001）。**放射智慧之光——布魯納的認知與教育心理學**。台北市：貓頭鷹。

游麗卿（1999）。**小學一年級學生在數學課所表現出的溝通能力**。發表於八十八學年度師範學院教育學術論文發表會。台北市。

楊龍立（1997）。建構主義評析——在課程設計上的啓示。**台北市立師範學院學報，28**，41-56。

劉錫麒（1994）。從國小新數學課程標準的基本概念談討論活動的重要。**國教園地，50**，4-8。

蔡敏玲、彭海燕（譯）（2001）。C. B. Cazden 著。**教室言談**（Classroom discourse: The language of teaching and learning）。台北市：心理。

鍾靜、朱建正（2002）。**群體討論文化的發展**。國立台北師範學院數理教育研究所數學教學專題研究課上課講義。

英文部分

Cobb, P., Wood, T., & Yackel, E. (1991). A constructivist approach to second grade mathematics. In von Glasersfeld (Ed.), *Radical constructivism in mathematics education* (pp157-176). Dordrecht, The Netherlands: Kluwer.

National Council of Teachers of Mathematics (1989). *Curriculum and evaluation standards for school mathematics.* Reston, VA: NCTM.

National Council of Teachers of Mathematics (1991). *Professional standards for teaching mathematics.* Reston, VA: NCTM.

附錄 1　期初半結構性訪談題目（訪談對象：學生）

1、你喜不喜歡數學？為什麼？

2、父母親會不會要求你的數學成績？

3、在家裡，父母親會不會指導你的數學功課？

4、你有沒有在校外補習數學，或是請家教？是父母親的意見，還是你自己的要求？

5、你覺得自己的數學程度如何？為什麼這麼認為呢？

6、四年級的數學課給你什麼樣的感覺？請你概略的作描述？

7、你喜歡五年級的數學課嗎？為什麼？

8、上數學課時，你會不會主動舉手發表？為什麼？

9、你認為老師請同學發表，對你的數學學習有沒有幫助？

10、你在課堂上發表的時候，心情是怎麼樣的？

11、你覺得班上的數學高手有哪些？他們有些什麼特色？

12、你認為誰是班上最擅長發表的人？

13、你想不想和他們一樣，成為很會發表的數學高手？

14、你認為怎麼樣的數學課才是最快樂的？

15、你希望老師怎麼幫助你提高數學能力？

附錄2　期末半結構性訪談題目（訪談對象：學生）

1、請你以生動活潑的方式描述剛升上五年級時，同學們在數學課中的發表討論情形。

2、請你以生動活潑的方式描述現在同學們在數學課中的各種表現（例如發表的秩序、舉手的人數、同學們專心的程度、發表的音量和內容、各種解題的方法……等等）。

3、請你以生動活潑的方式描述剛升上五年級時，自己上數學課的各種心情和表現。

4、請你以生動活潑的方式描述現在大多數時候，自己上數學課的各種心情和表現。

5、你覺得自己在數學課中，上台發表或是和小組討論、全班討論時，以及聽講態度上，你有哪些進步？

6、你覺得自己的發表能力或數學思考能力在解決資優難題方面有哪些進步？

附錄3 數學學習情形問卷

親愛的同學：

爲了了解同學們數學學習的情形，以及對於上數學課的看法，老師特別編寫了這份問卷，希望得到同學們寶貴的意見，做爲老師教學的參考，讓我們的數學課更精彩有趣。問卷的內容不算成績，也不會公開，請你依照實際的情形，誠實的回答，謝謝同學們的合作！

房老師　敬上

填答說明：

1.請先填寫下面的基本資料，再依問題的題號依序作答。

2.沒有記號的題目是單選題，每一題只能選一個答案。

3.有◎記號的題目是複選題，每一題可以選一個或多個答案，只要你同意的答案都可以選。

4.題目中的「問問題」是指教師發問與數學內容有關的問題，並不包含「懂不懂」、「會不會」、「好不好」、「寫好了沒有」等口語問話。

我的姓名：＿＿＿＿＿＿　性別：□男 □女　原來就讀四年＿＿＿班

1.四年級時，老師會在上數學課時問問題，請小朋友回答嗎？

□經常　□偶爾　□很少　□從不

2.四年級時，班上的老師和同學會在數學課中進行發表和討論嗎？

□經常　□偶爾　□很少　□從不

◎3.四年級上數學課時，如果老師問問題，班上通常都是哪些同學舉手發表？

□全班　□多數人　□一半的人　□很少人舉手發表

□男生　□女生　□愛表現的人　□成績好的人

◎4.四年級上數學課時，班上哪些同學最常被老師指名發表？

□那些喜歡舉手發表的人　□上課不專心的人　□成績好的人

□男生　□女生　□老師很少叫人發表　□其他＿＿＿＿＿＿＿＿

5.四年級時，你會在數學課時舉手發表或提出問題嗎？

□經常　□偶爾　□很少　□從不

爲什麼？＿＿＿＿＿＿＿＿＿＿＿＿＿＿＿＿＿＿＿＿＿＿＿＿

◎6.四年級上數學課時，如果老師問問題，在哪種情況下你會舉手發表？

□只要老師問問題，我都會舉手發表　　□有把握的題目才舉手

□有加分才舉手　□有人舉手我才舉手　□我從來不舉手發表

7.四年級上數學課時，班上會進行小組討論嗎？

□經常　□偶爾　□很少　□從不

8.四年級時，你喜歡上數學課嗎？　□喜歡　□不討厭　□不喜歡　□很討厭

爲什麼？＿＿＿＿＿＿＿＿＿＿

9. 請你具體詳細的描述四年級老師上數學課的情形：

＿＿＿＿＿＿＿＿＿＿

10.升上五年級後，你喜歡上數學課嗎？ □喜歡 □不討厭 □不喜歡 □很討厭

爲什麼？＿＿＿＿＿＿＿＿＿＿

11.你覺得自己的數學好不好？　□很好　□普通　□不太好　□很不好

爲什麼？＿＿＿＿＿＿＿＿＿＿

12.你喜歡老師在數學課時進行討論活動嗎？　□喜歡　□不討厭　□不喜歡

爲什麼？＿＿＿＿＿＿＿＿＿＿

◎13.你覺得數學課中，同學們的發表和討論，對你的學習有什麼幫助？

□能學會別人的做法　□可以把自己的做法修正得更好

□一點幫助也沒有　□能了解自己錯誤的原因　□使我上課很緊張，怕被老師叫到

14.你覺得房老師上的數學課＿＿＿＿＿＿＿＿＿＿

＿＿＿＿＿＿＿＿＿＿

15.你希望房老師用什麼方式上數學課，請作詳細的描述：

＿＿＿＿＿＿＿＿＿＿

寫完了，真棒！謝謝你，給自己一個愛的鼓勵！

附錄 4　數學學習態度問卷

1.你（□喜歡　□不喜歡）數學。爲什麼？答：

2.父母親（□會　□不會）要求你的數學成績？如果會，請問如何要求？答：

3.在家裡，父母親（□會　□不會）指導你的數學功課？如果會，請問如何指導？答：

4.你（□有 □沒有）在校外補習數學，或請家教？答：

這是（□父母的意見 □自己的要求）答：

5.你覺得自己的數學程度如何？答：

爲什麼這麼認爲呢？答：

6.四年級的數學課給你什麼樣的感覺？請你作概略的描述。答：

7.你（□喜歡　□不喜歡）五年級的數學課？爲什麼？答：

8.上數學課時，你（□會　□不會）主動舉手發表？爲什麼？答：

9.你認爲老師請同學發表，對你的數學學習（□有　□沒有）幫助？

如果有，請問是哪些幫助？答：

10.你在課堂上發表的時候，心情是怎麼樣的？答：

11.你認爲班上的數學高手是哪些人？答：

他們有些什麼特色？答：

12.你認爲誰是班上最擅長發表的人？答：

爲什麼？答：

13.你（□想　□不想）和他們一樣，成爲很會發表的數學高手？答：

14.你認爲怎麼樣的數學課才是最快樂的？答：

15.你希望老師怎麼幫助你提高數學能力？答：

2004 行動研究論文集審委名單

（依照姓名筆劃順序排列）

姓名	學校
支毅君	國立台東大學數學學系教授
呂素幸	國立台東大學幼兒教育學系副教授
吳毓瑩	國立台北教育大學教育心理與諮商學系教授
李麗霞	國立新竹教育大學語文學系副教授
林聖曦	國立台南大學幼兒教育學系副教授
林碧珍	國立新竹教育大學應用數學系教授
倪鳴香	國立政治大學幼兒教育研究所助理教授
許秀霞	國立台東大學語文教育學系副教授
陳淑惠	國立台北教育大學兒童英語教育學系副教授
陳錦芬	國立台北教育大學兒童英語教育學系副教授
湯維玲	國立屏東教育大學教育行政研究所副教授
張英傑	國立台北教育大學數學暨資訊教育學系副教授
蔡清田	國立中正大學課程研究所教授
鄭同僚	國立政治大學教育學系副教授
劉祥通	國立嘉義大學數學教育研究所教授
劉曼麗	國立屏東教育大學數理教育研究所副教授

國家圖書館出版品預行編目資料

教師動手做研究——十三位行動教育工作者的研究饗宴/熊同鑫等編著. --初版.--
臺北市：心理, 2005（民 94）
面； 公分.--（教育現場；7）
含參考書目
ISBN 957-702-839-X（平裝）

1.教育 - 研究方法 - 論文,講詞等
2.教學法 - 論文,講詞等

520.3107 94019868

教育現場7 教師動手做研究——十三位行動教育工作者的研究饗宴

策畫者：國立台東大學
編著者：熊同鑫、簡淑真、梁忠銘、蔡東鐘
責任編輯：郭佳玲
總編輯：林敬堯
出版者：心理出版社股份有限公司
社址：台北市和平東路一段 180 號 7 樓
總機：(02) 23671490 傳真：(02) 23671457
郵撥：19293172 心理出版社股份有限公司
電子信箱：psychoco@ms15.hinet.net
網址：www.psy.com.tw
駐美代表：Lisa Wu tel: 973 546-5845 fax: 973 546-7651
登記證：局版北市業字第 1372 號
印刷者：翔盛印刷有限公司
初版一刷：2005 年 11 月

定價：新台幣 400 元
ISBN 957-702-839-X

讀者意見回函卡

No. ______　　　　　　　　　　　　　　　　　填寫日期：　年　月　日

感謝您購買本公司出版品。為提升我們的服務品質，請惠填以下資料寄回本社【或傳真(02)2367-1457】提供我們出書、修訂及辦活動之參考。您將不定期收到本公司最新出版及活動訊息。謝謝您！

姓名：____________________　性別：1□男　2□女

職業：1□教師 2□學生 3□上班族 4□家庭主婦 5□自由業 6□其他____

學歷：1□博士 2□碩士 3□大學 4□專科 5□高中 6□國中 7□國中以下

服務單位：__________________　部門：__________　職稱：____________

服務地址：__________________________　電話：_______　傳真：_______

住家地址：__________________________　電話：_______　傳真：_______

電子郵件地址：____

書名：____

一、您認為本書的優點：（可複選）

❶□內容 ❷□文筆 ❸□校對 ❹□編排 ❺□封面 ❻□其他____

二、您認為本書需再加強的地方：（可複選）

❶□內容 ❷□文筆 ❸□校對 ❹□編排 ❺□封面 ❻□其他____

三、您購買本書的消息來源：（請單選）

❶□本公司 ❷□逛書局⇨______書局 ❸□老師或親友介紹

❹□書展⇨____書展 ❺□心理心雜誌 ❻□書評 ❼其他________

四、您希望我們舉辦何種活動：（可複選）

❶□作者演講 ❷□研習會 ❸□研討會 ❹□書展 ❺□其他_____

五、您購買本書的原因：（可複選）

❶□對主題感興趣 ❷□上課教材⇨課程名稱________________

❸□舉辦活動 ❹□其他______________

（請翻頁繼續）

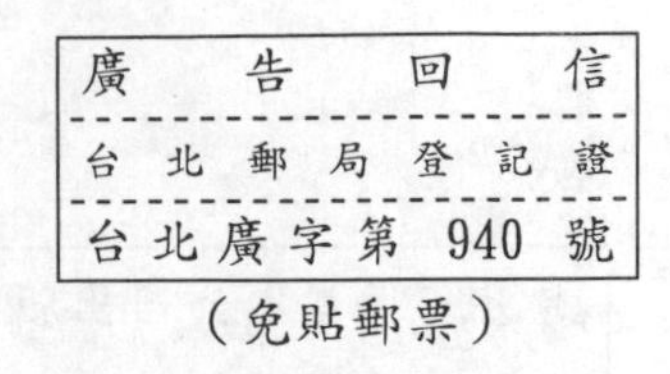

心理出版社股份有限公司

台北市106和平東路一段180號7樓

TEL: (02) 2367-1490
FAX: (02) 2367-1457
EMAIL:psychoco@ms15.hinet.net

沿線對折訂好後寄回

六、您希望我們多出版何種類型的書籍

❶□心理 ❷□輔導 ❸□教育 ❹□社工 ❺□測驗 ❻□其他

七、如果您是老師，是否有撰寫教科書的計劃：□有□無

書名／課程：______________________

八、您教授／修習的課程：

上學期：______________________

下學期：______________________

進修班：______________________

暑　假：______________________

寒　假：______________________

學分班：______________________

九、您的其他意見

謝謝您的指教！

41107